エネルギーと経済、そして人間

石田 葉月

大学教育出版

はじめに

　エネルギー問題を論じることの重要性を否定する者はいないだろう．しかし，具体的に何が問題なのかと問われると，答えに窮する人は多いに違いない．問題の正体が掴めないと，その解決策の妥当性をも見誤ってしまう．本書は，エネルギー問題の本質を考えるための切り口を提示する目的で書かれたものである．その内容は，エネルギーに関する基本的事項に始まり，人類とエネルギーとの関わりの歴史を振り返り，今後のエネルギー確保についての議論に至るまで，幅広く網羅したつもりである．

　経済との関連からエネルギー問題を考えるとき，多くの人は，「エネルギーの稀少性」を懸念事項に挙げるだろう．しかし，エネルギーが稀少化するとは，いったいどのような意味なのだろうか．物理学を少しでも学んだ経験がある者なら，「エネルギー保存則」を知っているはずである．この法則に従えば，エネルギーはいろいろな形態を取り得るものの，全体としての総量は保存されることになる．つまり，エネルギーは生成もしなければ消滅もしないのである．ではなぜ，エネルギーの稀少化が問題なのか．私の経験からすると，これに即答できる人は意外と少ない．だが，このあたりの議論を踏まえなければ，エネルギー論は曖昧なまま進んでしまう恐れがある．この手の議論には熱力学的な視点が不可欠であるが，本書では，数理モデルの使用は最小限に留めたつもりである．

　第1章と第2章でエネルギーに関する退屈だが重要な基本的事項を踏まえたあと，第3章では，人類の「エネルギー史」についてまとめている．狩猟採集時代から現在までの長い歴史を振り返ると，そのほとんどの年月を，人類はバイオマスエネルギーに頼って生きてきた．何よりも重要なエネルギー資源といえば，まずは食料であり，食料の獲得競争に敗れた者は子孫を残すことを諦めなければならなかった．このことは，人間のみならず，他の動物についても同じである．しかし，ただ単に食料が獲得できればよい，というわけでもない．

何をするにしても，エネルギーが要る．したがって，食料を獲得するためにもエネルギーを必要とする．もしも，食料獲得のために費やしたエネルギーよりも，獲得した食料から得られるエネルギーの方が少なければ，その個体は生き残ることができないのである．

　当然，効率よくエネルギーを獲得できるような能力を身につけた個体ほど，より多くの子孫を残す傾向があったはずだ．そうした自然淘汰を経て，年月を追うごとに，1個体当たりの平均的なエネルギー消費量は増加してきたはずであると，我々は考えたいところである．ところが，バイオマス社会においては，そのような「繁栄」を抑制するブレーキが強く働いていた．第3章では，そのメカニズムについて議論する．

　さて，人類は長いバイオマス時代を経て，ようやく本格的な化石燃料時代に突入した．その節目こそが産業革命であるのだが，それが始まったのはせいぜい2世紀ほど前であり，人類史からすれば，ほんのつい最近の出来事にすぎない．化石燃料時代の前半は，石炭が主役だった．もっとも，石炭はずっと以前から使われていた．しかし，石炭の力で石炭を産出し，石炭の力で石炭を遠くに運び，石炭の力で石炭経済を増殖させていくという，石炭文明の自己拡大的な性質は，蒸気機関の普及により完成していったのである．それ以降，石炭の消費は加速度的に増えていった．

　石炭は枯渇性資源であり，消費し続ければ，いずれは無くなる．しかし，石炭が物理的に無くなるという状況よりもずっと早くに，石炭社会は，安価で質の良い石炭の稀少性という問題に直面する．採掘が容易で質の良い石炭ほど先に採掘されるという，資源利用の一般的傾向のためである．19世紀の経済学者 W.S. ジェヴォンズ（1835-1882）は，石炭経済の繁栄は長続きしないと警告した．しかし幸いなことに，我々には石油があった．石炭と蒸気機関が作り上げた経済的繁栄は，石油と内燃機関によって引き継がれた．そしてその後1世紀以上にわたって，我々は石油文明を生きてきた．第4章では，化石燃料時代の歴史的経緯についてより詳しく論じている．

　化石燃料時代の特徴は，バイオマス時代と比べて急激な人口増加をもたらした，ということだけではない．もうひとつ見逃してはならないのは，1人当た

りのエネルギー消費量が急増したことである．これら2つの要因が重なって，産業革命以降のエネルギー消費量は，バイオマス時代の人類が経験したことのない驚異的な増加率で増えていった．石炭時代におけるエネルギー消費量の増加率も相当なものだったが，石油時代に入るとその増加速度にはいちだんと拍車がかかった．しかし，当然のことながら，採掘が容易で質の高い資源ほど先に採掘される傾向は，石油についても当てはまる．実際，1バレルの石油を産出するために必要なエネルギーは，年々増加傾向を示している．果たして，安価な石油に裏付けられた経済的繁栄は，いつまで安泰なのだろうか．第5章では，石油の将来について論じている．

　安価で質の良い石油があとどれだけ地球上に残されているのかという問題を抜きにしても，石油にどっぷりと依存した文明が持続的でないことは，共通認識となっている．地球温暖化問題がいささか強調されすぎている感があるが，人間はこれまで，石油の力を利用して，自然の循環システムを大きく改変し，破壊し，自然の力によって浄化・同化できないさまざまな廃棄物を大量に排出してきた．では，石油に替わる持続的なエネルギー資源はあるのだろうか．多くの人々は，再生可能エネルギーに期待を込めている．もっとも，人類は過去に，再生可能エネルギーに身を委ねた社会を経験している．しかし，化石燃料時代に入ってからの人口規模や1人当たりのエネルギー消費水準は，もはや，古き良きバイオマス時代とは桁違いの水準に達している．現代社会はもう，あの頃とは違うのである．果たして将来，再生可能エネルギーは，人類史上空前の経済的繁栄を支えてきた石油の後継者となり得るのだろうか．第6章では，それについて検討する．

　第7章と第8章では，原子力発電について議論する．2011年に起きた福島第1原子力発電所の事故により，大量の放射性物質が環境中に撒き散らされたことは，記憶に新しい．いわゆる「安全神話」の崩壊とともに，国の原子力政策は厳しい批判に晒され，原子力利用の是非に関する議論を避けて通ることはできなくなった．いま一度，原子力は石油を代替し得るのか，そして，福島原発事故が我々に与えた教訓とは何か，我々は考えなければならない．

　さて，第8章まで読み進んだ読者は，石油以外のエネルギー資源について，

私がおおむね悲観的な見解を持っていることを知るだろう．石油ほど優秀なエネルギー資源は他に存在しないのである．石油の消費を減らしつつ，これまでの成長型経済を維持するのであれば，我々に残された道は，技術の進歩によって，わずかな石油から多くの付加価値を生産するより他はない．第9章では，その可能性について検討するが，結論として私は，少なくとも現段階では，そのような技術進歩に過大な期待を寄せるのは賢明ではないと考えている．

以上のように，エネルギーと経済に関する本書の議論の末に見えてくる未来は，いまの我々にとって決して明るいものではない．もちろん，読者の危機感をいたずらに煽ることが本書の目的ではない．とはいえ，事実として危機が迫っているのにもかかわらず，それを指摘しないのは何よりも罪深いことであると，私は信じる．安価で質の良いエネルギー資源の稀少化を「技術進歩で解決できる」とタカを括り，さらなる経済成長を追求する姿勢は，狂気に満ちているとしか言いようがない．我々の経済は，たとえるなら，猛スピードで壁に突進している自動車のようなものである．壁が間近に迫っているのにもかかわらず，さらにアクセルを踏み込もうとするのは，正気の沙汰ではない．

本書の最終的な結論は単純である．すなわち，「我々は直ちにブレーキを踏むべきである」と．早目にブレーキを踏めば，社会の壊滅的な損失を避けられる可能性はそれだけ高まる．そのためには，「このままアクセルを踏み続ければ壁に激突する」という健全な危機感が広く社会に共有されなければならない．そして，ブレーキを踏んだ後の社会を，いかにして楽しく心豊かなものに作り変えていくかというところに，人類の叡智を結集させなければならない．

ともかくは，さまざまな立場の人々のあいだで，エネルギー問題に関する活発な議論が繰り広げられることを，心より願っている．本書がその契機となれば幸いである．

なお，本書の出版にあたっては，2016年度同志社大学研究成果刊行助成の補助を受けた．ここに，感謝を申し上げる．

2016年12月20日

石田葉月

エネルギーと経済、そして人間

目　次

はじめに ……………………………………………………………………… i

第1章　若干の熱力学的基礎 …………………………………………… 1
　1.1　エネルギーと熱力学第1法則　　1
　1.2　エントロピーと熱力学第2法則　　6
　1.3　サイクルと定常開放系　　9
　1.4　熱と仕事　　13
　1.5　熱力学と熱機関　　16

第2章　エネルギーの生産 ………………………………………………… 25
　2.1　エネルギー資源　　25
　2.2　エネルギーの生産過程　　27
　2.3　エネルギーとエクセルギー　　30

第3章　バイオマス時代 …………………………………………………… 32
　3.1　人類とエネルギー　　32
　3.2　動物としての人間　　34
　3.3　マルサス理論　　40
　3.4　1人当たりのエネルギー消費　　44
　3.5　バイオマス社会の限界　　56

第4章　化石燃料時代 ……………………………………………………… 66
　4.1　化石燃料とは　　66
　4.2　人類と化石燃料　　70
　4.3　化石燃料と道徳・価値観　　86

第5章　石油文明は安泰か ………………………………………………… 92
　5.1　埋蔵量と可採年数　　92
　5.2　エネルギー収支比　　96

5.3　ピークオイル仮説　*101*
5.4　ピークはいつか　*108*
5.5　非従来型石油　*113*

第6章　再生可能エネルギー　*125*
6.1　問題の所在　*125*
6.2　化石燃料によるバックアップ　*130*
6.3　ストレージ　*134*
6.4　パワー密度　*142*
6.5　エネルギー収支比　*149*

第7章　原子力発電　*152*
7.1　ウラン資源　*152*
7.2　発電コスト　*153*
7.3　原子力は石油の代わりにはならない　*157*
7.4　エネルギー収支比　*158*

第8章　福島原発事故を考える　*163*
8.1　「安全神話」の崩壊　*163*
8.2　「エネルギー基本計画」　*165*
8.3　低線量被ばく　*168*
8.4　「似非」功利主義　*173*

第9章　省エネルギー　*179*
9.1　デカップリング　*179*
9.2　エネルギー消費と経済成長の因果性　*185*
9.3　グローバル化と情報技術　*187*

第 10 章　縮小社会へ向かって ……………………………………… *190*

補論 A　日本経済における石油のエネルギー収支比……………… *192*

補論 B　EV 社会はどれだけのリチウムを必要とするか ………… *196*
 B.1　はじめに　*196*
 B.2　シナリオ　*198*
 B.3　試算結果　*204*

参考文献 ………………………………………………………………… *207*

事項索引 ………………………………………………………………… *217*

人名索引 ………………………………………………………………… *220*

エネルギーと経済、そして人間

第 1 章
若干の熱力学的基礎

1.1 エネルギーと熱力学第 1 法則

　エネルギーというのは，我々にとって身近な言葉である．日常会話のなかで，「あの人は活発でエネルギーに満ちあふれている」といった表現を耳にしたことがあるだろう．いずれにせよ，エネルギーが本来どのような意味を持つのかについての話は，最初に済ませておかなければなるまい．

　意外に思えるかもしれないが，エネルギーという概念が科学的に確立されたのは，ほんの 200 年ほど前のことである．I. ニュートン（1642-1727）が『プリンキピア』（1687）のなかで物体の運動に関する基本法則を示してからおよそ 1 世紀のあいだ，物理学にエネルギーという言葉は存在しなかった（関連する概念として「活力」という言葉があったが，その定義を巡っては議論が繰り広げられた）．ようやく 19 世紀初頭になってから，T. ヤング（1773-1829）が，質量と速度の 2 乗の積をエネルギーと定義した．これはそれまでの「活力論争」を踏まえたものだが，ヤングの定義によると，静止している物体のエネルギーはゼロということになる．要するに，この定義においては，エネルギーは運動エネルギーに限定されていたわけである．もっとも，後になって，運動エネルギーはヤングが定義した値の半分であると修正された．

　いずれにせよ，当時はまだ，他の形態のエネルギーに関する知見は十分ではなかった．たとえば，熱の概念は曖昧であり，それはしばしば温度と混同された．ようやく 1842 年になってから，熱と仕事は等価でありエネルギー保存則

が成り立つという考えが，J. R. マイヤー（1814-1878）によって示された．マイヤーと同じ頃，H. ヘルムホルツ（1821-1894）も，永久機関の可能性に関する考察を通じて，エネルギー保存則の考えに到達していた．また，J. P. ジュール（1818-1889）は，水中で羽根車を回すという実験を繰り返し行い，羽根車の運動にともなう水温上昇を精密に測定することにより，精度の良い「熱の仕事当量」を見いだすことに成功した．もっとも，教科書に載るほど有名なジュールのこの実験も，そこに至るまでには紆余曲折があった．試行錯誤を繰り返し，さまざまな苦難を乗り越えながらも，ジュールの実験の意味が世間に理解されるまでにはそれなりの時間を要した[1]．

　さて，偉大な先人たちが築きあげたエネルギー論を，ここで簡単にみておこう．ある物体を考える．この物体が持つエネルギーには，大きく分けると，巨視的なものと微視的なものという2つの種類がある．巨視的なエネルギーには，物体の移動や回転といった「運動エネルギー」と，力場における「ポテンシャルエネルギー」がある．重力場における位置エネルギーはポテンシャルエネルギーの一例である．高い場所にある物体には，たとえそこで静止していたとしても，そこから落ちることによって運動エネルギーを持つ潜在能力がある．巨視的な運動エネルギーとポテンシャルエネルギーの合計は，「力学的エネルギー」と呼ばれている．

　今度は，物体の内部に目を向けよう．物体は原子の集まりから成っている．それぞれの原子は，振動や相互作用といった微視的なエネルギーを持っている．そのような微視的なエネルギーの総和を，その物体の「内部エネルギー」という．

　こうして，物体が持つエネルギーは，力学的エネルギーと内部エネルギーの和として与えられることになる．物体が持つエネルギーは，何らかのかたちで物体の外に出ていってしまうことがある．あるいはまた，物体の外からエネルギーが入ってくることもある．たとえば，何らかの理由で物体の一部が切り離され，外部に放出されたとしよう．物体そのものがエネルギーを持っているので，エネルギーも一緒に外に出ていったことになる．外から物体が入ってくる場合もまた同様である．

しかし，物体とくっついてエネルギーが出入りする現象とは別に，エネルギー「のみ」が物体と外部との境界を越えて移動する場合がある．この場合のエネルギーの流れ方には，大きく分けると2つの形態がある．ひとつは「仕事」という形態であり，もうひとつは「熱」という形態である．仕事は，力と長さの積の単位を持つ．たとえば，物体が膨張する際に外部にする仕事は，「物体が外部に与えた力」と「力の加わる方向に動いた距離」の積として与えられる．

　一方，熱の流れ方には，熱伝導，対流，熱放射の3通りがある．高温の物体と低温の物体を接触させると，物質の移動がなくても，熱は接触面を通じて温度の高い方から低い方へ流れる．この現象を熱伝導という．また，対流とは，流体の移動を介して熱の移動が起こることであり，熱放射とは，電磁波によって熱が運ばれることである．熱伝導と熱放射は，物体の移動をともなわない熱の移動である．いずれにせよ，熱の流れと温度（差）は，密接な関わりを持っている．

　現代の熱力学においては，熱という形態のエネルギーは，力学的エネルギーや内部エネルギーとは異なり，物体の状態によって決まる「状態量」ではないとされている．すなわち，熱は物体やシステム（物体の集まり）の境界を横断して移動するエネルギーの流れの一形態として定義されており，熱を状態量から明確に区別したことは，熱力学における画期的な成果のひとつであるとみなされている（Turns, 2006）．つまり，現代の熱力学教育においては，「物体が持つ熱エネルギー」という表現は厳密には誤りであり，使ってはならないと教えられるのである．これについて，槌田（1992）は次のように反論している．

　　　熱い物体に熱エネルギーがたくさんあるというのは，自然に対する素直な理解であり，これに「間違えている」と無理を強要することはないのである．（p.13）

　物体に熱が流れ込めば，その物体の内部エネルギーが増加する．槌田によれば，その現象を「物体のなかに熱エネルギーが固定された」と捉えることは自然現象に適っており，そのように表現することを禁じている物理教育こそが間

違っている，というわけである．もちろん槌田も，内部エネルギーという言葉の使用を否定しているわけではない．槌田が指摘していることは，自然現象を理解するための表現法には，物理教育の段階に応じて違いがあってもよいのではないか，ということである．厳密な定義に沿った議論も大切だが，物事を理解するうえでのこうした柔軟な姿勢には，筆者も強く賛同する．

　さて，すでに言葉だけは登場したが，エネルギー保存則について触れておこう．エネルギーはさまざまな形態をとり得るが，エネルギー保存則とは，「孤立系におけるエネルギーの総和は一定である」というものである．ここで，「孤立系」という言葉が登場した．孤立系とは，物体およびエネルギーの出入りのないようなシステム（系）のことである．しかし，このようなシステムは，実際の世界にはなかなか存在しない．現実の世界では，物体もエネルギーも共に出入りのあるようなシステムが一般的である．そのようなシステムを「開放系」という．また，エネルギーのみが（つまり，物体の移動をともなわないで）システムの境界を出入りするようなシステムを，「閉鎖系」と呼ぶ．

　厳密にいえば，エネルギー保存則は孤立系において成立する法則であるが，開放系もしくは閉鎖系への拡張的な適用は特別に難しいことではない．要するに，エネルギーは生成もしなければ消滅もしないというのがエネルギー保存則なので，あるシステムに入ったエネルギーの行き先は，そのシステム内に留まるか，システムの外に出る以外にはない，というだけのことである．したがっ

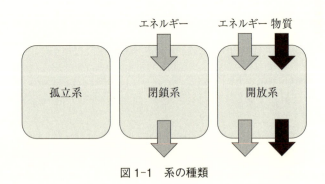

図 1-1　系の種類

て，もしも，あるシステム内のエネルギー量が一定に保たれているのであれば，そのシステムに入ってくるエネルギー量と出て行くエネルギー量は等しいはずである．ここで，閉鎖系を例にとって，最もシンプルなエネルギー収支式を立ててみよう．システムの境界を出入りするエネルギーは，すでに述べたように，熱か仕事である．このシステムが取り入れる熱 q，外部にする仕事を w，そして，システムのエネルギー水準を U とすれば，エネルギーの増分 ΔU と出入りしたエネルギーとの関係式は次のようになる．

$$q = \Delta U + w \quad (1.1)$$

これは熱力学第1法則の定式化であり，その原型は R. クラウジウス（1822-1888）によって 1850 年に示された．

エネルギーが保存されるということは，仮に，あるシステムが孤立系に極めて近いものであるとすれば，そのシステム内のエネルギーはほとんど失われないということになる．しかしながら，現実の経済システムは開放系であり，システム外部（環境）とのあいだで頻繁に物体やエネルギーをやりとりしている．では，もしも技術がどんどん進歩して，エネルギーが経済システムの外にほとんど逃げないようにすることができたとすれば，我々はもはやエネルギー問題に悩まされることはなくなるのだろうか．残念ながら，そうはならないのである．なぜなら，エネルギーは，その形態によって「品質」が異なるからである．仮に経済システムを孤立系にしたとしても，システム内にある「質の高いエネルギー」は刻々と消失していく．このことを理解するためには，熱力学第1法則のみではもはや不十分であり，熱力学第2法則の登場を必要とするのである．

1.2 エントロピーと熱力学第 2 法則

システムが置かれている状態を表す変数は，その名の通り「状態量」と呼ばれる．状態量には，質量，体積，圧力，温度，内部エネルギー，などがある．これらの値は，システムが置かれている状態だけで決まる．一方で，システムと環境の境界を出入りする熱や仕事は移動量であり，現代の熱力学においては，前節で述べたように，状態量とは厳密に区別されている．

熱力学第 2 法則を理解するうえで欠かせない「エントロピー」も，一般的な教科書では，状態量として定義されている．しかしながら，槌田 (1992) が指摘しているように，エントロピーは移動量（そしてさらには，発生量）としての側面も持っているので，その概念を状態量だけに限定するのは誤りである．

エントロピーの意味を理解するためには，まず，「可逆過程」について知っておく必要がある．システムの状態は，システム内部で何らかの反応があったり，あるいはまた，環境（システムの外部）とのあいだで物体やエネルギーのやりとりがあったりすれば，何らかのかたちで変化するのが普通である．可逆過程とは，環境に何ら痕跡を残すことなくシステムを元の状態に戻すことができるような過程のことをいう．さて，エントロピーは次のように定義されている．あるシステムが，絶対温度 T で熱 q を受け取るとする．可逆過程の場合であれば，システムのエントロピーの増分 ΔS は次のようになる．

$$\Delta S = \frac{q}{T} \qquad (1.2)$$

この変化は可逆過程なので，このシステムが環境中から熱とともに受け取ったエントロピー q/T と同じだけのエントロピーを環境に排出すれば，システムのエントロピーは元の水準に戻り，環境も元の状態に戻ることになる．つまり，始めと終わりの状態を見ただけの観察者にとっては，システムや環境にどのような動きがあったのか一切わからない．

しかしながら，現実の世界では，可逆過程はほぼ存在しない．つまり，現実の世界を支配するのは「不可逆性」なのである．不可逆性とは，その言葉通

り，元の状態には復元しないということであるから，変化が一方向的であることを含意する．そしてこの過程こそが，「熱力学第2法則」と強く結びついているのである．熱力学第2法則にはいくつかの表現方法があるが，エントロピーという言葉を用いて手短に表現すれば，「不可逆過程では，エントロピーが発生する」という内容となる．つまり，エントロピーが発生するか否かが，システムの状態がどの方向に変化するのかを決定づけるのである．

システムが熱 q を受け取ったときにシステム内で発生するエントロピーを $s_g (>0)$ としよう（すなわち，不可逆過程）．このとき，システムのエントロピーの増分は次のようになる．

$$\Delta S = \frac{q}{T} + s_g \quad (1.3)$$

つまり，不可逆過程におけるシステムのエントロピーの増分は，可逆過程としてのエントロピー流入分と，システム内で発生したエントロピーの合計となる．可逆過程と不可逆過程の場合をまとめて表現すると，次式のようになる．

$$\Delta S \geq \frac{q}{T} \quad (1.4)$$

ここで，等号は可逆過程において成立し，不等号は不可逆過程の場合を表す．

このシステムにおけるエントロピーを，元の水準に戻したいとしよう．不可逆過程の場合は，外（環境）から受け取ったエントロピーだけでなく，システム内部で発生したエントロピーも外部に捨てる必要がある．その作業を終えればシステムのエントロピー水準は最初の状態に戻るが，一方で環境の方に目を転じると，環境がシステムに与えたエントロピーよりも，環境がシステムから受け取ったエントロピーの方が（システム内で発生したエントロピーの分だけ）多くなってしまう．すなわち，環境のエントロピー水準は以前よりも高くなってしまうのである．したがって，システム内でエントロピーが発生すれば，それは可逆過程にはなり得ないのである．

熱力学第2法則を厳密なかたちで記述すれば，次のようになる．

・孤立系では，システムのエントロピー総量が増加することはあっても，減

少することはない.

　物体やエネルギーの出入りを遮断した孤立系であるにもかかわらずエントロピーが増えるという点こそが，物体・エネルギーとエントロピーとの最大の違いである．物体やエネルギーは，いわば貯金箱のなかのお金のようなものであって，貯金箱にお金を入れたり，そこからお金を出したりしない限りは，箱のなかのお金が増えたり減ったりすることはない．一方で，エントロピーは，たとえ箱の出入り口を塞いであっても増大し得るのである．これは一見すると，とても不思議なことのように思えるかもしれない．しかし，身近な自然現象をエントロピーの定義に則って解釈すれば，特別に不思議なことではない．例として，次のような簡単な実験を考えよう．いま，孤立系のなかに，2つの物体 A と B が接触して置かれているとする．それぞれの絶対温度は T_A, T_B であり，初期においては $T_A > T_B$，すなわち物体 A は物体 B よりも温度が高いとする．このシステムでは，2つの物体の温度が等しくなるまで A から B に熱が流れ続け，決して熱が逆流することはない．

　熱が流れ始めてから平衡に達するまでのあいだ，任意のごく短い時間における微量な熱の流れ q とすれば，この時の A のエントロピー変化は定義より $-q/T_A$ であり，B のエントロピー変化は q/T_B となる（物体 A，B 内でのエントロピー発生はないものとする）．したがって，このごく短時間におけるシス

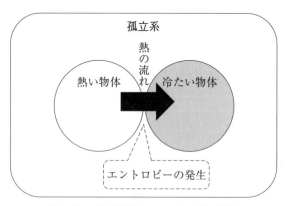

図 1-2　熱の移動とエントロピー発生

テム全体のエントロピー変化 dS は次のようになる.

$$dS = -\frac{q}{T_A} + \frac{q}{T_B} = q\left(\frac{1}{T_B} - \frac{1}{T_A}\right) > 0 \quad (1.5)$$

この不等式は, 熱が A から B に流れ続けるあいだはいつも成り立つので（A および B の温度は刻々と変化するだろうが), このシステムが平衡に達するまでに増加したエントロピー ΔS は

$$\Delta S = \int dS \quad (1.6)$$

となる. 当然, ΔS も正の値をとる. 孤立系であるにもかかわらずエントロピーが増加したのは, エントロピーが発生したからと解釈する他ない. そして, 両物体の温度が等しくなった状態, すなわち, 熱平衡状態においては, システムのエントロピー水準はもはや変化しない. 最初の状態からみれば, システム内のエントロピー水準が高まったわけだから, システムを元の状態の戻すためには, システム内に溜まったエントロピーをシステムの外に捨てなければならない. その時はもはや, 孤立系であることを諦めなければならない（詳細は後述). 一方, エントロピーの受け手となる環境は, その分だけエントロピーが増加することになるので, もはや最初の状態ではない. すなわち, システムの外になんの変化を及ぼすことなくシステムを元の状態（高温と低温の物体）に戻すことはできないのである. これもまた熱力学第 2 法則の別な表現であり, クラウジウスによって示されたものである.

1.3 サイクルと定常開放系

あるシステムが一定時間を経て元の状態に戻る過程を「サイクル」という. 我々にとって有用なシステムの多くは, サイクルの繰り返しによって機能している. たとえば, ハンマーで釘を打つ動作を想像してみよう. 振り上げたハンマーを振り下ろして釘を打っても, その一撃だけでは, 釘は完全には刺さらないだろう. もしも, 一撃だけで仕事を終わらせたいのであれば, とてつもなく

高い位置からハンマーを振り下ろすか，あるいはまた，とてつもなく重いハンマーを使う必要がある．しかし，腕の長さには限りがあるし，人の筋力もたかが知れている．現実的な方法は，適度な重さのハンマーを使って，釘が根元まで刺さるまで繰り返し釘を打ち続けることである．そのためには，振り下ろしたハンマーを元の位置に戻し，それをまた振り下ろす，という一連の行為を繰り返さなければならない．

自転車を漕ぐ動作も，サイクルの典型例である．ペダルをただ一度踏み込んだだけで目的地に到達するような自転車を作ろうと思えば，ギアクランクを相当に長くしなければならない．そうなれば必然的に自転車も巨大なものとなり，人間が乗れなくなってしまう．

あるいはまた別の例として，人体を考えよう．成長期にはどんどん身体も大きくなるし，体重も増える．食べる量も次第に多くなり，排泄物の量も多くなる．しかし，やがて成長が止まれば，体重も一定に近づき，日々食べる量の変化も少なくなるだろう．もちろん，成熟した後でも，身体の状態が変動しないわけではない．しかし我々は誰しも，体重がいつまでも増えたり減ったりし続けることが不健康であるのを知っている．極めて健康的な生活を送っている成人ならば，ある時刻での身体の状態は，次の日の同じ時刻での身体の状態とほとんど変わらないだろう．このように，我々の身のまわりには，人為的に作られた道具や装置であれ，自然の生成物であれ，サイクルを繰り返すという現象に満ち溢れている．

さて，仮に，サイクルが孤立系のなかで完結しているのであれば，それはある意味において理想的である．孤立系は，環境から何も収奪しないし，環境に対して何も排出しないからである．そうなれば，資源やエネルギー不足に怯える必要もないし，環境汚染を心配する必要もない．しかし，現実のシステムにおいては，サイクルの過程でエントロピーが発生しない（つまり，可逆過程）という状態を作り出すことができない．たとえば，先ほど例として挙げた「ハンマーで釘を打つ動作」を思い出そう．このような単純なサイクルでさえ，あちらこちらで摩擦熱が発生している．ハンマーと釘がぶつかり合う部分はもちろんのこと，釘が刺さる物体の内部，握りしめられた柄，そしてハンマーを振

り上げて打ちつける人間の身体内部，等々．多少なりとも摩擦があれば，そこで摩擦熱が生じる．熱が生じれば温度差ができ，熱は温度の高い方から低い方へと流れていく．すなわち，あちらこちらでエントロピーが発生しているわけである．エントロピーが発生するということは，それをどこかへ捨て去らない限りは，システムの内部にどんどんエントロピーが溜まっていく．では，システム内に溜まったエントロピーをどうするのか．これをシステムの外に捨てなければ，システムにおけるサイクルは完成しない．定義上，サイクルとは，元の状態に復元しなければ完結しないからである．

一方で，エントロピーには「単離不可能則」というものがあって（槌田，1992），エントロピーだけを単独で捨てることはできない．エントロピーをシステムの外へ捨てるためには，物体にくっつけて捨てるか，あるいは熱にくっつけて捨てるより他はないのである．では，エントロピーを物体にくっつけて捨てたらどうなるだろうか．質量保存の法則から，その分だけシステム内の質量は失われる．では，エントロピーを熱にくっつけて捨てたらどうだろうか．そうすると今度は，システム内のエネルギー総量がその分だけ失われることになる．つまり，エントロピーを捨てるだけのシステムは，元の状態と比較して，質量かエネルギー，あるいはその両方が減少するため，やはりサイクルとはなり得ない．サイクルが完成するためには，物体かエネルギー，あるいはその両方を継続的に補充しなければならないのである．つまり，孤立系としてのサイクルは，現実的に実現不可能なのである．サイクルに溢れた現実の世界に生きる我々にとって，孤立系よりも開放系あるいは閉鎖系に関心を向けるべきなのは，もはや明らかであろう．なお，本書では便宜上，特に区別する必要がない限り，閉鎖系を開放系の特殊なケースとして，開放系のクラスに含めることにする．

さて，時間を通じてシステムの状態が一定に保たれるような開放系を，定常開放系という．サイクルを繰り返す開放系は，サイクルが完了するまでのあいだには状態の変動があるものの，サイクルの始まりと終わりの時点では，両者の状態は同じである．したがって，1サイクルを時間の単位としてみれば，サイクルを繰り返すシステムは定常開放系とみなすことができる．定常開放系の

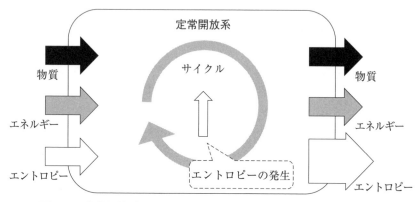

図1-3 定常開放系における物質，エネルギー，エントロピーの流れ

条件とは，次のような3つの収支式を満足することである．それぞれの式は，質量保存則，エネルギー保存則，そしてエントロピー則に対応している．

$$m_i = m_o \quad (1.7)$$
$$e_i = e_o \quad (1.8)$$
$$s_i + s_g = s_o \quad (1.9)$$

ここで，m_i はシステムの外部から流入する物体の質量合計であり，m_o はシステムの外部へ流出する物体の質量合計を表す．同様に，e_i は流入するエネルギーの合計を，e_o は流出するエネルギーの合計を表す．そして，s_i は流入するエントロピー合計を，s_o は流出するエントロピー合計を表す．エントロピーは，物体やエネルギーと異なり「発生」を考慮しなければならないので，システム内でのエントロピー発生量を s_g としている．以上で，いよいよ，エネルギーの質の違いを議論する準備が整った．

1.4 熱と仕事

エネルギーとしては同じ量を持つ，熱と仕事を考えてみよう．この2種類のエネルギーには，ある違いがある．

すでに述べたように，エントロピーには「単離不可能則」というものがある．すなわち，エントロピーは，熱か物体以外にはくっつけることができない．これが意味するのは，熱はエントロピーを持つが，仕事はエントロピーを持たないということである．

たとえば，いま，何かを動かす必要が生じたとしよう．つまり，一定量の「仕事」を必要としているわけである．そこで，仕事 w を得るための装置を考えよう．装置の詳しい仕組みについては，ここでは特に問わない．この装置の周りにエネルギー源になりそうなものはないか，探してみよう．装置の外の環境は，一様に絶対温度 T_0 であるとする．つまり環境は，その温度に相当する熱を持っている．そのような熱は，豊富に存在するうえにタダであるので，これを使わない手はあるまい．早速，エネルギー源として利用できるかを考えてみよう．この装置が熱 q_i を，絶対温度 T_0 で受け入れるとすれば，装置が受け取るエントロピーは，定義より q_i/T_0 である[2]．

さて，自然な仮定として，この装置はサイクル機関であるとしよう．すなわち，サイクルの開始時と終了時にはシステム（装置）は同じ状態になければならない．なお，この装置については，議論を簡単にするため，物体の出入りを想定しない．したがって，収支式としては，エネルギーとエントロピーに関する2つだけを考えればよいことになる．1回のサイクルにおけるエネルギーの収支式は以下の通りである．

$$q_i = w \quad (1.10)$$

エントロピー収支式は，エントロピーの発生を s_g とすれば，次のようになる．

$$\frac{q_i}{T_0} + s_g = 0 \quad (1.11)$$

これらの式を w について解けば，

$$w = -T_0 s_g \quad (1.12)$$

が得られる．残念ながら，式（1.12）を見れば直ちに明らかなように，この装置からはまったく仕事が得られない．環境の絶対温度は正であるし，また，エントロピーの発生量は負の値をとれないからである．なぜ，うまくいかないのだろうか．その理由は，エントロピーの収支式（1.11）をみるとすぐにわかる．この装置では，熱と一緒にエントロピーを受け入れ，さらにエントロピーの発生もある．一方で，この装置は，外部にエントロピーを捨てることができていない．したがって，エントロピーは装置内に蓄積するばかりであり，エントロピー水準を一定に保つことができないのである．当然，これではサイクルが成立しない．

問題点がわかった．では，装置を改良して，エントロピーを捨てるという機能を付け加えたとしよう．この装置では物体の出入りを想定していないので，エントロピーを装置の外に捨てる方法は，熱にくっつけるより他はない．そこで，1サイクルのあいだに環境に捨てる熱を q_o とする．廃熱時の絶対温度を環境温度に等しいとすれば（自然な仮定であろう），エネルギー収支式とエントロピー収支式は，それぞれ，次のようになる．

$$q_i = w + q_o \quad (1.13)$$

$$\frac{q_i}{T_0} + s_g = \frac{q_o}{T_0} \quad (1.14)$$

これらの式から廃熱 q_o を消去し，w について解けば，

$$w = q_o \left(1 - \frac{T_0}{T_0}\right) - T_0 s_g \quad (1.15)$$

が得られる．残念ながら，やはり，この装置でも仕事を取り出すことはできない．エントロピーが発生しない（すなわち，可逆過程）という極めて理想的な状況を仮定してもなお，w は正の値をとることはない．今度は，いったいどこに問題があったのだろうか．この装置から仕事を取り出すためには，少なくと

も，(1.15) 式の右辺第 1 項が正でなければならない．しかし，この装置では，それがゼロとなってしまう．原因は，熱を環境から受け入れるときの温度と，熱を環境へ捨てる時の温度が等しいからである．つまり，仕事を取り出すためには，熱を出し入れする際の温度に違いがなければならないのである．

再度，装置の周りをよく見渡してみることにしよう．熱源をいろいろと探した結果，運良く，環境温度よりも温度が高い熱源が見つかったとする．その熱源を利用することにしよう．今度は，絶対温度 $T_h(>T_0)$ でその熱を受け入れるとする．廃熱時の温度は先と同様に環境温度 T_0 とする．再び，エネルギー収支式とエントロピー収支式を立ててみよう．

$$q_i = w + q_o \qquad (1.16)$$

$$\frac{q_i}{T_h} + s_g = \frac{q_o}{T_0} \qquad (1.17)$$

これらの式から廃熱 q_o を消去し，w について解けば，次式が得られる．

$$w = q_o\left(1 - \frac{T_0}{T_h}\right) - T_0 s_g \qquad (1.18)$$

これでようやく，この装置から仕事を取り出せる可能性が見えてきた（あくまでも「可能性」である）．右辺第 1 項は $T_h > T_0$ だから，正の値となる．右辺第 2 項は決して正にはなり得ないので，右辺第 1 項が正であるということが，この装置から仕事を取り出すための必要条件となる．実際にどれだけの仕事が取り出せるかどうかは，右辺第 1 項の大きさだけでなく，右辺第 2 項の（絶対値の）大きさによっても左右される．明らかに，エントロピーの発生量が大きいほど，この装置から仕事が取り出せる目処が立たなくなる．繰り返し述べているように，エントロピーの発生がゼロというのは，可逆過程という非現実的な場合において起こることであり，実際には，装置のいたるところでエントロピーが発生する．いずれにせよ，ここで重要なのは，たとえエントロピーの発生をゼロに抑えたところで，投入した熱エネルギーのすべてを仕事に変換することはできない，ということである．このことは，右辺第 1 項の括弧内が 1 よりも小さいことから明らかであろう．

ここまでは，熱を投入して仕事を取り出すような装置を考えてきた．では，その逆はどうだろうか．結論からいえば，投入した仕事と同じエネルギー量の熱を吐き出すような装置は，実現可能である．この装置では，入ってくる仕事はエントロピーを持たず，出ていく熱はエントロピーを持っているので，装置内でエントロピーが発生しているはずである（つまり，不可逆過程）．この現象には，熱力学的な矛盾はない．以上のことが示唆するのは何か．それはつまり，仕事と熱というのは，たとえ同じ大きさのエネルギーだったとしても，両者の質は対等ではないということである．熱を「汚れたエネルギー」と表現するのは妥当であろう（槌田，1992）．

(1.18) 式から明らかなように，同じ大きさの熱エネルギーでも，受け入れるときの温度が高いほど，そこから取り出せる理論上（エントロピーの発生をゼロとした場合）の仕事量は大きい．したがって，高温の熱は環境温度に近い熱よりも「汚れの程度」が小さいといえよう．

ただし，ここで言うことところの「エネルギーの汚れ」は，必ずしも，エネルギーの経済的価値と完全に対応するわけではない．たとえ「汚れ」が小さいエネルギー源であっても，そこから人間にとって有用な仕事を取り出す際に，エントロピーの大量発生をともなうのであれば，その経済的価値は必ずしも高いといえないのである．

1.5 熱力学と熱機関

すべての学問分野について言えることだが，熱力学も1人の科学者が一晩で作り上げたものではない．表 1-1 に示すように，多くの先人たちが熱力学の発展に寄与してきた．偉大なる先人たちの業績すべてについて触れることは，本書の範囲を超えている．それでも，熱力学の根幹をなす基本法則，すなわち熱力学第1法則と第2法則を確立し，さらには，「エントロピー」という言葉を造ったドイツの物理学者，R. クラウジウス (1822-1888) の偉業は際立っているように思われるので，彼についてはいくらかの紙面を割いて触れておくべ

表 1-1 熱機関と熱力学の発展に寄与した人々

人名	生没年	内容
ヘロン	A.D.10?-70?	反動式蒸気タービンのアイデア
G. ブランカ	1571-1645	衝動式蒸気タービンのアイデア
D. パパン	1647-1712?	シリンダとピストンを用いた蒸気機関の試作
T. セイヴァリ	1650?-1715	排水ポンプ「鉱夫の友」試作
T. ニューコメン	1664-1729	排水用蒸気機関の実用化
J. ワット	1736-1819	ニューコメン型蒸気機関の改良
R. トレヴィシック	1771-1833	蒸気機関車の開発
T. ヤング	1773-1829	エネルギーの定義
S. カルノー	1796-1832	蒸気機関の熱効率に関する研究
R. マイヤー	1814-1878	エネルギー保存則の提唱
A. ロシャ	1815-1893	4ストロークエンジンを考案
J. ジュール	1818-1889	熱の仕事当量を測定
H. ヘルムホルツ	1821-1894	エネルギー保存則の提唱（拡張）
R. クラウジウス	1822-1888	熱力学第1および第2法則の確立，「エントロピー」造語
J. ルノアール	1822-1900	シリンダ内に点火装置を備えた内燃機関の製作
W. トムソン（ケルヴィン卿）	1824-1907	「熱→仕事の100％転換は不可能」（熱力学第2法則）
N. オットー	1832-1891	オットーサイクルエンジン（4ストローク）の製作
L. ボルツマン	1844-1906	エントロピーの分子論的解釈
G. ラヴァル	1845-1913	衝動式蒸気タービンの開発
C. パーソンズ	1854-1931	多段階反動式タービンの開発
R. ディーゼル	1858-1913	ディーゼルエンジンの発明

きだろう．

　クラウジウスは，光学の研究と並行しながら熱に関する研究を進め，1850年代に，熱力学の2つの法則を扱った極めて重要な論文を発表した[3]．そして1865年，エントロピーという造語を世に送り出したのである[4]．

　クラウジウスが熱理論を構築するうえでとりわけ大きな影響を受けたのは，J. ジュールと S. カルノー（1796-1832）だった．ジュールは熱と仕事の等価

性を見いだし，その合計としてのエネルギーは保存されるという考えを持っていた．一方，カルノーは，一定量の熱の流れから最大でどれだけの仕事が得られるのかという問題に取り組み，後の熱力学第2法則につながるような基本定理を打ち立てた．一見すると，クラウジウスが行ったことは，偉大な2人の考えをただ単に合わせただけのように思われるかもしれない．だが，決してそうではない．クラウジウスの熱理論は，ジュールやカルノーが持っていた自然観を解釈し直すという難問を解くことによって生まれたのである (Meheus, 1999)．

　まず，ジュールは，仕事はすべて熱に変換し得ることを主張したが，同時に，熱のすべてが仕事に変換し得るとも考えていた．つまり，熱と仕事は完全に等価であると信じていたわけである．明らかに，ジュールの主張には飛躍があった．ジュールが実験により示したことは，仕事のすべてが熱に変換するということだけだったからである．

　他方，カルノーの熱理論は「熱素説」に基づいており，高温部から低温部へと熱が流れることによって仕事が得られるという考えを基本としていた．それはちょうど，水が高いところから低いところに流れ落ちる時に羽車を回すようなイメージであった．つまりカルノーは，熱は水のように流れるだけであり，全体として失われることはない，と考えていたのである．なお，熱についてのこのような捉え方は，今からすると不思議にみえるかもしれないが，18世紀後半から19世紀半ば頃までは普通のことであった．当時は，熱（素）は保存されるという説が基本公理として広く採用されていたのである．カルノーは，高温部の温度と低温部の温度が決まれば，そこから取り出し得る最大の仕事量が決まることを示し，それを引き出すことが可能なのは可逆機関の場合に限ることを明らかにした．その結論自体は正しいのだが，にもかかわらずカルノーは，熱の一部が仕事に転化し，残りの熱が低温部に流れ込むというふうには考えていなかった．熱の保存則を否定することは，熱素説に基づいた当時の熱学理論を根本から覆すことに等しかったのである (Cardwell, 1971)[5]．1850年のクラウジウスの論文には，そのあたりの問題意識が明確に示されている．少々長くなるが，それが如実に示された部分を引用しよう．

カルノーは，熱によって仕事がなされ，それと同時に作業物質に永続的な状態変化が生じないような場合はいつでも——たとえば蒸気機関の場合，ボイラーの中に発生した凝縮器（Condensator）で再び凝縮する蒸気の媒介によって，熱が釜から凝縮器まで移動するように，一定の熱量が高温物体から低温物体へと移動していることを証明した．ところがこの**移動**（Uebertragung）を，カルノーは発生した仕事に対応する熱変化（Wärme-veränderung）のすべてとみなしている．すなわち，「この移動で熱はまったく**失われる**（verloren gehen）ことなく，その**量**は不変である」と彼ははっきりと述べているからである．さらに，カルノーは以下のように補足している．「この事実はまったく疑う余地がない．なぜなら，それはまず実験に基づかずに仮定されたが，その後，熱量測定の研究によって多くの例で実証されているからだ．この事実を否定することは，それを主要な基本法則（Hauptgrundsatz）としている熱理論そのものを完全にひっくり返すことを意味するだろう．

（八木江里 監訳『クラウジウス熱理論論文集：エントロピーの起源としての熱力学理論』東海大学出版，2013年，pp.3-4）

カルノーのこのような主張に対して，クラウジウスは次のように反論している．

　しかしながら私がわからないのは，仕事が生ずる際にけっして熱の消失（verlust）が起こらないと，実験的に十分に実証されているかどうかということで，それどころかむしろ一般には，半分以上の確かさで上と反対な事実が主張できるであろう．すなわち，そのような消失は直接的にまだ実証されないけれども，別の諸事実からみると，単に起こりうるだけでなく，むしろ極めて高い確かさで起こっている．
（同，p.4）

クラウジウスはこのように述べた後，次のように結論づけている．

　[…]これまでとは異なる以下のような仮定のもとで，熱と仕事との対比を試みることを切実に要請している．すなわち，仕事の発生のためには，熱の**分布**（Vertheilung）の単なる変化だけでなく，熱の実際の**消費**（Verbranch）が不可欠であり，逆に仕事の消費によって再び熱を**生じ**させうるという仮定である．
（同，pp.4-5）

クラウジウスの主張から示唆されるように，カルノーが描いていたモデル

は，熱力学第1法則に反していた．クラウジウスは，カルノーとは違い，熱の一部が仕事になり，残りは排熱されるというエネルギー保存則を採用した．そして，エネルギー保存則のもとで，カルノーの基本定理と矛盾しない理論を「再」構築したのである．ここにようやく，熱力学における重要な2つの法則が確立され，近代熱力学の土台ができ上がった．これらの法則は，熱機関のみならず，生命体や生態系，環境，等々，我々が生きている巨視的な世界すべてに当てはまる（量子論的世界においても成立するか否かはよくわかっていない）．もちろん，我々人類も，熱力学の法則を知るずっと前から，それらの法則に支配されて生きてきた．しかし，我々がいまの熱力学に到達したのは，ほんの2世紀ほど前のことにすぎないのである．

　近代熱力学の誕生は，熱機関が実用化されたのよりもずっと後であった．熱機関は，完成した熱力学の理論から演繹的に考え出されたものではなく，むしろ，熱機関の利用が熱力学の理解を育んだわけである．熱機関の開発史については第4章で詳しく論じるつもりだが，熱力学の歴史と熱機関の歴史は必ずしも切り離せないので，ここでもいくらか触れておくべきだろう．

　熱機関のアイデア自体は古くからあった．今から2,000年も前に，アレクサンドリアのヘロン（AD10?-70?）は，蒸気の力で回転する仕掛け（反動タービンの原型）を考案していた．その後ずいぶんと時間が空いたが，ルネサンスの時代に入ると，多くの人たちが蒸気機関のアイデアを温めたようである．17世紀前半には，イタリアのG.ブランカ（1571-1645）が衝動タービンの原型を考案したが，実用化には至らなかった．17世紀の半ば頃になると，それまで正体がよく知られていなかった大気についての理解が深まっていった．そして，人為的に真空状態を作れば，大気圧との圧力差により仕事が引き出せるということも知られるようになっていた．このように，自然現象への理解は進んでいたが（時には誤りもあったが），熱力学の法則が確立されるのはまだ2世紀ほど先だった．

　それにしても，なぜ，もっと早い時期に熱力学が確立されなかったのだろうか．すぐに思いつく答えは，当時はまだ蒸気機関が実用化されておらず，広く普及していなかったから，というものだろう．蒸気機関が普及していれば，そ

れを身近に観察し興味を持つ人が多いだろうし，実用上の不具合や不便があれば，それを取り除くような工夫や改良をしようと考える人も出てくるだろう．蒸気機関が活躍する光景が日常的になったことは，カードウェルの言葉を借りれば，それまでの哲学者によってなされた熱に関するいかなる思索よりも，科学に対して多くのことをなしたのである（Cardwell, 1971）．だがこの解答は，問題を先送りにしたにすぎない．なぜなら，ではどうして熱機関の実用化がもっと早い時期になされなかったのか，という疑問が生じるからである．

実用的な蒸気機関といえば，多くの人がまず思い浮かべるのが J. ワット（1736-1819）であろう．ワットの業績が偉大なことは確かだが，ワットは蒸気機関の発明者ではない．初めて実用化された蒸気機関は，18世紀前半にイギリスの T. ニューコメン（1664-1729）によって製作された鉱山の排水用の装置であり，炭鉱を中心に普及していった．鉱業は当時の成長産業であったが，採掘量が増加し，石炭を奥深くまで掘り進むにつれて，坑道に浸み出す水が採掘作業を妨げるという問題が生じていた．そこで，安いコストで排水できる方法が求められたのである．ニューコメン型蒸気機関の熱効率は悪く「大飯ぐらい」だったが，炭鉱では石炭が豊富なので，燃料費は無視することができた．しかし，炭鉱以外ではそういうわけにもいかず，他の産業部門にまで広く普及するには及ばなかった（Fouquet, 2008）．

1769年，ワットは改良型蒸気機関の特許を取得した．ワット型機関の熱効率はニューコメン型機関に比べて格段に大きかったが，それでもなお，炭鉱以外への蒸気機関の普及は遅々たるものだった．蒸気機関の改良はその後も続いたが，19世紀初頭になっても多くの産業部門における動力源の主力は家畜・人力であり続け，蒸気機関が炭鉱以外の場所で本格的に普及し始めたのは，ようやく1830年頃であった（Fouquet, 2008）．

熱効率の良い蒸気機関の普及は，イギリス全体としてみれば，石炭消費の削減効果よりも，むしろ増大傾向を後押しした（Kander et al., 2013）．熱効率の向上がかえって石炭の消費に拍車をかけるという問題は，W. S. ジェヴォンズ（1835-1882）によって『石炭問題』（1865）のなかで指摘されており，このような現象は「ジェヴォンズ・パラドックス」あるいは「リバウンド効果」

と呼ばれている（第9章参照）．なお，この問題は，現在でも資源・エネルギー経済学者を悩ませている．

　蒸気機関の熱効率の向上がむしろ石炭消費の増加をもたらしたとすれば，石炭消費と熱効率の関係は，相互にその程度を高めていくという「正のフィードバック」構造にあったと考えられる．つまり，石炭の稀少化が熱効率の高い蒸気機関の改良・開発というインセンティブを生み出すと同時に，その達成が，石炭のさらなる稀少化を進めるというわけである．したがって，蒸気機関の熱効率を高めるという産業界からの要請は，一時的なものではなく，慢性的だったはずだ．そして，そのような慢性的な要請は，18世紀後半から19世紀にかけて熱力学が発展したことと無関係ではあるまい．事実，カルノーの研究は，産業における蒸気機関の重要性と経済性を明確に意識したものだった．

　しかし，まだ謎は残る．蒸気機関は外燃機関であり，燃料は石炭でなくてもよい．燃えるものならば，燃料は基本的に何でもよいのである．人間は古くから，薪や炭を燃料として使ってきた．では，なぜ人間はもっと昔に，たとえば1,000年とか2,000年前に，バイオマスを燃料とした蒸気機関を実用化できなかったのだろうか．なぜ，この人類史上最大のイベントは，ほんの200年ほど前になってようやく起きたのか．この疑問に対して完璧な答えを示すことは，恐らく不可能だろう．歴史は基本的に一度きりであり，同じ条件下で繰り返し観察することはできない．とはいえ，それなりにもっともらしい仮説を立ててみるのも，決して無益なことではないだろう．筆者は，その謎を解く鍵は，バイオマスのパワー密度（単位面積・単位時間当たりのエネルギー量）にあると考えている．

　炭鉱における石炭生産のパワー密度（熱量換算）は，バイオマスのパワー密度（同じく熱量換算）よりも2～3桁ほど大きいことが知られている（Smil, 2015）．炭鉱で蒸気機関が必要とされた経緯を思い出してみよう．ニューコメン型蒸気機関が歓迎された当初の炭鉱では，坑道に溢れ出た水が採掘作業を妨げ，石炭の産出コストを押し上げていた．運良く，石炭そのものは足元に大量に眠っていたのであり，排水さえ容易にできれば，安価な石炭の産出は約束されていた．つまり，豊富な石炭を燃料とした排水装置の導入は，それが大型で

据え置き型であっても，当時の炭鉱における経済的事情からすれば理に適っていた．

一方，木の産出地，たとえば森林での薪集めを考えてみよう．どのような仕組みかはともかくとして，大型の蒸気機関による薪採集装置が考案されたとする．しかし，そのような装置が現場で重宝されるとは考えにくい．というのも，そのような装置が，薪採集の作業能率を高めるとは考えにくいからである．森林は炭鉱よりも格段にパワー密度が小さく，バイオマス資源は空間的に薄く広く散らばっている．つまり，どこかの地点で木を切り倒しても，そのポイントから得られる薪の量はたかが知れており，新たに薪を得るためには，別の木を求めて広い範囲を動き回らなければならない．したがって，仮に，薪採集の現場で重宝されるような蒸気機関があるとすれば，それは運搬・移動が容易であるものに違いなく，大きくて重たい据置型の蒸気機関への需要は，炭鉱ほどには高まることはないだろう．

持ち運びが容易なほど小型で高出力の蒸気機関がいきなり発明される可能性は，恐らくゼロに近いだろう．蒸気機関の歴史を振り返ると，熱効率の低い巨大な据置型のニューコメン機関が，列車を牽引するほど小型で高性能の蒸気機関へと進化を遂げるまでには，およそ1世紀もの歳月を費やしており，そこに至るまでには数えきれないほど多くの人々の工夫と試行錯誤の積み重ねがあったのである．それぞれの改良や工夫は，それまでに普及していた蒸気機関の観察を踏まえて行われるのが普通であり，19世紀初頭の蒸気機関車は，18世紀前半のニューコメン型蒸気機関の普及と無関係に突如として出現したわけではない[6]．

もっとも，石炭は，人類が出現するよりもずっと昔から地球上に存在していた．したがって，もっと早くに石炭を燃料とした蒸気機関が生まれてもよかったのではないか，という疑問が湧くかもしれない．しかし，燃やすと煤が出て不純物の多い石炭は一般に木炭よりも好まれず，木から石炭への燃料シフトは森林資源の稀少化によって「やむを得ず」進んだのである（第3章，第4章）．もしも，森林資源が豊富であり続けたら，石炭の大量消費時代は訪れることもなく，蒸気機関の誕生と普及もなかったかもしれない．森林資源の稀少化とい

う問題が蒸気機関の開発を促し，そしてそれが熱力学の確立をもたらしたとすれば，何とも皮肉な歴史というより他あるまい．

注
1) ジュールが行っていたさまざまな実験の詳細については岡本（2002）が詳しい．
2) 厳密には，環境の温度と装置の「熱入り口」の温度が等しければ，環境から装置に熱は流入しない．ただしここでは議論を単純化するため，温度差はあっても両者の温度はほとんど近いものと見なしている．
3) 邦題「熱の動力，および熱学へ演繹される諸法則について」(1850)，「力学的熱理論の第2主法則の修正された形について」(1854)．日本語訳については，八木監訳（2013）を参照のこと．
4) 邦題「力学的熱理論の主法則を適用するためのさまざまな便利な形式について」．日本語訳については，八木監訳（2013）をみられたい．
5) 後に，カルノーは，熱素説について否定的な立場をとっている（Erlichson, 1999）．
6) 「大型で低出力」→「小型で高出力」という道筋を辿ってきたのは，蒸気機関に限らず，他の動力機関についても同様である．

第 2 章
エネルギーの生産

2.1 エネルギー資源

　エネルギー資源から人間にとって有用な仕事を取り出す，というシステムを考えよう．自然な仮定として，そのようなシステムは定常開放系であるとする．ここでいうところの「有用な仕事」とは，物理学的な意味での仕事と必ずしも同じものではないことに注意されたい．同じエネルギー量を持つ熱と仕事のあいだには，エントロピーという観点から，質の違いがあることはすでに述べた．前者はエントロピー（すなわち「汚れ」）を持つが，後者のエントロピーはゼロである．しかしながら，たとえ同じエネルギー量を持つ仕事であっても，人間にとっての有用性に違いがあるのが普通である．屋上の旗をなびかせている気まぐれな1Jの風力エネルギーが，家のなかのプラグから得られる1Jの電力と同じくらい有用であると言う人はいないだろう．どちらもエントロピーはゼロであり，熱力学的な意味においては「汚れ」のないエネルギーである．しかしながら，風そのものでテレビを映すことはできないし，洗濯機を動かすこともできない．

　さて，このシステムに投入され得るエネルギーは，次の種類に分けられる．すなわち，熱 q_i，力学的エネルギー w_i，流入する物体の内部エネルギー u_i，そして，流入する物体の体積 v_i と圧力 P_i がもたらすエネルギーである．なお，$u_i + P_i v_i$ は「エンタルピー」と呼ばれる状態量であり，これを h_i とする．以上のインプットから，どれだけの仕事 w_o が取り出せるのかを考えてみよう．こ

のプロセスからの廃熱を q_o，流出する物体のエンタルピーを h_o とすれば，流入するエネルギーの合計と流出するエネルギーの合計が等しいことから（定常開放系なので），エネルギー収支式は次のようになる．

$$q_i + h_i + w_i = q_o + h_o + w_o \quad (2.1)$$

次に，エントロピー収支を考えよう．エネルギー収支と同じ要領で，流入する物体が持つエントロピーを s_i，系が熱を受け入れるときの（絶対）温度を T_i，流出する物体が持つエントロピーを s_o，廃物・廃熱時の温度を環境温度 T_0 に等しいとし，系内でのエントロピー発生量 s_g を考慮すると，以下のようになる．定常開放系なので，システム内のエントロピーは一定に保たれる．

$$\frac{q_i}{T_i} + s_i + s_g = \frac{q_o}{T_0} + s_o \quad (2.2)$$

なお，簡略化のため，質量保存については常に成立しているものとし，物体の収支式を省略する．

さて，エネルギー収支とエントロピー収支の2つの式から廃熱 q_o を消去して，得られる仕事 w_o について解くと，以下のようになる．

$$w_o = \left(q_i \left(1 - \frac{T_0}{T_i}\right) - \Delta h + T_0 \Delta s + w_i \right) - s_g T_0 \quad (2.3)$$

ここで，$\Delta h = h_o - h_i$，$\Delta s = s_o - s_i$ とする．この式から明らかなように，右辺の第1項が正でなければ，このプロセスから仕事を取り出すことはできない．右辺第1項は理論上取り出し得る最大の仕事量を意味しており，「エクセルギー」と呼ばれている．

エクセルギーとエントロピーは表裏一体の関係にあり，エントロピーが発生するということは，エクセルギーが消滅するということを意味する．可逆過程，すなわち，エントロピーの発生がないプロセスにおいては，エクセルギーの消滅もなく，システムに投入されたエクセルギーはそのままそっくりアウトプットされる．しかし，繰り返し述べているように，現実の世界において可逆過程というのはほぼ存在しないので，エクセルギーのすべてを仕事に転換することは事実上不可能である．エントロピーの発生があれば，その分だけエクセ

ルギーが「食われて」しまう．よって，(2.3) 式を言葉で表現すれば，「得られるエクセルギー」は「投入されたエクセルギー」から「エクセルギーの消失量」を差し引いたものに等しいということであり，その意味でこれは「エクセルギー収支式」と呼ぶことができる．

エクセルギーが正であるような物体やエネルギーなら，エネルギー資源になる「可能性」を持っている．しかし，それはあくまでも可能性である．(2.3) 式から明らかなように，実際にエネルギー資源になるか否かは，それが持つエクセルギーの大きさのみならず，そこから有用な仕事を取り出す際に発生するエントロピー量によっても左右される．エントロピー発生量が大きすぎれば，たとえエクセルギーが大きくても，有用なエネルギーを取り出すことはできない．システム内でのエントロピーの発生量は，有用な仕事を取り出すための仕組みや方法，装置などに依存する．人間は，人間にとって都合のよい形態の仕事を得ようとする．しかし，人間にとって有用な仕事を得るためには，それ相応の装置が必要である．人間の要求がワガママになればなるほど，そうした装置に求められる機能は多様化・複雑化する．一般に，装置が複雑になればなるほど，エントロピーの発生ポイントが増えるため，エントロピー発生量は増える傾向にある．

このように，天然のエネルギーや物質がエネルギー資源になり得るか否かは，人間側の都合によって大きく左右される．そして，自然条件の変化，経済的・社会的な諸制度の変化，発明や改良による技術水準の変化等により，ある時代においてはエネルギー資源とは見なされなかったものが，別の時代ではエネルギー資源になることもあり得るのである．

2.2 エネルギーの生産過程

人間はエネルギーもエクセルギーも作り出すことはできない．エネルギーは形態を変えながらも保存されるし，エクセルギーはただ消滅していく一方である．エントロピーが発生しないという理想的な状態（可逆過程）に限ればエ

クセルギーは保存されるが，繰り返すように，現実の世界ではそれは不可能である．では，我々がよく耳にする「エネルギーの生産」とは，いったい何を意味するのだろうか．我々ができるのは，エネルギー資源が持つエクセルギーの一部を，人間が利用しやすい形態として取り出すだけである．そのような過程を，我々は「エネルギーの生産」と呼んでいるのである．

エネルギーの生産過程は，大きく分けると，エネルギー資源の「採掘過程」とエネルギーの「転換過程」から成る．採掘にせよ転換にせよ，それらの作業においては，多かれ少なかれエネルギーを必要とする．まず，採掘から考えよう．採掘プロセスにおいて投入されるエクセルギーを a_m としよう．そして，採掘されたエネルギー資源が持つエクセルギーを a_r とする．ここで，採掘のエクセルギー収支比 η_m を次のように定義する．

$$\eta_m = \frac{a_r}{a_m} \qquad (2.4)$$

このように定義されたエクセルギー収支比は，エネルギー資源採掘の経済性を考える際の有用な指標となる．エクセルギー収支比が大きければ大きいほど，少ないエクセルギーから多くのエクセルギーを獲得できることを意味するので，少なくとも採掘段階では，エネルギー資源としての質が高いと言ってよいだろう．

エネルギー資源を採掘しただけでは，人間にとって利用しやすい状態にはないことが多い．したがって，それを人間にとって利用価値のあるエネルギー，すなわち，安定した電力や，不純物の少ないガソリンといったような経済的に有用な「エネルギー製品」に転換する必要がある．エネルギー転換システムに投入するエネルギー資源（いわば「原料」）が持つエクセルギーを a_s とする．この過程にもいくらかのエネルギー製品を必要とするので，それが持つエクセルギーを a_c としよう．アウトプットとなるエクセルギーは，有用なエクセルギー a_p と，廃棄エクセルギー a_w からなる．また，この過程で消失するエクセルギーを a_v とすれば，定常開放システムとしてのエネルギー転換過程におけるエクセルギーの収支は，次式のようになる．

$$a_r + a_c = a_p + a_w + a_v \quad (2.5)$$

エネルギー転換過程における最大の関心は，投入されたエクセルギーからどれだけ多くのエクセルギーを取り出せるか，ということである．表現を変えれば，次のように定義されるエクセルギー転換効率 η_c をどれだけ高められるか，ということになる．

$$\eta_c = \frac{a_p}{a_r + a_c} \quad (2.6)$$

当然のことながら，エクセルギー転換効率は1を超えない．エクセルギー転換効率を高めるには，廃棄されるエクセルギーを減らすか，あるいは，転換過程におけるエクセルギーの消失を抑制する必要がある．エクセルギーの消失は，環境温度を一定とすれば，エントロピーの発生量に比例する．

エネルギー転換過程において，廃棄されるエクセルギーを減らすことに成功した事例としては，コンバインドサイクル発電がある．コンバインドサイクル発電では，ガスタービンによる発電の後に発生する廃熱を利用して再度発電する．この廃熱は環境温度よりも高い温度を持っているので，まだいくらかのエクセルギーを持っている．このエクセルギーの一部を，蒸気タービンによって取り出す（発電する）わけである．しかし，廃棄されるエクセルギーを削減することが，いつでも望ましい結果を生むとは限らない．なぜなら，そのための新たなシステムや装置の追加は，必然的に，新たなエントロピーの発生箇所を生むからである．

以上のように，「エネルギー生産システム」において，我々は，エネルギーを作り出すわけでもなければ，エクセルギーを作り出すわけでもない．とはいえ，経済学的な文脈において「エネルギーの生産」と表現することが誤りかといえば，そうではない．というのも，エネルギーに限らず，そもそも経済学的な文脈で用いられる生産という行為は，物質やエネルギーを文字通り作り出す，ということを意味するわけではないからである．経済学者 A. マーシャル (1842-1924) の言葉を引用して，本節を閉じることにしよう．

人間は物質的な事物を創造できない．知的および道徳的な世界においてはかれは新しい観念をつくりだせるであろうが，物質的な事物を生産したといっても，実はただ効用をつくりだしただけであり，別のことばでいえば，かれの努力と犠牲によって物質の形態としくみを変化させて欲求の充足によりよく適合するようにするだけなのである．物理的世界でかれのなしうることといえば，ただ，あるいは木材をもって机をつくるように，物質を調整しなおしてより有用なものにするか，あるいはまた種をまき，自然の力によって生育させるように，自然によってより有用なものにさせられるような状態にすることだけである．

(馬場啓之助訳『マーシャル 経済学原理 I』，東洋経済新報社，1965，p.81)

2.3 エネルギーとエクセルギー

エネルギーは保存されるが，エクセルギーは消失する．稀少性（いうまでもなく，経済学における主要なテーマ）が問題となるのは，エネルギーではなくてエクセルギーの方である．したがって，本来であれば，エクセルギーを軸にしてエネルギー経済学を論じるべきなのかもしれない．

だが，このように書いておきながらも，本書では，次章以降，エクセルギーという言葉を積極的に用いることなく議論を進めていくつもりである．その理由は以下の通りである．第1に，エネルギーと比べて，エクセルギーの計算は概して面倒であり，（おそらくそのためであろうが）利用可能なデータが限られている．エネルギーのフローに関するデータは比較的入手しやすい一方で，エクセルギーとなるとそうはいかない．

第2に，第1の理由とも関係するが，エクセルギーという言葉自体の馴染みが薄いという問題がある．エクセルギーを意味する呼び方が他にいくつも存在するという事実が，それを物語っている[1]．

第3に，エクセルギーは確かにエネルギーの質を考慮にいれた指標ではあるものの，繰り返し述べるように，必ずしも，人間にとってのエネルギーの有用性を示唆するわけではない．たとえば，風力の運動エネルギーは100％がエクセルギーだが，我々はそれを使いやすい電力（これも，エクセルギー100％）

に転換して利用する．しかし，そのような転換プロセスの構築は，不可避的に，エントロピーの発生箇所を生み出してしまうので，元のエクセルギーはいくらか「食われて」しまう．つまり，「エネルギーのすべてが有用なわけではない」のと同様に，「エクセルギーのすべてが有用なわけでもない」のである．エクセルギーの含有率が等しいエネルギー資源・製品であっても，1J当たりの価格が異なることは珍しくない．であるならば，エネルギー経済を論じるにあたり，エクセルギーという言葉の使用に拘泥する理由はそれほどないように思われる．

　もちろん，エクセルギーという概念がエネルギー論の根底にあることを念頭に置いておくことは有益だが，少なくとも（これ以降の）本書を読むにあたっては，「エネルギー資源は，そのすべてを人間にとって有用なエネルギーに転換することはできない」という理解があれば十分である．

注
1) エクセルギーは他に，available energy, utilizable energy, work capacity, work potential などと呼ばれている（Dincer and Rosen, 2013）．

第3章
バイオマス時代

3.1 人類とエネルギー

狩猟採集時代の人間と現代人とを比較すると，エネルギー消費量には少なく見積もっても1桁の違いがあるという（Cook, 1971）．量の違いもさることながら，両者における特筆すべき違いは，エネルギー消費の内容である．エネルギー資源の用途には，大きく分けると2つある．1つは動力を得るためであり，

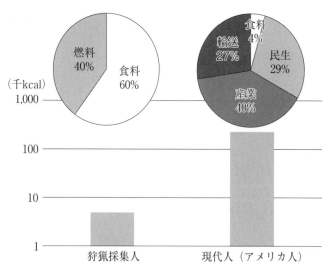

図3-1　1日当たりエネルギー消費量（対数グラフ）とシェア（円グラフ）
（備考）Cook（1971）に基づき筆者作成

もう1つは熱そのものや灯りを得るためである.

動物にとって最も基本的な動力機関は自分自身の身体であり，その「燃料」は食料である．20万年ともいわれるホモ・サピエンスの歴史を見渡すと，今からつい1万年前まで，すなわち，農耕が始まり家畜を手なずけるまでの長いあいだ，人間にとって自分の身体がほぼ唯一の動力機関であった．狩猟採集時代は基本的に平等社会であり，階級というものがないため，自分のために他人の身体を自在に利用（支配）するということはほとんどなかった．

狩猟採集時代における熱・灯り用の燃料も，基本的にはバイオマス由来のものだった．このことは，つい200年ほど前までのほとんどの社会においても同様であった．つまり，我々人類は，これまでの歴史の99%以上の年月を，バイオマス資源にほとんどを依存しながら生きてきたのである．もちろん，例外はあった．地域によっては，早くから化石燃料を利用していた事例もある．また，条件がよければ，水力や風力も利用された．しかしながら，世界全体としてみれば，エネルギー消費に占めるそれらの割合はごくまわずかにすぎなかったと考えられている（Kander et al., 2013）．要するに，近世までの人間社会は「バイオマス社会」であった．

バイオマス社会における歴史上の画期的な出来事は，家畜を動力機関として用い始めたことである．家畜は農耕と強く関係している．もっとも，家畜は，土を起こしたり物を運ぶといった動力機関としての役割の他に，肉やミルク，肥料，皮や毛の供給源といった役割もあった．ただし，すべての農耕社会が（農作業の手助けができるほどの）大型動物を飼い慣らしていた，というわけではない．地球上には数多くの動物が存在するが，大型動物の家畜化は一般に難しく，人類が家畜化に成功した大型動物の種類は数えるほどしかないのである（Diamond, 1999）．たとえばニューギニア高地では農業が栄えたが，労力を提供する大型動物の家畜を持たなかったため，農作業はすべて人間の手によるものだった．

家畜の利用というのは人類史において極めて重要な出来事であるが，人力にせよ畜力にせよ，動力機関は動物の身体であり，食料がエネルギー資源であることに変わりはない．薪を燃やして火を起こすことができても，人類は長いあ

いだ，火から実用的な動力を得る術を持たなかったのである．

　一方，現代文明を支える化石燃料は，有用な動力を生み出す最大のエネルギー資源となっている．それは蒸気機関の登場によって幕明けしたわけだが，このことは，大型動物の家畜化と並ぶほどに，人類史上において革新的な出来事であった．化石燃料から火を得る術は，古代から知られていた．ただ燃やせばよいのだから，それは驚くべきことでもない．しかし，現代文明とバイオマス文明との最大の違いは，熱から動力を得る実用的な方法の有無なのである．

　狩猟採集時代から現代に至るまで，我々はいったい，どのような道筋を辿ってきたのだろうか．本章ではバイオマス社会に，そして次章では化石燃料社会にそれぞれ焦点を当て，人類の足取りを振り返ることにしよう．

3.2　動物としての人間

　動物が生き残るためには，必ず満たさなければならない条件がある．それは，1 kcal 分の食料補給から生み出される活動により，1 kcal 分「以上」の食料を獲得しなければならない，ということである．動物は，何をするにしてもエネルギーを消費する（図3-2）．したがって当然，食料を手に入れるためにもエ

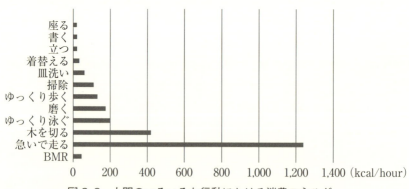

図 3-2　人間のいろいろな行動における消費エネルギー
（各数値は，BMR 以外に追加的に要するエネルギーを意味する）
（備考）Pyke (1970) に基づき筆者作成

ネルギーを必要とする．もし，食料獲得に要するエネルギーが，獲得した食料エネルギーを上回っていたらどうなるだろうか．その場合，エネルギー収支は「赤字」となり，早晩，その個体は死に絶えることになる．

この単純明快な法則は，高度な文明社会に生きる現代人にとっても同様に当てはまる．人力以外の動力機関を手にしたことによって，人間は，莫大なエネルギーを消費できるようになった．とはいえ，動力機関を製造し操作したりするのにも，多かれ少なかれ，身体を動かす必要がある．人間は，熱機関を媒介として，1 kcal 分の食物摂取が生み出すエネルギーを何倍にも「増幅」させることに成功した．そうやって生み出された莫大なエネルギーを利用して，1 kcal 分の食料の何倍にも相当する食料生産を実現させているのである．

さて，生命活動に必要なエネルギーは，ATP を ADP に分解することによって得られる（図3-3）．ATP は 3 つのリン酸を持っており，近接する負の電荷によりエネルギーが蓄えられる．ATP からリン酸が切り離される過程でこのエネルギーが解放され，筋肉運動をはじめとする生命活動に利用されるのである．ATP のもととなる原料は，食事を通じて摂取された炭水化物，タンパク質，脂肪であり，これらの「燃料」が「燃やされる」（酸化される）ことによって，生命体は熱力学的な意味での「仕事」という動力エネルギーを生み出している．「仕事」は，エクセルギーが100%のエネルギーであり，熱力学的には汚れのないエネルギー形態である．我々が熱機関を開発し，熱力学の理論を知るずっと昔から，生命体は長い時間をかけて，燃料を動力に変換するメカニズムを作り上げてきたのである．

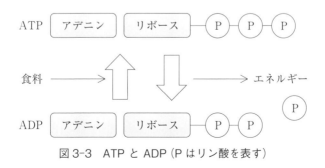

図 3-3　ATP と ADP（P はリン酸を表す）

動物が生命活動を維持させるために最低限必要な基礎代謝エネルギーのことを，BMR（basal metabolic rate）という．BMR は，一般に，身体の大きな個体ほど大きくなる傾向があるが，単純な比例関係を示していない．19 世紀の後半に，M. ルブナー（1854-1932）は，BMR は体重の 2/3 乗に比例するという見解を示した（「ルブナーの法則」）．その根拠は，代謝は身体からの熱の放出量に比例するというものであり，相似形ならば，表面積は体積の 2/3 乗に比例するはずだ，というものである．しかしながら，代謝量が身体の表面からの熱の流れだけに依存すると考えるのは無理があるため，多くの専門家はルブナーの法則に対して懐疑的である．実際のデータとの当てはまりがよいのは，3/4 乗に比例するという関係式である．これは，1932 年に M. クライバー（1893-1976）によって初めて示されたので，「クライバーの法則」とも呼ばれている．BMR がなぜ体重の 3/4 乗に比例するのかについては，理論的な説明付けがいろいろと試みられてはいるものの，現在でも完全に解明されていない．そもそも，ユニバーサルな単純法則はないのではないかと考える専門家もいる（Hulbert, 2014）．いずれにせよ，体重が 2 倍になっても BMR が単純に 2 倍になるわけではないことは確かであり，したがって，体重 1kg 当たりの BMR は身体の大きな個体ほど小さくなる傾向がある．このことは，ある動物よりも体重が 2 倍の動物が，必ずしも 2 倍の量の餌を手に入れる必要がないことを示唆している．また，身体の大きな動物ほど行動範囲は広まるので（例外もあるが），その分だけ食料獲得の確率も高まるだろうから，身体が大きな個体が必ずしも進化的に不利にならぬよう，自然界はできているようである（他にも，身体が大きいことによって敵に襲われにくいという利点もある）．

　動物が文字通り「動物」となるためには，BMR 以上のエネルギーを必要とする．それは当然であろう．仮に，余計なエネルギーの消費を抑えるために，まったく動かずに安静に過ごす動物がいるとしよう．彼は，BMR に相当する食料をどうやって得るのだろうか．もしかすると，冬眠のために体内に蓄えられた栄養に頼るのかもしれない．あるいはまた，誰か（親？）が食べ物を口のなかに入れてくれるのを待つのかもしれない．いずれにせよ，いつの日かは，自分自身がその日に必要とするエネルギーよりも多くの食料を獲得しなければ

ならない時期があることによって，帳尻が合わされている．冬眠のためには秋に大量の食料を蓄えておく必要があるし，あるいは成長して自分が親になれば，自分のみならず子供の胃袋を満たすためにたくさんの食料を集めてこなくてはならない．

　動物の活動はいろいろなことに向けられており，繁殖や育児，あるいはまた，敵から身を守ったりするためにもエネルギーは使われる．それでも，動物の活動にともなうエネルギー消費のほとんどは，食料探しに充てられている(Smil, 2008a)．そのことは，狩猟採集時代の人間についても同様であり，摂取するエネルギーのうち60〜80%が食料獲得のために向けられているという(Pimentel and Pimentel, 2008)．また，狩猟採集社会は基本的に平等であり，ほぼすべての成人が食料獲得に従事するのが一般的だから，食料獲得のエネルギー収支比はあまり大きくないと考えられる．

　なぜ，そう考えられるのか．その理由については，以下のように説明される．議論を簡単にするために，次のような単純な社会を考えよう．人口をN，1人当たりのエネルギー消費量をe，食料生産者人口比をf，ひとりの食料生産者におけるエネルギー消費のうち食料生産に充てられる割合をa，そして，食料生産のエネルギー収支比をrとする[1]．この時，次式が成立する．

$$(faeN)r = eN \quad (3.1)$$

ここで，左辺のカッコ内は，食料生産のために社会全体で投入されるエネルギーの合計であり，右辺は社会全体で生産（＝消費）されるエネルギーである．この式から，直ちに次の関係が得られる．

$$r = \frac{1}{fa} \quad (3.2)$$

仮に，食料生産者が人口の60%を占め[2]，食料生産者が消費するエネルギーのうち60〜80%が食料生産のために費やされているとすれば，(3.2)式に$f=0.6$，$a=0.6〜0.8$を代入することにより，その社会の食料獲得に関するエネルギー収支比は2.1〜2.8程度であると計算される．この値は，丸一日食料生産のためだけに活動したとしても，当人分を除いた余剰食料は，大人2人分に

満たないことを意味している.

狩猟採集民族における実際のエネルギー収支比に関する利用可能なデータは限られているが，現存する狩猟採集民族であるボツワナのクン人の生活調査によれば，主食であるモンゴンゴナッツの採集におけるエネルギー収支比は 3.3〜3.9 程度であることが示されている[3] (Pimentel and Pimentel, 2008). ほとんどの狩猟採集社会で見られる傾向として，植物の採集は主に女性の仕事であり，男性の仕事は主に動物の狩りであるのが一般的である. ただ，狩りの成功率は低いのが普通であり，したがって，狩りは労力の割にリターンは少ない. そのことはクン人についても例外ではなく，同じカロリーを得るために要する労力は，狩猟は採集の 2.5 倍であることが示されている (Lee and DeVore, 1968). つまり，狩猟のエネルギー収支比は採集 4 割程度と計算でき，1.5 を少々上回る程度ということになる. もちろん，動物の肉は貴重なタンパク源であり，カロリーだけで単純に両者の効率を比較することはできないが，いずれにせよ，クン人の食料獲得に関するエネルギー収支比は，社会全体として，モンゴンゴナッツのエネルギー収支比よりも低いはずである. 栄養調査によれば，クン人が摂取する 1,000 kcal 当たりのカロリーのうち肉が占める分は 360 kcal であり，残りの 640 kcal が植物（主にモンゴンゴナッツ）由来であるという (Lee, 1968). 狩猟のエネルギー収支比を 1.5 とすれば，360 kcal の肉を獲得するのに投入されるエネルギーは 240 kcal となり，採集のエネルギー

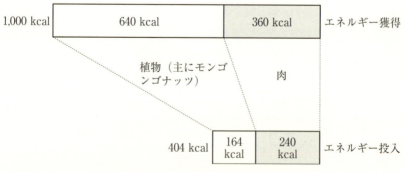

図 3-4　クン人のエネルギー収支

収支比を 3.9 とすれば，640 kcal の植物を採集するのに投入されるエネルギーは 164 kcal になるはずである．つまり，クン人は，1,000 kcal を得るのに 404 kcal（240 kcal＋164 kcal）を投入している計算となり，したがって，狩猟と採集を合わせた平均としてのエネルギー収支比は 2.5 程度ということになる．この値は，先ほどの計算結果とよく一致している（図 3-4 参照）．

さて，ここで再び (3.2) 式を眺めてみよう．いわゆる高度と呼ばれる文明は，食料生産以外のことに多くのエネルギーを割いているところに特徴がある．社会全体で消費されるエネルギーのうち，食料獲得以外のことに向けられるエネルギーの割合（これを「余剰エネルギー率」と呼ぼう）を s とすれば，$s = 1 - af$ なので，(3.2) 式を次のように書き換えることができる．

$$s = 1 - \frac{1}{r} \quad (3.3)$$

この式は，エネルギー収支比が高まれば余剰エネルギー率を増やすことが可能であるという，直観的にももっともらしい内容となっている．余剰エネルギー率が高まれば，以下のうちのどちらか，あるいは両方を実現することが可能である．

・食料生産「以外」のことに従事する人口の割合 $(1-f)$ の増加
・個人におけるエネルギー消費のうち，食料生産「以外」のことに向ける割合 $(1-a)$ の増加

食料を生産しない階層が本格的に増加したのは，よく知られているように，農耕時代に入り，食料の備蓄と定住が可能になってからである．定住社会は，食料生産者と非食料生産者とのあいだの長期的かつ安定的な契約を可能にするだろう．農耕社会における社会的階層・格差の出現のメカニズムに関する議論は興味深いが，それは本書の範囲を超えている．いずれにせよ，それは，人類の歴史からみれば「つい」1 万年ほど前に始まった出来事でしかない．これまでの人類の歴史の 95% を占めている狩猟採集時代においては，その生活形態からして，非食料生産者比率の増加は難しかったのだろう．

とはいえ，狩猟採集社会でも，$(1-a)$ の増加を妨げる特別な理由は見当たらないように思われる．何らかの方法で食料獲得のエネルギー収支比を高めることに成功した個体は，そうでない個体に比べて，より多くの子孫を残す確率が高まるだろう．長い進化の過程で，エネルギー収支比の小さい個体ほど淘汰され，社会全体の平均的なエネルギー収支比は次第に向上してもよさそうなものである．

ところが，不思議なことに，史実はそうなっていないのである．20万年以上の狩猟採集時代を経てもなお，クン人のエネルギー収支比は低水準のままであり，食料獲得以外のことに費やすエネルギーは増えていないのである．なぜ，進化の過程で，余剰エネルギーが増えなかったのだろうか．次節では，この理由をマルサス理論に基づいて考えてみよう．

3.3 マルサス理論

なぜ人間は長いあいだ（他の動物は現在に至るまで），エネルギー収支比を高めることができなかったのだろうか．出発点として，人口が N_0 の一様な社会を考えよう（ここでの議論は，動物についても当てはまる）．議論の単純化のため，エネルギー資源が食料のみという原始的状態を想定する．そこでは階級や階層はなく，基本的に，各々がそれぞれ自分自身とその子孫のために食料を生産（＝消費）しているとする．

最初，すべての個体は，食料生産に関する同じ能力 v_0 を持っており，すべての個体のエネルギー収支比は等しく r_0 であるとする．食料生産水準はエネルギー収支比の増加関数であると仮定し，エネルギー収支比が決まれば食料生産水準も一意に決まるとする（逆もまた然り）．最初の状態においては，すべての個体の食料生産水準は等しく e_0 であるとする．

いま，ひとりの個体が，何らかの理由で，食料生産の高い能力 v_1 を身につけたとしよう．当然，彼のエネルギー収支比 r_1 は $r_1 > r_0$ となり，彼のエネルギー生産量 e_1 も $e_1 > e_0$ となる．その結果，彼は他の個体よりも多くの子孫を

遺すことができるだろう．食料生産の能力は子孫に継承するものとすれば，時が進むにつれて，能力 v_0 の個体は能力 v_1 を持った個体によって淘汰されていき，いずれは，すべての個体が能力 v_1 を有する状態になるだろう．では，社会がそのような状態になった時，果たして，個々のエネルギー生産量は e_1 のまま保たれるのだろうか．この問題を考えるために，T. R. マルサス（1766-1834）の理論を持ち出すことにしよう．

マルサスが『人口論』（1798）で繰り広げた議論は，以下のような3つのシンプルな仮説から成り立っている（Clark, 2007）．第1の仮説は，出生率は1人当たり食料消費の増加関数である，というものである．これを，「出生率曲線」と呼ぶことにしよう．この仮説は，食料消費が多いほど栄養状態や生活状態が良くなるので，より多くの子供を産むことができるという考えにもとづいている[4]．

第2の仮説は，死亡率は1人当たり食料消費の減少関数である，というものである．これを，「死亡率曲線」と呼ぶことにしよう．食料消費が増えるほど死亡リスクを低減できるという自然な考えに基づいている．

そして，第3の仮説は，人口と1人当たり食料生産との関係についてのものである．もし，食料生産に関する環境および技術的条件が変わらないまま，人口が増えたらどうなるだろうか．人口が2倍になったら，全体の食料の獲得量も単純に2倍になるのだろうか．おそらく，そうはなるまい．人口が2倍になれば，食料を巡る争いもそれだけ激化することになるだろう．一般的な傾向として，手が届きやすく質の高い食料ほど先に手がつけられるはずである．競争が激化すれば，ある者は，質量当たりのカロリーが小さい食料で妥協するかもしれないし，またある者は，アクセスが困難な食料に手を伸ばそうとするだろう．すなわち，人口が増えるとともに，社会全体の食料生産量の増え方は小さくなっていくだろう．したがって，1人当たりの食料生産は，人口が増えるほど減少すると考えるのが自然である．なお，これは経済学においては「収穫逓減の法則」としてよく知られている．人口と1人当たり食料生産との関係を，ここでは単に「生産曲線」と呼ぶことにしよう．図3-5は，以上の3つの仮説を図示したものである．生産曲線は，便宜上，人口を横軸とすべきとこ

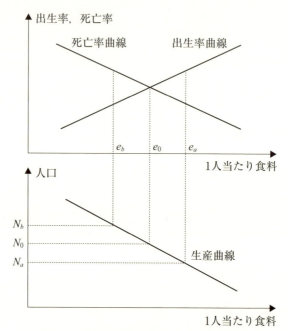

図 3-5　食料消費に関するマルサス理論
（備考）所得に関する Clark（2007）のモデルを適用

ろを縦軸としているところに注意されたい．

　さて，マルサスの理論によると，1人当たりの食料消費は，長期的には，出生率曲線と死亡率曲線の交点で均衡する．その理由は，次のように説明される．仮に，交点よりも右側の状態，つまり，1人当たりの食料消費が e_0 よりも多い状態にあったとしよう（e_a）．この場合，出生率が死亡率を上回っているので，人口は次第に増えるはずである．すると，生産曲線に沿って，1人当たりの食料消費量は次第に減少し，交点に向かうはずだ．反対に，交点よりも左側の状態にあった場合（e_b），今度は死亡率が出生率を上回っているので，人口は減少し，1人当たりの食料消費量は交点に向かって増加するはずである．結局のところ，e_0 が均衡水準ということになる．

　さて，改めて，すべての個体が能力 v_1 を有した状態を考えよう．初期状態からの変化は，「食料生産の技術進歩」に相当するので，図 3-5 の生産曲線が

右側にシフトしたことになる．もしも人口に変動がなければ，1人当たりの食料生産（＝消費）は初期状態よりも高い水準に落ち着くはずである．しかし，その状態は一時的であり，長続きはしない．なぜなら，その状態では，出生率が死亡率を上回るため，人口が増加し，1人当たりの食料生産量は次第に最初の水準に戻ってしまうからである．

1人当たりの食料生産が初期水準 e_0 に戻ってしまえば，仮定より，そのときのエネルギー収支比も r_0 に戻ってしまう．したがって，エネルギー収支比の増大もまた一時的な現象にすぎないことになる．すなわち，たとえすべての個体が一時的に食料生産効率を高めたとしても，長期的には，人口増によって食料獲得競争が激化し，その結果，1単位の食料生産に要するエネルギー投入量が増してしまい，エネルギー収支比は向上しないのである．このような状況を例えるなら，集団のなかで自分だけ脚立の上に立てば見晴らしがよいが，全員が同じ高さの脚立に立てば優位性が失われるのと同じことである．

マルサス理論に基づけば，食料生産効率の向上は，長期的には，ただ単に人口増加をもたらすだけである（いわゆる，「マルサスの罠」）．とはいえ，人口はどこまでも増加できるわけではない．生活圏内の土地から得られる食料資源の量には上限があるし，生活圏外から運んでくるにしても，そのためにはエネルギーを要する．遠い距離を運ぶほど多くのエネルギーを必要とするから，それ以上遠くから運ぶのはエネルギー収支的にみて意味をなさないような臨界的な距離が存在するだろう．クン族の例では，ベースキャンプから10km以上離れた場所でモンゴンゴナッツを収集することはほとんどない．一方で，現代都市が狩猟採集社会と比べて巨大な人口を狭いエリアに留めておくことができるのは，農業革命による土地生産性の向上に加えて，少ないエネルギーで大量の食料を運ぶ方法を持っているからである．言うまでもなくそれは，「化石燃料＋熱機関」の組み合わせに他ならない．

3.4　1人当たりのエネルギー消費

　産業革命以前の人類にとって，主要なエネルギー資源といえば，食料，（家畜の）餌，そして薪であった．3.3節で述べたマルサス理論では，エネルギー資源として食料のみを考えたが，この理論をすべてのエネルギー資源について適用してはならないという特別な理由はない．たとえば，多くの家畜を養うことができれば，不作による食料不足のリスクを低減するうえに，蛋白質の安定的な確保が可能となる．また，薪が豊富にあれば，寒さをしのぐこともできるし，猛獣から襲われる危険性を和らげることができる．さらには，食べ物に火を通すことによって，安全かつ効率的に栄養を摂取することもできる．

　したがって，出生率と1人当たりエネルギー消費の関係は，先と同様，エネルギー消費の増加関数（増加の度合いは一定でないとしても）であると仮定するのは自然であろう．同じく，死亡率と1人当たりエネルギー消費についても，エネルギー消費に関する減少関数として仮定することができよう．そして，1人当たりエネルギー生産は人口の減少関数であると仮定するのも，先と同様に妥当だろう．

　さて，これまで人間は，エネルギーの労働生産性を高めるためにいろいろな工夫を凝らしてきた．しかし，マルサス理論が教えるところによれば，エネルギーの労働生産性が向上しても，長期的には，1人当たりのエネルギー消費は増えない．エネルギーの労働生産性の向上は，図3-5の下段の生産曲線（横軸を「1人当たりエネルギー」と読み替える）を右側にシフトさせる．もし，人口が変化しないのであれば，1人当たりのエネルギー消費量は増加する．しかし，上段のグラフに目を転ずると，その状態では出生率が死亡率を上回ることになり，人口が増加する．つまり，新しい生産曲線に沿って，出生率曲線と死亡率曲線が交差する点に状態が戻るわけである．結局のところ，エネルギーの労働生産性が向上しても，出生率曲線と死亡率曲線が不動であれば，1人当たりのエネルギー消費量はそのままであり，ただ人口が増えるだけなのである．産業革命以前の人間社会は，基本的に，このような「マルサスの罠」に囚われ

ていたようである（Clark, 2007）．

　ところが，I.モリスによれば，産業革命以前においても，1人当たりのエネルギー消費量は上昇していたという（Morris, 2013）．もっとも，太古の昔にはエネルギーに関する統計など存在しないので，モリス自身も認めているように，数値の正確さについての疑問は残る．モリスによる推定法は，考古学的な資料から当時の人々の暮らしぶりを思い浮かべ，そこからエネルギー消費量を見積もるという，大雑把なものである．したがって，それに厳密性を求めることはそもそも無理なので，大まかな傾向としてモリスの主張を受けとめることにしよう．モリスはいくつかの時代区分に分けてエネルギー消費の傾向を論じているが，彼の見解によると，「西側」における1人当たりのエネルギー消費は，狩猟採集時代についてはほとんど増加がみられず，農耕時代に入ってから紀元前500年頃まで緩やかに上昇した後に，2,000年近い停滞期を経て，産業革命を境に急上昇した，ということである．「東側」についても，多少の時期のズレがみられるものの，おおよそ「西側」が辿った道筋と変わらないという．なお，ここでいうところの「西側」「東側」とは，それぞれの時代において最も発展していた文明の中心地のことを指し，したがって，必ずしも固定的な場所を意味しない．モリスがいうところの「西側」のコア地域とは，紀元

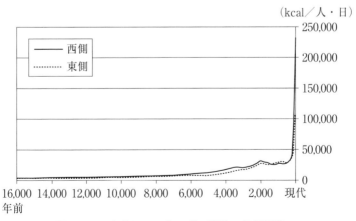

図3-6　1人当たりエネルギー消費の長期推移
（備考）Morris（2013）に基づいて筆者作成

前3500年頃まではメソポタミア地域であり，その後それにエジプトが加わり，紀元前後からは地中海沿岸中央に移り，さらにその後，中世から近世にかけて，南ヨーロッパから西および北西ヨーロッパへと変遷している（Morris, 2013）．「東側」のコア地域は，黄河流域単体か，あるいは時代によっては黄河流域と揚子江流域を指し，20世紀は日本，21世紀は中国東部および日本を指す．

仮に，モリスが指摘するように，産業革命以前においても1人当たりのエネルギー消費量は増加していたとしよう．だとすると，これはマルサス理論とどのように整合的に説明されるのだろうか．残念ながら，この問いに対する明確な解答は，モリスによっては示されていない．そこで，筆者は2つの仮説を提示したい．1つは，経済発展と関連付けた仮説であり，もう1つは，環境の変化の影響として説明する仮説である．

経済成長とエネルギー消費

1人当たりのエネルギー消費量が上昇したとすれば，直ちに思いつく理由は，1人当たりのGDPが上昇したから，というものである．しかしながら，1人当たりGDPの超長期的推移について正確に知ることは，エネルギー同様，簡単なことではない．GDPに関する統計が大昔から整備されている筈もなく，現存する資料から間接的に推計する必要があるので，過去に遡れば遡るほど見積もりが困難だったり，あるいは恣意性が高くなったりするのは仕方がない．

この分野において精力的に活動してきた代表格といえば，A. マディソン（1926-2010）の名が挙げられよう．マディソンによると，産業革命以前においても，緩やかではあるが，西ヨーロッパにおける1人当たりのGDPには上昇傾向がみとめられるという．もちろん，その上昇率は常に一定だったわけではない．マディソンによると，1500年から1700年のあいだ，西ヨーロッパにおける1人当たりのGDPは，平均年率0.13%の増加率で増加した．その後，増加率はわずかに上昇し，1700年から1820年のあいだの増加率は，年平均0.16%であった（Maddison, 2007）．

もっとも，この成長速度は，産業革命以降と比べると遅々たるものではあっ

た．西ヨーロッパにおける1人当たりGDPは，1820年から1870年までの50年間で，平均して年率1.04%という驚異的なスピードで増加した．年率1%の上昇率といえば，70年で2倍になる計算である．産業革命以前の増加率では，1人当たりGDPが2倍になるのに500年程度かかる計算となる．しかも，昔に遡っていくと，増加率はさらにスピードを下げる．マディソンによると，紀元1年からの1000年間については，西ヨーロッパにおける1人当たりGDPは，停滞気味（むしろわずかに減少）であったという．いずれにせよ，マディソンの見解によると，バイオマス時代であっても，西ヨーロッパにおける1人当たりGDPは，徐々に成長速度を上げてきたということである．

　一方で，モリスによれば，西洋の文明の「コア地域」における1人当たりのエネルギー消費は，1500年から1700年のあいだに平均年率0.08%の上昇率で増加したとされている（図3-7）．続く1700年からの100年間では，0.17%の上昇率をみせている．すなわち，西ヨーロッパの18世紀は，1人当たりのGDPと1人当たりのエネルギー消費は，だいたい同じような増加率で上昇したことになる．一方で，1人当たりGDPの停滞期，すなわち紀元1年からの1,000年間をみると，西洋における1人当たりのエネルギー消費はわずかに減

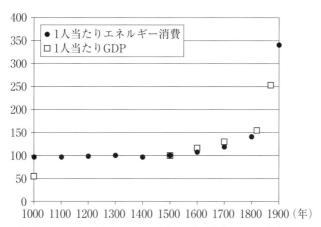

図3-7　西洋における1人当たりのエネルギー消費量と1人当たりGDPの長期推移（1500年の値を100として基準化）
（備考）Morris（2013），Maddison（2007）に基づき筆者作成

少傾向を示している．つまり，西ヨーロッパにおける紀元後から産業革命までの期間においては，1人当たりのGDPが上昇すれば1人当たりのエネルギー消費も上昇する，という経済だったのである．

　しかしながら，1人当たりエネルギー消費の増加を1人当たりGDPの増加によって説明しても，問題をただ単に先送りしただけである．というのも，「1人当たりのエネルギー消費量」を「1人当たりのGDP」に置き替えれば，マルサスの理論がそのまま適用できてしまうからである．G. クラークによると，産業革命までの数万年にもわたって，人々の暮らしぶりが「マルサスの罠」に囚われていたという証拠は豊富に存在するという（Clark, 2007）[5]．クラークは，生活水準を示唆するいくつかのデータ，たとえば賃金率やカロリー摂取，骨格などの推移を調べ，人々の生活水準は，近世に至るまで（つまり，人類史のほとんどのあいだ），基本的に停滞していたことを示した（もちろん，短・中期的には変動はあった）．

　バイオマス時代が，クラークが主張するように「マルサスの罠」に囚われていたとすれば，産業革命以前における1人当たりのGDPの増加はどのように説明されるのだろうか．ひとつの考え方は，1人当たりのGDPは必ずしも庶民の生活水準を意味しない，ということである．人々の生活水準をみるには，たとえば，労働者の賃金率の方がGDPよりも適切だろう[6]．近世の西ヨーロッパにおける（実質）賃金率が低下もしくは停滞傾向にあったことは，1人当たりGDPの上昇傾向と相まって，研究者を悩ませている．とりわけ，近世における西ヨーロッパにおいて1人当たりのGDPが高い成長率を示したイングランドおよびオランダではそのパラドクスが顕著に現れており，両国のあいだに多少の推移の違いはあれども，どちらも近世における実質賃金は停滞か，あるいは低下傾向を示していた（Allen, 2003）．

　面白いことに，1人当たりのGDPが上昇しても庶民の生活水準が停滞する現象は，必ずしも「マルサスの罠」と矛盾するものではないのである．それは，次のように説明できる．たとえばいま，マルサス的社会において労働生産性が上昇したとしよう．と同時に，GDPの増加分はすべてひとりの「王様」の懐に入るとしよう．マルサス社会における庶民1人当たりの実質所得は，出

生率曲線と死亡率曲線の交点で決まるので,それらがシフトしない限りは,長期的には庶民の実質所得は上昇も下降もしない.しかし,一人当たりのGDPは,王様も含めて社会全体で単純に平均値を算出するなら,王様が皆から余分に所得を集めた分だけ増えているはずだ.このように,所得分配の不平等が存在する場合,1人当たりのGDPが上昇しても労働者賃金が上昇しないということは,マルサス理論と矛盾なく両立し得るのである[7].事実,1人当たりのGDPと実質賃金のパラドックスが顕著に現れた近世のイングランドおよびオランダにおいて,所得格差は現代と比べても極めて大きく(0.5以上),拡大傾向にあったことがわかっている(Williamson, 1985; Zanden, 1995).

以上の説明には,しかしながら,弱点がある.ひとつは中国の例である.中国では,1人当たりのGDPは16世紀から19世紀に至るまでまったく増加していないにもかかわらず(おそらく実質賃金も),同期間における1人当たりのエネルギー消費は,モリスによれば,平均年率0.06%で上昇していた(図3-8).もっとも,その上昇率は極めて小さいので,特に気にする必要はないのかもしれない.

もうひとつ,近世の日本についても見逃せない.徳川時代の日本は,近世の

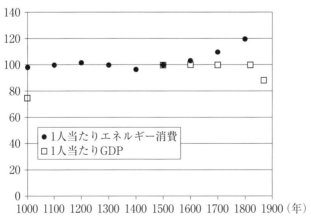

図3-8 中国における1人当たりのエネルギー消費量と1人当たりGDPの長期推移(1500年の値を100として基準化)
(備考)Morris(2013),Maddison(2007)に基づき筆者作成

西ヨーロッパとは異なり，ゆっくりではあるものの，1人当たりのGDPも実質賃金も，ともに上昇したと考えられている（斉藤，1998, 2015）。西ヨーロッパと対照的な日本の振る舞いの背後には，どうやら，所得格差が拡大しないメカニズムが存在していたらしい（斉藤，2008）。ということは，逆にいえば，もしも西ヨーロッパで所得格差が拡大しないメカニズムが存在していれば，日本と同様，1人当たりのGDPも実質賃金もともに上昇していたということになるのだろうか。もしそうだとしても，またもや「問題の先送り」となるのである。仮に，所得格差が生じないとしよう。その場合，1人当たりのGDPが増加すれば，実質賃金も増加するはずである。しかし，その現象は，マルサス理論とどのように整合性を保つのだろうか。

　バイオマス時代における経済成長の主要な「エンジン」は，西洋東洋問わず，A.スミス（1723-1790）が『国富論』（1776）で描いたような，市場の拡大と分業の進展による労働生産性の向上であった（これは「スミス的」成長と呼ばれる（Mokyr, 1990））。だが繰り返すように，労働生産性の向上は，所得水準の向上を約束するものではない。したがって，分業の発達と市場の拡大が1人当たりの所得の増加をもたらす，というのは，バイオマス時代のようなマルサス型経済においては，決して自明のことではないのである。では，近世の日本は，どのようにして「マルサスの罠」から逃れたのだろうか。

　「マルサスの罠」から脱却するためには，「生産曲線」は右方へシフトし続ける必要があり，そのエンジンを外生的な要因に求めるのであれば，結局のところ問題は闇のなかへと消えてしまう。しかし，「スミス的」成長とは異なる別の「エンジン」の存在が，この問題の説明を可能にするかもしれない（Mokyr, 1990）。それは，人口増加そのものが労働生産性の向上の遠因となる，という考え方である。市場の拡大（と分業の発達）は，「マルサスの罠」によって人口増を引き起こすが，人口が大きくなれば，市場規模が拡大する。つまり，人口規模と市場（と分業）規模は相互依存的に拡大し，労働生産性を継続的に高める効果が期待できるのである（Young, 1928; Boserup, 1990）。人口増が労働生産性を高めるメカニズムは，発案者の名をとって，「ボースルプ的」と呼ぶことにする（斉藤，2015）。

「ボースルプ的」成長メカニズムの仮説は，人類史的にみても矛盾がないように思われる．今から1万年前に氷河期が終わり，大陸が大小の島に分断した後の島ごとの技術進歩の違いは，島の大きさが関係しているという説もある（Kremer, 1993）．離れた島どうしでのコミュニケーションは困難であるため，大きい島ほど互いに疎通可能な「人口プール」は大きい．ユーラシア大陸で高度な文明が発達したのも頷けよう．

以上のように，労働生産性の向上と人口増加とのあいだの「正のフィードバック効果」を考えると，庶民の生活水準の継続的上昇が実現する可能性はゼロではなくなる．労働生産性の向上により生産曲線は右側にシフトし，それは人口増をもたらすが，「ボースルプ的」メカニズムにより，人口増は労働生産性を向上させる原因となる．この一連のメカニズムが強力に機能すれば，「マルサスの罠」を打ち消すほどに素早く生産曲線が右シフトするケースもあるかもしれない．

とはいえ，これが実現した社会は，産業革命以前においては稀だったのだろう（日本は数少ない例外だったのかもしれない）．クラークが指摘するように，バイオマス時代におけるほとんどの地域は，基本的に「マルサスの罠」に囚われていたのである．バイオマス社会においては，産業革命以降に本格化した「ソロー的」成長や「シュンペーター的」成長（次節で述べる）はほとんど期待できず，成長のエンジンとなり得たのは，「スミス的」メカニズムと「ボースルプ的」メカニズムの相互作用のみであった．バイオマス社会の成長エンジンは，化石燃料社会と比べると，何とも頼りにならないものだったのである．

環境の変化とエネルギー消費

さて，先の説明は「生産曲線」のシフトのみを考えたものであって，出生率曲線と死亡率曲線のシフトは想定していなかった．しかし，これらの曲線が長期的にシフトすれば，1人当たりのエネルギー消費量が長期的に変化したとしても，マルサスの理論と矛盾しない．

モリスによると，バイオマス時代における1人当たりエネルギー消費の増加は，主に薪などの燃料消費（つまり，非食料エネルギー資源）の増加によるも

のであるとされている (Morris, 2013). この現象は，出生率曲線もしくは死亡率曲線のシフトにより説明する方が妥当なのかもしれない．そのことを示すために，いま，食料と薪だけがエネルギー資源であるような単純な社会を考えよう．1人当たりのエネルギー消費水準は，出生率曲線と死亡率曲線の交点で均衡している．さて，もしも寒冷化が進んだらどうなるだろうか．それまでと同じ「健康状態」を維持するためには，おそらく，多くの薪が必要となるだろう．つまり，以前と同じ出生率・出生率を維持するためにはより多くの薪を必要とするわけだから，出生率曲線は下方にシフトし，死亡率曲線は上方にシフトするだろう．出生率曲線の下方シフトは「(子孫) 再生産のエネルギーコストの上昇」と解釈でき，死亡率曲線の上方シフトは「生存のエネルギーコストの上昇」と解釈できよう．明らかに，これらのシフトはともに，1人当たりのエネルギー消費の均衡水準を押し上げることになる．

再生産や生存のエネルギーコストは，人間の活動とは無関係な環境変化（外的変化）によって変動し得るが，人間が引き起こす環境の変化（内的変化）によっても変動し得る．もっとも，ここで言うところの環境の変化とは，広い意味においてである．たとえば，制度や慣習の変化による生活環境の変化も，ここに含む．具体的な例を挙げれば，早婚を妨げるような習わしがある地域は，無い地域と比べると再生産のコストは大きい．

さて，技術進歩により生産曲線が右側にシフトしたとしよう．出生率曲線および死亡率曲線が不変であれば，1人当たりエネルギー消費量は長期的には増えることなく，ただ単に人口だけが増加するだけである．したがって，社会全体としてのエネルギー消費量は増えることになる．社会全体のエネルギー消費量の増加は，一般に，生活環境を悪化させる．その結果，再生産のエネルギーコストや生存のエネルギーコストが増大し，1人当たりエネルギー消費は上昇するだろう．

状況によっては，内的変化による再生産および生存コストの上昇は，正のフィードバック効果を通じて，いわゆる「悪循環」として常態化してしまう場合もあるだろう．たとえば，大量の薪の消費により鉄を生産し，それにより食料の労働生産性が増加すれば，「マルサスの罠」により，人口が増加する．人

口が増加すれば，地表から養分が消失するスピードが速まるので，より深く土を掘り返す必要が生じる．つまり，より多くの金属製農器具を必要とするわけで，一定の出生率もしくは死亡率を維持するために必要なエネルギーはますます増加していく．

あるいはまた，焼成レンガの生産には大量の燃料を必要とするので，薪の大量消費が森林消失を加速させ，その結果として河川の氾濫が頻発し，建物を強固にするためにより多くの焼成レンガを必要とするという悪循環も考えられる．こうした悪循環が続くなら，出生率曲線あるいは死亡率曲線がシフトし続けるので，1人当たりエネルギー消費も増加し続けるだろう．

モリスによれば，メソポタミアでは，紀元前3500年を過ぎたあたりから，1人当たりエネルギー消費量の増加傾向が顕著になったという．この頃からメソポタミアでは，青銅や焼成煉瓦の使用が盛んになっていったことはよく知られている．燃料としての薪が大量に必要となるため，森林伐採が進み，それが砂漠化や塩害，河川の氾濫を引き起こし，さらなる土木・建築工事のためにますます金属製道具や煉瓦を必要とするという悪循環により，メソポタミアは文明衰退への道を辿っていったと考えられる．

また，モリスによれば，中国では紀元前2500年頃を境に（とりわけ紀元前2000年以降），1人当たりのエネルギー消費が急激に増加していったという．この頃の大きな変化といえば，家畜（特に豚）の急増だが，家畜を飼うというのはエネルギー消費的に「迂回」行為であり，家畜を維持するために余計なエネルギーを必要とする．事実，家畜に依存する農耕形態は，人間の労力のみの農業と比べるとエネルギー集約的であることが実証的に示されており（Pimentel and Pimentel, 2008）．したがって，家畜の普及は，1人当たりのエネルギー消費の増加と整合的である．では，なぜ家畜が普及したのだろうか．黄河流域では，紀元前2000年頃の大きな気候変動により寒冷・乾燥化が進み，その結果，牧畜業が拡大していったものとみられている（甲元，2008）．そしてまた，当然のことながら，寒冷化は，暖をとるために必要な燃料を増やすだろう．

一方で，1人当たりのエネルギー消費水準が停滞していた紀元前500年頃か

ら近世までのあいだは，見方によっては，再生産および生存のエネルギーコストに大きな変動がなかったとも解釈できるので，ある意味においては，環境と調和した持続的な状態であったといえるのかもしれない．たとえば，イタリアでは，19世紀に入ってからも1人当たりエネルギー消費水準に長期的な増加傾向は見られず，ヨーロッパの多くの地域もイタリアと同様の傾向を示した（Malanima, 2015）．つまり，この傾向が標準的であったのである[8]．しかし，例外もあった．近世ヨーロッパにおけるエネルギー消費に関する詳しい研究によれば，イングランドおよびウェールズにおける1人当たりエネルギー消費は，17世紀後半から長期的な上昇傾向を示している（Malanima, 2015）．イタリアとイギリスの大きな違いは，前者が19世紀に入ってからもしばらくはバイオマス経済のままであったのに対し，イギリスでは近世において石炭消費が顕著に増えていったという点にある．実際，イギリスにおける1人当たりエネルギー消費の増加はほぼすべて石炭消費増加によるものであり，バイオマスエネルギー消費の増加によるものではない（Malanima, 2015）．

　もちろん，1人当たりのエネルギー消費が停滞していても人口が増加すれば全体のエネルギー消費は増加する．とはいえ，近世におけるイタリアの人口増加率は同時期のイギリスの40%以下程度であり（1500年～1820年までの年平均人口増加率は0.2%程度（Maddison, 2007）），したがってイタリア全体のエネルギー消費の増加も非常にゆっくりとしたものだった．バイオマス時代のイタリアにおいても技術進歩があったことは疑いないが，それは非常にゆっくりであり，したがって，イタリア経済は「マルサスの罠」を打ち破ることはできなかったのである．しかし，経済の停滞は，必ずしも悪い状態を意味するわけではない．というのも，停滞よりももっと悲惨な結末があり得るからである．悲惨な結末とは，すなわち，バイオマスの再生産能力を超えて一時的にエネルギーの消費量が増加し，それによってバイオマスの生産能力を大いに破壊するという状況である．この状況は，マルサス理論でいえば，生産の生産曲線が左側にシフトすると同時に，環境の悪化によって（子孫）再生産および生存のエネルギーコストが上昇し，加速度的に人口が減少する（すなわち破滅に向かう）という，なんとも最悪のシナリオである．しかし，イタリアの近世

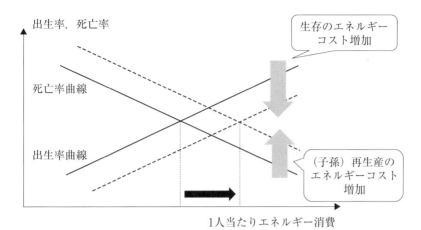

図3-9 再生産のエネルギーコストと生存のエネルギーコストの変化がもたらす均衡の変化

は，こうは「ならなかった」のである．つまり，出生率曲線も死亡率曲線も，そして生産曲線もほとんどシフトせず，持続的で安定した経済だったわけである．

他方，イギリスにおけるバイオマス社会からの「脱却」について，それを豊かさの象徴と決めつけるのも早計である．なぜなら，クラークが指摘するように，石炭依存が進んだ近世のイギリスでさえも「マルサスの罠」にはまっており，1人当たりの実質所得は上昇していないからである（Clark, 2007）．にもかかわらず，同時期に1人当たり石炭消費量が増加したという現象は，出生率および死亡率曲線の継続的なシフトがもたらしたと考える方が妥当のように思われる．

では，石炭への依存度が強まると，なぜ出生率曲線や死亡率曲線がシフトするのだろうか．石炭は薪よりも，多くの大気汚染物質を含んでいる．イギリスでは，16世紀後半から薪の値上がり傾向が顕著になり，庶民にとっては次第に高価な品となっていった（Clark, 2004）．石炭は，薪の安価な代替燃料として，やむを得ず使われた．石炭の消費が増えるにつれて大気汚染の問題は深刻なものとなり，17世紀ではすでにロンドンの汚染は有名であった．そして

汚染の半分以上は，家庭における石炭燃焼に由来するものであった．こうした背景には，イギリスにおける煙突の普及と関係している．煙を屋外へ排出できなければ，どの家庭も石炭を屋内で燃やそうとはしない．薪の煙も不快ではあるが，石炭の煙は容認のレベルを超えるものであった．しかし，煙突の設置により，家のなかで安価な石炭を燃やす条件が整った．汚染排出者には，大気汚染がもたらすコスト意識が働くはずもなく（典型的な外部不経済問題である），また，煙突は大半の熱を屋外へ捨ててしまうので，部屋を暖めるためには余計に多くの燃料を必要とした．とはいえ，当時の煙突の設計・製造技術も未熟であり，家のなかに煙が逆流するということも珍しくなかったようだ．つまり，家の外も内も汚れていたのである（Fouquet, 2008）．

大気汚染が深刻になるほど，再生産のエネルギーコストや生存のエネルギーコストが高まっていくのは明らかである．実際，大気汚染による健康被害がもたらす死亡率の上昇や出生率の低下については，17世紀のイギリスですでに問題となっていた（Jenner, 1995）．さらには，人間に対する被害のみならず，植物や動物にあたえる悪影響についても懸念された．再生産コストおよび生存のエネルギーコストの上昇は，それぞれ，出生率曲線の下方シフトと死亡率曲線の上方シフトをもたらすので，長期的にみて，1人当たりのエネルギー消費は増加する．このメカニズムを通じた1人当たりエネルギー消費の増加は，したがって，経済的繁栄の証しというよりも，環境悪化の結果とみるべきなのである．

3.5 バイオマス社会の限界

現代にように大量の人やモノが地球の隅々まで流れる光景というのは，化石燃料時代，とりわけ石油時代に入ってから当たり前になったものであり，バイオマス社会では考えられないことであった．では，なぜバイオマス社会では，現代のような繁栄を築くことが不可能だったのか．バイオマス社会の限界は，化石燃料社会との対比において論じると理解しやすいように思われる．化石燃

料についての詳しい議論は次章に譲るが，ここでも化石燃料についていくらか触れることになるのを容赦願いたい．

　前節では，イギリスにおける石炭消費の増加がもたらした「産物」として，いささか環境汚染を強調しすぎた．もちろん，石炭社会の産物が環境汚染「のみ」であるというつもりはない．石炭依存へのシフトは，次の2つの意味において，バイオマス社会の制約を緩和させていった．そのキーワードは，「代替」と「輸送」である．

　まずは，「代替」について考えよう．バイオマス社会では，食料は言うに及ばず，毛織物や革製品も，元を辿れば原料は農産物であり，すなわち土地の生産力が原点である．他にも，ガラスや煉瓦づくり，製塩，製鉄などの産業を支えた燃料は薪であり，当然のことながらそれは森林資源である．つまり，バイオマス時代における土地は，ほとんどすべての生産活動の原料供給源であり，化石燃料時代とは比較にならないほど重要な生産要素であった．資本や労働を2倍，4倍，…，とすることはできても，土地を同じスピードで増加させることは著しく困難であるため（加えて，肥沃でアクセスの容易な土地ほど先に開発される），土地生産物の供給限界が経済成長に歯止めをかけると考えるのは自然である．スミスやリカード，マルサスといった古典派の経済学者が描いていた経済成長のシナリオはまさにこのようなものであり，したがって彼らは，経済がいつまでも成長を続けるとは考えていなかった（Wrigley, 2010）．

　食料，飼料，薪もすべて土地の生産物なので，それらは互いに競合関係にある．したがって，薪を石炭で代替することにより，その競合関係を幾分なりとも緩和することができた．森林資源を別の用途にまわしたり，食料生産地に転化したりすることが可能となったわけである．つまり，事実上，土地の稀少性を緩和し，経済成長の余地を広げる（永遠の成長は無理にしても，「天井」を高くする）ことができたわけだ．実際，石炭依存による土地の「解放」は，驚くべき規模に及んだ．イギリスでは，1700年頃にはすでにエネルギー供給のおよそ半分を石炭が占めていたが（図3-10参照），当時の石炭産出量（年間およそ220万トン）に相当する熱量を薪で賄おうとすれば，8,000〜12,000平方キロメートルの森林面積を必要とする．その100年後の石炭消費量は，同様に

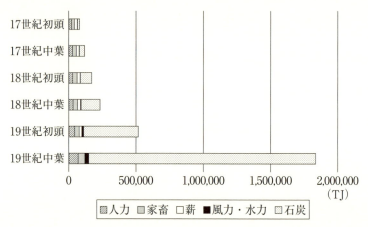

図 3-10 近世におけるイギリスおよびウェールズのエネルギー源別消費推移
(備考) Warde (2007) に基づき筆者作成

森林面積で換算すると 45,000 平方キロメートルに相当する水準にまで増加し，これはイングランドの国土面積の 3 分の 1 程度に相当する (Wrigley, 2010).

さらに，19 世紀に入り，蒸気機関による輸送システムが構築されると，古き良きバイオマス社会では決して経済的に見合わなかったほどの遠方からの物資の大量輸送を可能にし，遠く離れた市場どうしが太いパイプで結ばれた．石炭社会がもたらした市場規模は，バイオマス社会のそれとは比較にならないほど大きかったのである．

市場が拡大しなければ分業が進展しないことは，A. スミスが『国富論』の第 1 編第 3 章で述べている通りである．次の 1 節は，ここで引用する価値があるだろう．

> 分業を引き起こすのが交換する力であるように，分業の度合いもその力の程度によって，いいかえれば市場の大きさによって，つねに制限されざるをえない．市場がひじょうに小さければ，だれもただ一つのしごとに専念しようという気にはなれない．自分自身の労働の生産物のうち自分の消費しきれない剰余部分のすべてを，他の人びとの労働の生産物のうち自分の必要とするような部分と，交換する力がないからである．
> 産業のなかには，最低の種類のものであっても，大きな町のなかでなければ

どこでも営まれえないようなものがいくつかある．たとえば運び屋は，他のどこでも仕事や生計の道を見いだすことができない．村は彼にとってあまりにも狭すぎるし，ふつうの市場町でさえ継続的な仕事を提供してくれるほど大きいことはめったにない．スコットランドのハイランドのようなさびれた地方に点在する孤立した家々やごく小さな村々では，農業者はみな自分の家族のために肉屋であり，パン屋であり，酒屋でもあらざるをえない．そのような情況にあっては，鍛冶屋，大工，石工のような者についてさえ，二〇マイル以下の範囲内に同じ職業の人をもう一人見つけることは，めったに期待できない．
（アダム・スミス著，水田洋監訳，杉山忠平訳『国富論（一）』，2000，岩波書店，p.43）

分業が発達するからこそ労働生産性が向上し，経済が成長するというのが，「スミス的」成長メカニズムである．スミスが指摘しているように，分業による生産性の向上という工夫は，思慮深い賢人によって生み出されるものではなく，人間が本来的に有する性向なのである．したがってそれは，産業革命を境に人間が身につけた叡智ではなく，そもそも人間に備わっていたはずである．だからこそ，「スミス的」成長メカニズムは，バイオマス時代においても機能し得たのである．

ところで，労働生産性向上のメカニズムは，「スミス的」以外にも存在する．すなわち，「ソロー的」および「シュンペーター的」と呼ばれるものである (Mokyr, 1990)．その名の通り，前者は，固定資本の蓄積に関係しており，後者は技術進歩に関係する．

「スミス的」「ソロー的」「シュンペーター的」，そして「ボースルプ的」メカニズムは，必ずしもそれぞれ独立して機能するわけではない．資本の蓄積は中間財市場の充実と拡大を前提とするだろう．また，技術進歩の結果として人やモノの輸送システムが発達すれば市場は拡大するだろうし，市場の拡大によって人口が増加すれば，都市人口も増加し，知識や経験の「プール」が大きくなるだろう．

発明や技術進歩を促す社会環境としての都市が果たす役割を否定することはできまい．大きい都市ほど，互いに刺激しあい，誰かが革新的なアイデアを考え出す確率は高まるだろう．知識は基本的に公共財であり，原理的にはゼロ

（に近い）コストで万人に共有できるので，大都市ほど既存の技術が改良・改善される確率も高まるだろう．

　以上の4つの「エンジン」が強力に機能すれば，「正のフィードバック効果」により相互作用が増幅し，労働生産性の向上→1人当たり所得増加→人口増→労働生産性向上→…というダイナミクスが継続的に生じ，「マルサスの罠」からの脱却に成功するだろう（まるで，強力なエンジンを搭載したロケットが地球圏を突破するように）．しかしながら，バイオマス時代においては，「ソロー的」および「シュンペーター的」エンジンは，ほぼ機能していなかった（皆無だったというわけではない）．また，人口増加率が極めて低いバイオマス社会においては，「ボースルプ的」エンジンも頼りないものだった（もちろんこれは，化石燃料社会からみた相対的な話である）．ということは，バイオマス社会における労働生産性の向上に直接関与するメカニズムは，東洋西洋問わず，ほとんど唯一「スミス的」だけであったのである（斉藤, 2015）．

　別の言い方をすれば，バイオマス社会における「スミス的」ダイナミクスは，「ソロー的」もしくは「シュンペーター的」メカニズムのエンジンを発動させるほどには市場や人口の規模を高められなかった，ということだろう．ここで強調しておきたいのは，バイオマス時代の経済的停滞は，「マルサスの罠」だけの問題ではないということである．「マルサスの罠」に囚われた社会であっても，技術進歩によって人口は増加する．資源が極めて豊富であれば，バイオマス社会においても，大都市の存在は可能なのである．人口という知的資本のストックは，それ自体が技術進歩をもたらし得る．しかし，バイオマス時代の黄昏においては，もはや人口規模はほぼ「天井」に達しており，さらなる人口増加は見込めなかったのである．

　バイオマス社会における都市人口の「天井」が，化石燃料社会と比較して著しく低いのはなぜだろうか．一定面積の都市が抱えられる人口は，どれだけ多くの生活資材を都市に集められるかによって決まってくる．遠方から大量に生活物資を移入することが困難なバイオマス社会では，都市の近郊から食料や燃料を集めてくるより他ない．輸送距離と都市人口は，具体的に，どのような関係にあるのだろうか．それを考えるために，エネルギー資源（食料，燃料）を

例に，図3-11のような簡単なモデルを考えよう．図中の半径r_cの小円は，都市を表している．都市における単位面積当たりのエネルギー消費をh_cとし，単位面積当たりの土地が供給可能なエネルギー資源を一様にh_0としよう．単位面積当たりのエネルギー消費は，人口が2倍になれば2倍になるし，1人当たりのエネルギー消費が2倍になっても2倍となる．人口と1人当たりの消費がともに増加しても，仮に$h_c = h_0$ならば，この都市は，都市エリアが供給

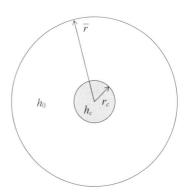

図3-11 都市の大きさとエネルギー資源へのアクセス

するエネルギーだけでやっていける．しかし，エネルギー資源がすべてバイオマスであれば，$h_c = h_0$という状況は原始社会の集落にほぼ対応しているので，都市にはなり得ない．いずれにせよ，このエネルギー密度を「（エネルギーの）自然密度」と呼ぶことは適切であろう．

さて，自然密度が一定のまま都市化が進む場合，どうしても$h_c > h_0$となるので，都市は，自分のエリア内だけでエネルギーを賄うことができなくなる．したがって，不足するエネルギー資源の調達先を都市エリアの外に求めなければならない．調達可能な範囲を図中のように外円で表し，その半径を$\bar{r}$とし，これを「限界距離」と呼ぶことにしよう．このエリアは都市のためのエネルギー資源生産地であり，ここでは議論の単純化のため，そこでの居住は考えないものとし，エネルギー資源生産地で得られるすべてのエネルギーは都市に送られるものと仮定する．エネルギー資源の輸送にともなう損失を無視すれば，エネルギーの需給バランスは次式のようになる．

$$h_c \pi r_c^2 = h_0 \pi \bar{r}^2 \quad (3.4)$$

この式より，エネルギー需要の密度が自然密度の何倍になり得るか，次のように求められる．

$$\frac{h_c}{h_0} = \left(\frac{\bar{r}}{r_c}\right)^2 \quad (3.5)$$

　つまり，限界距離を都市エリアの半径の10倍にまで拡大できれば，都市のエネルギー消費は100倍になるわけである．かなり大雑把に，都市の大きさ（半径）を10の1乗kmのオーダーとしよう（やや大きめとはいえ，常識的な仮定だろう）．中世ヨーロッパにおいては，薪が500km以上離れたところから運ばれることはほとんどなかった（Cruz and Taylor, 2012）．そこで，バイオマス社会における限界距離のオーダーを10の2乗kmのオーダーとしよう．つまり，農耕社会の都市の面積当たりのエネルギー消費は，自然密度よりも2桁オーダーが大きいということになる．狩猟採集時代と比べると，近世の1人当たりのエネルギー消費量は1桁程度多く（とはいえ，10倍までとはいかない）(Morris, 2013)，人口密度も1桁〜2桁程度は多いので（Smil, 2015），このモデルは割と精度のよい近似を与えているといってよいだろう．しかし，バイオマス社会ではそれが限度である．現代の巨大都市は，近世の都市と比べて，人口密度も1人当たりのエネルギー消費も，さらに1桁以上大きい．現代では，石油や食料が数千km も離れた場所から大量に輸送されるのも珍しくないが，バイオマス社会では日常使われる燃料を大量に数千km も離れた場所から輸送することは不可能であった．したがって，化石燃料時代に出現したような巨大都市は，バイオマス社会では実現不可能であり，「スミス的」「ソロー的」「シュンペーター的」「ボースルプ的」という成長エンジンが相互かつ強力に機能するには及ばなかったのである．

　しかし，これらのエンジン以外にも，バイオマス社会にはなかった，化石燃料社会特有の成長エンジンがある．化石燃料には，バイオマスにはない重要な性質があることを思い出されたい．それは，化石燃料が「ストックタイプ」の資源であるということである．なぜこのことが重要かといえば，ストックタイプの資源は，基本的に「フロータイプ」であるバイオマスに較べて，消費速度の自由度が大きいからである．

　このことがもたらす意味を考えるため，いま，GDPとエネルギーの消費が正の関係にあるとしよう．生産活動におけるエネルギーの重要性については

疑う余地はないので，特に不適切な仮定ではないだろう[9]．そのような関係のクラスのうち，最も単純なモデルは比例関係である．この場合，エネルギー消費とGDPの比，すなわち「エネルギー強度」は一定となる．実際，イギリスでは，産業革命以降の経済成長において，エネルギー強度はほとんど変わらなかったとみられている（Kander et al., 2013）．ただし，これについては異なる見方もあり，18世紀初頭から19世紀終わりにかけて，イングランドおよびウェールズのエネルギー強度は上昇傾向を示し，200年間でおよそ2倍になったという説もある（Malanima, 2015）．いずれにせよ，イギリスでは，近世から産業革命以後1世紀ほどのあいだ，GDPが2倍になるとエネルギー消費量は2倍「以上」になったということは確からしい．すでに本格的な石炭社会に突入しつつあった当時のイギリスにおいては，大雑把にいえば，エネルギーの消費量（石炭の消費量）＝経済的繁栄の水準と考えてよいだろう．

バイオマス社会におけるエネルギー資源，すなわち，食料，飼料，薪の生産は，土地の光合成生産力に頼っていた．したがって，それらの生産能力は気まぐれな自然のフローに大きく左右された．もちろん，バイオマス社会においても生産性の向上はあった．たとえば，産業革命以前のイギリスでは食料生産性が向上したが，それに少なからず寄与したのは馬だった．しかし，馬の飼料も光合成生産物なのだから，やはり，その向上スピードは限られていた（Clark, 2007）．

もちろん，労働生産性における制約は，石炭についても存在する．仮に石炭が無尽蔵だったとしても，1人の労働者が1日に採掘できる石炭の量には限りがあるからである．とはいえ，その制約は，バイオマス資源に比べるとずっと緩いはずだ．大きなタライに溜まっている砂を小さなコップですくい出す作業は骨が折れるが，1日当たりの作業時間を2倍に増やせば，1日に掻き出せる砂の量は2倍になるだろう．時間当たりでみた労働生産性は変わらなくても，1人当たりでみた労働生産性を高めるのは比較的容易である．もちろん，小さなコップを大きなコップに持ち替えれば，作業時間は一定のままでも，掻き出せる砂の量はやはり増えるだろう．このように融通が利くのは，砂が「ストック」として存在しているからである．もしも，砂時計のようにただ上から流れ

落ちてくる砂を集めるしかないのであれば，生産性の向上はそこまで期待できない．

石炭の採掘速度を高めることによって労働生産性を高めるメカニズムを，19世紀のイギリスにおける繁栄の源泉を石炭に求めたジェヴォンズの名を冠して，「ジェヴォンズ的」と呼ぶことにしよう．もちろんジェヴォンズも，石炭がストック型の資源であるが故の融通性の大きさについて十分に理解していた．

かくして，経済成長エンジンとしての「スミス的」「ソロー的」「シュンペーター的」，そして「ジェヴォンズ的」メカニズムは，バイオマス社会においては，化石燃料と比べると著しく抑制されていたか，あるいは，そもそも成立不可能であった．これらのエンジンは，化石燃料時代に入ってからようやく唸りを上げ，「マルサスの罠」による人口調整速度を上回るスピードで生産性を向上させ続けることができたのである．

注
1) ここでいうところの生産は，広い意味で用いており，狩猟や採集による食料獲得も含んでいる．
2) カラハリ砂漠のクン人（狩猟採集民族）は，人口の60%が食料生産者であり，非食料生産者（子供と老人）を支えている（Lee and DeVore, 1968）．
3) この値は，キャンプから採集地までの距離によって変わる．4.8kmのときが3.9, 9.6kmの時が3.3である．なお，キャンプ地から10km以上離れた場所まで採りに行くことはほとんどない（Pimentel and Pimentel, 2008）．
4) 現代社会では，この仮説は妥当でないようにも思われるが（1人当たりの食料消費が多い先進国で少子化が進んでいる），少なくとも，動物はもちろん，産業革命より前までの人間社会（つまり，狩猟採集時代および農業時代を通じて）においては妥当なモデルであった（Clark, 2007）．
5) クラークによれば，このことは，東洋でも西洋でも，そして産業革命を牽引したイングランド単体でさえも同様であるという．
6) 完全ではない，という理由は，賃金率には「現物支給」といった近世において無視できない「収入」が反映されていないことなどが挙げられるが，本書ではこの問題に深入りしない．詳しくは斉藤（1998, 2008）を見られたい．
7) このロジックは，Clark（2007）によって示されている．

8) もちろん，1人当たりエネルギー消費は一定というわけではなく，変動がある．たとえば，疫病が流行して死亡率曲線が上方にシフトすれば，1人当たりエネルギー消費は上がる．
9) ただし，エネルギー消費とGDPのあいだの厳密な因果関係については，現在においても議論が続いている．

第 4 章
化石燃料時代

4.1 化石燃料とは

　現代社会は，化石燃料によって支えられている．もちろん，世界は広いので，現在でもバイオマスに頼った伝統的な生活をしている人たちはいる．それでも，世界全体としてみれば，もはやバイオマス時代でないことは明白である．図4-1が示すように，世界全体で供給されている1次エネルギーのうち8割以上は化石燃料が占めている．図4-1には，参考までに，1世代昔の1次エ

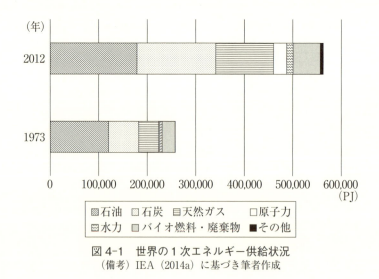

図 4-1　世界の1次エネルギー供給状況
（備考）IEA（2014a）に基づき筆者作成

ネルギー供給状況も示している．わずか1世代のあいだに，化石燃料消費量は2倍近く増えた．そのあいだ，石油危機があり，大気汚染が問題化し，二酸化炭素排出がもたらす気候変動問題が取り沙汰され，世界は化石燃料依存からの脱却へ向けて，もがき続けてきた．太陽光発電や風力発電といった新しいタイプの再生可能エネルギーに関する記事が新聞に載らぬ日はない．

我々はつい，化石燃料時代から再生可能エネルギー時代へのシフトが着実に進行しているように錯覚しがちだが，その認識は正しくない．40年前からずっと，（水力を除いた）再生可能エネルギーのシェアは，無視できるほど小さいままなのである．40年間で目に止まる変化があったとすれば，化石燃料消費の内訳が変わったくらいだろう．1973年には化石燃料の半分を石油が占めていたが，現在では，大雑把にいえば，石油，石炭，天然ガスがおおよそ等しいシェアを占めるようになった．これは，石油が以前に果たしていた役割の一部において，石炭や天然ガスによる代替が進んだ結果である．最終エネルギーの形態は，大きく，電力，動力，熱に分けられる．石油は，そのすべてを供給することができる「万能選手」である．しかし，石炭や天然ガスは，電力や熱を供給できても，輸送機器の燃料としての使い勝手は，石油に著しく劣る．現代の輸送システムはほとんど石油「だけ」に頼っているので，石炭や天然ガスで用が足りる場合にはそれらを使って石油を節約することには，一定の合理性がある．いずれにせよ，世界のエネルギー事情は，化石燃料の独壇場である．

日本についてみてみよう．再生可能エネルギーの利用技術は世界のなかでも高い水準を誇っている日本だが，それでもやはり，どっぷりと化石燃料に依存している．図4-2に示すように，日本における1次エネルギー供給のうち9割以上を化石燃料が占めている．1世代昔と比較すると，石油の消費量は確かに減っている．この点については，世界全体の様相と異なっている．しかしながら，化石燃料の消費は1.4倍程度に増えている．主な原因は，天然ガス火力発電が大きく伸びたからである．1973年の発電に占める天然ガスのシェアは2.4%に過ぎなかったのが，2013年には43%を超えている（資源エネルギー庁，2015）．一方，石油のシェアは，同期間に，73%から15%に下がった．いずれ

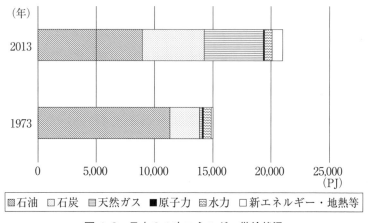

図 4-2　日本の 1 次エネルギー供給状況
（備考）資源エネルギー庁（2015）に基づき筆者作成

にせよ，日本経済は化石燃料によって支えられている．

　さて，化石燃料は，地質時代に，動物および植物の死骸が地中に堆積し，数千万年から数億年の時間をかけて，熱と圧力を受けて生成したものであると考えられている．もしその説が正しければ，化石燃料のエネルギー源は元を辿れば太陽光であり，我々はいわば，過去において膨大な時間のあいだに降り注いだ太陽光エネルギーの一部を，まるで遺産を取り崩すようなかたちで消費していることになる．化石燃料が生物由来であるとすれば，厳密には，化石燃料は再生可能である．しかし，現在の化石燃料消費スピードは化石燃料の再生能力を遙かに上回っており，事実上，枯渇性資源と位置づけてよい．

　化石燃料は，常温常圧下で，個体，液体，そして気体のものがあり，言うまでもなくそれはそれぞれ，石炭，石油，天然ガスである．石炭の主成分は炭素であり，それ以外の元素として，酸素，水素，窒素，そして硫黄を含む．石炭には，主に，無煙炭，瀝青炭，亜炭という 3 つの種類が存在し，これらのあいだでは炭素の含有量が異なる．炭素を最も多く含むのは無煙炭であり，その含有率は 90％ を超える．発熱量も大きく，高いものだと 30MJ/kg を超えるものもある．一方で，3 種類のなかで最も炭素含有率が小さいのは亜炭であり，発熱量も 10〜20MJ/kg 程度しかない．つまり，質の低い亜炭となると，単位

質量当たりの熱量は，木炭（15MJ/kg 程度）にも劣ることになる．

　石油は，石炭よりも，水素／炭素比が大きい．石油には複数種類の炭化水素が含まれており，主な成分は，オレフィン系，パラフィン系，そしてベンゼン系である．それらの分離においては，各成分の沸点の違いを利用して蒸留され，沸点の低い順に，ナフサ（沸点：30〜200℃程度），灯油（沸点：170〜250℃程度），軽油（沸点：170〜370℃程度），そして重油（沸点：300℃以上）と呼ばれている．石油が各石油製品として消費されるまでには，蒸留（常圧および真空）や触媒を利用した不純物除去などにより精製されるが，そのために投じられるエネルギーは，精製される石油が持つ熱量を基準とすると，高々その1割程度である（Szklo and Schaeffer, 2007）．このことは，エネルギー資源としての石油の優秀さを論じるうえで非常に重要である．なぜなら，産出および精製の過程で「失われる」エネルギーが少なくて済むからである．

　石油の単位質量当たりの熱量は，42〜44MJ/kg 程度である．この値は，木炭と比べてはもちろんのこと，石炭と比べても大きい．それに加えて，液体であるが故の流動性の高さにより燃料輸送が容易なため，石炭と比較すると幾重にも利用勝手のよいエネルギー資源といえる．なお，近年ますます1次エネルギーに占めるシェアが増えている天然ガス（基本的には石油の副産物である）も，気体であるが故に，流動性は高い．質量当たりの熱量も大きく，その値は50MJ/kg を超える．天然ガスの成分のほとんどを占めるのは，メタン，エタン，そしてプロパンである．常温常圧では気体であるため，体積当たりでみた場合のエネルギー密度は小さく，石油のおよそ千分の1程度しかない．

　天然ガスを発電用や暖房用などの「据え置き」設備において消費する場合には，パイプラインによる供給が可能であれば，エネルギー損失は小さい．しかし，パイプライン供給が不可能な地域においては，天然ガスはそのままの状態では嵩張ってしまい輸送に不向きなため，体積を「圧縮」して運ぶ必要がある．一般的な方法は冷却・液化だが，冷却のためにはエネルギーを要するため，パイプラインによる輸送よりもコストは高い．したがって，パイプライン網が発達しているヨーロッパや北米と比べると，液化天然ガスをタンカー輸送している日本では，天然ガスが化石燃料消費に占める割合は小さい．当然のこ

とながら，エネルギー資源の利用にあたっては，その質のみならず，長期的に安定確保が見込まれるか否かも重要な要件である．日本における石油の中東依存度は85%を超える一方で，天然ガスについては比較的輸入先が分散しており，中東依存度は2割程度である（資源エネルギー庁，2011）．さらに近年では，化石燃料の燃焼にともなう二酸化炭素排出量をできるだけ削減しようという社会的情勢から，同じ熱量当たりの二酸化炭素排出量が石油よりも3割程度少ない天然ガスの利用を進める動きが強まっている．

4.2 人類と化石燃料

産業革命以前

人類と化石燃料との出会いは，産業革命よりもずっと古い時代にまで遡る．中東では石油の自然漏出や溜まりは珍しい光景ではなく，その存在は数千年前から知られていた．古代シュメール人はアスファルトを建築物の接着剤として用いていたし，メソポタミア人はビチューメンを防水剤などに利用していた．古代エジプトでは，車輪の潤滑油やミイラ保存のための防腐剤として使われていた．燃料としての利用が始まったのも，実は最近のことではない．中国では，紀元前1500年頃に，灯りや暖房用の燃料として石油が使われたことがあったようである．紀元前600年頃になると，天然ガス田が掘られ，驚くべきことに，竹で作られた石油のパイプラインが作られていたという（Robinson, 2006）．中東では，10世紀頃にはすでに，石油を蒸留して成分を分離する方法が知られており，12世紀頃のダマスカスでは精製された灯油やナフサは，ありふれた商品であった（Bilkadi, 1984）．

石炭は，産業革命の代名詞ともいえる燃料だが，イギリスでは産業革命が起こるよりも前から，石炭は主要なエネルギー源となっていた．石炭は，暖房や調理，灯り，製鉄，製塩，煉瓦造りなどの燃料として，盛んに利用されていた．イギリスは概して石炭に恵まれており，低コストで都市へと輸送できる環境にあった．

燃料が木から石炭へとシフトしていくにともない，イギリスでは，人口や産業の集積化（すなわち都市化）が進んでいった．ロンドンの人口は，1500年から1700年までのあいだで10倍に増えた．同時に，石炭の燃焼が引き起こす汚染は，極めて深刻なものとなっていった．石炭の燃焼は，大気のみならず，建物の壁や洗濯物なども汚した．住民にとって，石炭を燃やす時に出る煤煙や臭いは不快なものでしかなかった．それでも，高騰化していく薪や木炭の代わりに，庶民は安価な石炭を利用するしかなかった．18世紀の初頭には，熱量換算でみた薪の価格は，石炭の3倍にもなっていたのである（Kander et al., 2013）．

　石炭にも質の違いはあり，無煙炭は比較的クリーンであることは当時も知られていた．しかし，比較的それに恵まれていたウェールズやスコットランド地方と違い，ロンドンに近い炭田からはあまり産出されなかった．産業革命以前の社会においては，一般に，物資の長距離輸送には多額の費用がかかったため，ロンドンのような大都市でも，質のよい無煙炭を利用できたのは一部の富裕層に限られた（Owen, 1994）．

　産業用としても，もともと石炭は質のよい資源だと思われていなかった．木炭と違い，不純物として石炭に含まれる硫黄は，製鉄時に鉄の品質を下げる原因となった．石炭を蒸し焼きにして硫黄などの不純物を取り除いたコークスによる製鉄法は18世紀初めに編み出されたが，当初は送風が不十分だったため（その頃にはまだ蒸気機関が存在していない），普及には時間を要した（小野周他, 1985）．

　このように，いろいろと問題があったにせよ，燃料として比較的安価な石炭は，イギリスで急速に需要を増していった．18世紀初頭，すなわち蒸気機関が発明されるよりも前に，石炭はすでにイギリスにおけるエネルギー供給の半分を担っていた．しかしそれでもなお，蒸気機関が登場する前のイギリスを「石炭時代」と呼ぶのは相応しくない．なぜなら，当時の石炭には，次の2つの意味において「自己拡大性」がなかったからである．第1に，蒸気機関が発明される以前の炭鉱では，石炭を燃料にして石炭を産出することができなかった．石炭が地表近くにあるうちは，石炭を掘り出すために必要なエネルギーは

ほとんど無視できる．しかし，地中深く掘り進むほど，そうはいかなくなる．イギリスの炭鉱では，1700年頃には地下100メートルもの深さに到達したところもあった（Clark and Jacks, 2007）．石炭の採掘作業を妨げた最大の問題は，地中から坑道内に滲み出る水であった．採掘作業を継続させるためには，坑道内に溜まる水を掻き出さなければならない．蒸気機関が発明されるまでは，そうした仕事は人力や家畜によってなされており，石炭採掘の費用を次第に押し上げていった．多いときには，ひとつの炭鉱に500頭もの馬が動員されたという（Lovland, 2007）．言うまでもなく，人力や家畜のエネルギー源はバイオマスであり，バイオマス資源の希少化・高騰化こそが石炭への代替の大きな要因であったわけだが，蒸気機関の発明以前においては，結局のところ，石炭生産はバイオマス資源の生産力に制約されていた．

　第2に，蒸気機関の誕生以前においては，石炭社会を石炭自体によって拡大する術がなかった．石炭社会の出現は局所的であり，世界的な広がりを見せたわけではなかった．このことは，石炭が地理的に偏在していることと大きく関係しているが，それだけではない．仮に炭田が偏在していても，大量の石炭を遠くに低コストで輸送する方法があれば，たとえ石炭資源に恵まれない地域であっても，石炭依存型の都市経済が実現することは可能だろう．だが，産業革命以前の時代においては，燃料のような日用品を大量かつ安価に遠くに運ぶ方法は，基本的に存在しなかったのである．

　産業革命以前の交易は，水運もしくは陸運が中心であった．当時は，ヨーロッパでさえも，都市間の道路が舗装されていることは珍しく，車輪付きの荷車が利用できる範囲は限られていた．長距離の陸運では，ロバやラバ，馬，ラクダなどの背中に荷物が載せられたのである．家畜1頭当たりが運べる荷物の量はたかが知れており，遠くに運ばれる品物は，香辛料や絹といったような，少量の割には高価な奢侈品がほとんどだった（Spruyt, 1994）．陸路による遠方交易では，安価な日用品の類のものを運ぶにはコスト面（行商人の手間賃，家畜の餌代，通行料，盗賊遭遇のリスク，など）からみて割に合わなかったわけである．

　水運は，荷台移動の摩擦力が陸運に比べて格段に小さく，小さな力で多く

の荷物を運べるため，輸送コストも陸運の 10 〜 20 分の 1 と格段に小さかった（Kohn, 2008）．したがって，中世から近世にかけて，ヨーロッパの都市では運河網が盛んに整備された．十分な運河網を持つ都市においては，都市内の物流コストは比較的小さく，庶民のための日常品も頻繁に輸送された．しかし，水運による遠方交易となると話は別であった．昔の海運は極めて労働集約的であり，航海が長いほど手間賃が膨れあがった．たとえば，15 世紀にジェノアからキオスへの航行に必要な人件費は，船そのものの価格とあまり変わらないくらいであったという（Kohn, 2001）．また，安全のため沿岸部をつたって航行することも多く，目的地までの直線距離は短くても，実際の航路はかなり遠回りになることも珍しくなかった．当然，船の航行は天候に大いに左右され，風向きによっては港で何日も停泊しなければならず，同じ航路でも荷が到着するまでに要する日数に大きなバラツキがあった．たとえば，16 世紀，ヴェニスからアレクサンドリアまでの郵便が届く平均日数は 65 日だったが，最短であれば 17 日，長ければ 89 日と，大きく幅があった（Kohn, 2001）．そしてさらに，海賊や嵐に遭えば，荷の一部あるいはすべてを損失・損傷することもあった．このような事情から，バイオマス時代においては，大衆の生活資材を遠方に依存する都市というのは，基本的に成立し難いものだった．

　言うまでもなく，燃料というのは，毎日の生活において必要なものである．炭鉱から遠く離れた地域で日常的に燃料として用いられるようになるためには，石炭輸送にかかるコストが小さくなければならない．それを可能にしたのが，化石燃料をエネルギー源とした動力機関の発明であった．すなわち，蒸気機関のことである．蒸気機関による輸送革命がもたらした恩恵は，大量の石炭を低コストで遠くに運ぶことだけではなかった．安価な石炭によって生産された安価な商品や，石炭利用に関する技術や知識もまた，広く普及していった．まさしく，「石炭文明」が石炭の力で拡大していったのである．

石炭と蒸気機関

　蒸気機関がイギリスを中心に開発されたのは偶然ではない．必要は発明の母である．炭鉱の坑道が水に溢れ，石炭採掘の限界費用が高まっていくほど，採

掘コストを下げる方法を編み出そうとするインセンティブが高まるのは当然である．こうした動機は，たとえば，当時のイギリスと経済水準あるいは文化水準が決して劣っていなかったはずの長江下流地域では弱かった．中国にも炭田はあったが，イギリスの主要都市と違い，長江下流地域は炭鉱から遠く，そもそも石炭を安価に利用できる都市環境にはなかったのである（Pomeranz, 2000）．

　1690年にはD. パパン（1647-1712）が，シリンダー内の熱した水蒸気を冷却して復水させることにより真空状態を作り出し，ピストンを動かすアイデアを思いついた．しかし，パパンは研究および試作を重ねたものの，装置の実用化には至らなかった．1698年，イギリスのT. セイヴァリ（1650?-1715）は，蒸気圧と真空状態を利用した排水ポンプの特許を取得した．『坑夫の友』（miner's friend）と名付けられたそのポンプは，パパンのアイデアとは違って，ピストンを持たなかった．残念ながら，装置自体の未熟さから事故が多かったため，あまり普及しなかった．

　鉱山での使用に耐える実用的な蒸気機関の開発に初めて成功したのは，イギリスの発明家であるT. ニューコメン（1664-1729）であった．この蒸気機関は，パパンやセイヴァリのアイデアがうまく統合されており，熱い水蒸気を冷やしてシリンダー内に真空状態を作り，それによりピストンが引き戻されることによって往復運動を実現するものであった．ニューコメンの蒸気機関は，石炭の採掘コストを下げ，多くの鉱山で導入されていった．18世紀の終わり頃には，イギリス全体で600基以上のニューコメン型蒸気機関が稼働していたという（Nouvolari et al., 2011）．

　ニューコメン型蒸気機関は図体が大きく，動きもゆっくりで，しかも「石炭の大食らい」であった．出力は4kW程度で，熱効率は0.5%程度と低く，後にいくらかの改良がなされたものの，それでも1%程度でしかなかった．シリンダーの直径は大きいもので2メートル近くあり，1分間のストローク数は10を多少超える程度だった．また，採掘した石炭の1割に相当する量を自身の燃料として消費した（Sieferle, 2001）．商品価値が低い石炭くずが大量に利用可能であれば，費用対効果はあった．それでも，馬の利用とニューコメン型蒸気

機関利用のコストの違いは，必ずしも圧倒的というわけではなかったようである（Clark and Jacks, 2007）．ニューコメン蒸気機関は，「それを1台作るのに鉄鉱山がひとつ，それを運用するのに石炭鉱山がひとつ必要」と揶揄されたりもした（Gilligan, 2005）．

　ニューコメンの蒸気機関に革新的な改良を加えた人物こそが，スコットランドの技師であるJ. ワット（1736-1819）だった．彼は，グラスゴー大学が所有していたニューコメン型蒸気機関の修理を任され，この装置の熱効率を高める方法を考えていた．そして，ニューコメン型蒸気機関の熱効率が低い原因は，シリンダーを冷やしたり温めたりするのを繰り返していることにあると気がついた．1765年，ワットは，蒸気を冷却するための復水器をシリンダーから離す，というアイデアを思いついた．これにより，一度温まったシリンダーをわざわざ冷やす必要がなくなり，再びシリンダーを温めなおすために使われていた燃料を節約できたのである．ワットはこの改良により，1769年に特許を取った．

　ワットによる改良は，熱力学的にみても理に適ったものだった（当時はまだ，熱力学の2つの法則は確立されていない）．エントロピーの発生は熱効率を低下させることは，今ではわかっている．エントロピーは，熱が温度の高い方から低い方へ移動すれば必ず発生する．温めたり冷やしたりを繰り返すということは，頻繁に温度差を作り出すことであり，すなわち，エントロピーを大量に発生させることになる．ワットの改良により，エントロピーの発生が抑制され（もちろんゼロにはならない），同じ出力を得るのに必要な燃料を節約できただけでなく，装置の小型化を可能にした．ワットの蒸気機関の熱効率は2～3%程度であり，現代の熱機関からすれば低い水準だが，それでも，ニューコメン型蒸気機関よりも格段に良かった．ワットの蒸気機関は，出力が10～15kW程度のものが多く，当時の平均的な水車や風車と比較すれば大きな出力であった．とはいえ，この時点ではまだ，輸送機器の動力機関として利用するには装置が重く大きすぎたため，蒸気機関は人やモノを運ぶための輸送機関とはならなかった．

　なお，ワットの蒸気機関には，もうひとつ画期的な点があった．それまでの

蒸気機関が往復運動を生み出すためのものだったのに対し，ワットの蒸気機関はピストンの往復運動を回転運動に変換する装置（クランクに対する特許の関係で，ワットは遊星ギアを使った）を備えていた．工場では，回転運動を必要とする工程を持つ場合が多いので，蒸気機関が炭鉱以外の産業分野に普及する可能性が広がった．（とはいえ，実際に蒸気機関がさまざまな産業分野に広く普及するまでには，それなりの時間を要した）．

ワットの蒸気機関は，ピストンを押し下げるときに蒸気の圧力を利用する点でも画期的であったが，その圧力は大気圧をやや上回る程度であった．圧力を高めれば熱効率が高まることはすでに知られていたが，当時のボイラーでは高圧に耐えられず爆発の危険性があったため，ワットは圧力を上げることに消極的だった．しかし，その後の冶金技術の発達などにより，高い蒸気圧を利用した高出力の蒸気機関が作られるようになっていった．R. トレヴィシック（1771-1833）が1801年に製作した蒸気機関では3気圧の蒸気が使われ，その2年後に製作した蒸気機関では10気圧にまで高められた．また，トレヴィシックの蒸気機関は，高圧の蒸気をそのまま大気に排気するタイプであったため，復水器が不要だった．これらの改良により，蒸気機関は小型化・軽量化され，トレヴィシックはそれを路上自動車に積み込んだ．もっとも，蒸気機関を移動走行車両の動力装置として積み込んだのはトレヴィシックが最初ではない．1769年，フランスのN. キュニョー（1725-1804）は，大砲を運搬するための蒸気自動車を製作している．しかし，キュニョーの蒸気自動車はとても重く，速度が遅いうえに操舵性が悪かったため（それ故に試走中に壁に激突し，世界で初めての自動車事故を起こしている），実用化には至らなかった．トレヴィシックの蒸気自動車はキュニョーのそれよりも軽量だったが，それでも，（当時の決して路面状態がよいとはいえない）道路を走らせる蒸気自動車は抵抗が大きすぎることにトレヴィシック自身も気がついていた．そこで彼は，1804年，蒸気自動車を軌道に乗せ，貨車を引いて16kmの距離を走らせた．蒸気機関鉄道時代の幕開けである．

なお，軌道方式自体は，蒸気機関車よりも前に存在していた．当初の動力源は家畜であり，レールは木製だった．その後，鉄製のレールが採用されるよ

うになり，1803年には，馬による世界初の公共鉄道がイギリスで操業を開始した．荷車をレール上で引くことは，エネルギーコストの面から理に適っていた．1頭の馬の背に載せて運べる荷の重さはせいぜい130kg程度だが，舗装された道路を荷車で引く場合，馬は1tを超える荷物を運ぶことができた．しかし，鉄道の効果はそれを遥かに凌ぐものであった．1頭の馬は，軌道上であれば8tもの荷物を引っ張ることができたのである（Crompton, 2005）．

　鉄道の発達は，石炭と大きく関係していた．というのも，鉄道開発の大きな目的のひとつは，石炭の輸送であったからである．炭田から都市への石炭の輸送は，「点」から「点」への輸送である（図4-3）．容積が大きく嵩張る割には安価な品物であっても，運搬元と運搬先が空間的に一点に集中している場合には，その2点間に鉄道を敷くという投資に見合うだけでの経済性が期待できる．一方，バイオマス社会における基礎資源は，エネルギー資源に限らず，基本的にすべてが土地の生産物由来であり，したがって「面」的に広がりを持つものであった．つまり，バイオマスは広い空間に薄く広く散らばったタイプの資源なので，バイオマス社会においては「点」と「点」を結ぶ鉄道はあまり経済的な意味をなさず，かといって，空間をすべて埋め尽くすような鉄道網を張り巡らせば費用は莫大であり，とても割に合うはずもなかった（Wrigley, 2010）．当然のことながら，馬が荷物を引く場合，その「燃料」は飼料である．すなわち，その輸送能力は，バイオマス社会の物理的制約を受けていることには変わりない．その制約は，蒸気機関車の登場によってようやく取り払われることになったのである．

図4-3　バイオマス時代と化石燃料時代のエネルギー資源獲得形態

トレヴィシックの蒸気機関車は，蒸気を逃がすための煙突を持ち，これは後々に至るまで蒸気機関車の基本形となった．蒸気機関車はその後も改良が続けられ，走行速度も増していった．初期の頃は時速10km～20km程度だったものが，19世紀半ばには時速100kmを超える走行も珍しくなくなった．
　イギリスにおける19世紀の鉄道普及は，驚異的なペースだった．1830年代の線路の新規建設は200kmに満たなかったものの，1840年代には2,000kmを超え，そして1850年代には7,400kmもの軌道が新たに造られた（Lowson, 1998）．19世紀の終わり頃には，イギリスの鉄道路線総距離は35,000kmを超えていた．イギリスから少し遅れて，ドイツやアメリカでも鉄道網の整備が進んでいった．
　19世紀には，蒸気機関は船の動力源としても用いられるようになっていた．鉄道と同様に，水路網の整備は蒸気機関の導入よりもずっと早かった．イギリスにおける運河の建設数は，鉄道路建設のピークよりも半世紀早くピークを迎えていた（Lowson, 1998）．運河の建設ラッシュを牽引したのは，石炭や鉱石の輸送だった．
　蒸気船が最初に登場したのは1775年のフランスだったが，出力が十分ではなく，本格的な走行はそれから8年後に，やはりフランスで実現した．その後，蒸気船の開発が盛んに行われたのはアメリカだった．最初に商業的な成功をおさめたのはR.フルトン（1765-1815）であり，1807年，ニューヨークとオールバニー間を，ハドソン川をつたって航行した．その時の航行速度は4ノット程度であったという．それから5年後には，アメリカにおける蒸気船の数は50隻にもなっていた（Lovland, 2007）．1810年代に入ると，ヨーロッパでも蒸気船は商業的にも利用されるようになり，また，軍艦も建造されるようになった．
　スクリューが発明されるまでは，蒸気船の推進機は外輪が主流であった．外輪の駆動力だけで長距離を航海するためには莫大な量の燃料が必要であったため，外輪船は帆を併せ持つのが普通であり，風向きがよい時にはそれを利用した．実際，最初に大西洋の横断に成功した蒸気船はアメリカのサバンナ号（1819年）だったが，およそ1ヶ月間の航海のうち蒸気機関の動力を用いたの

は80時間程度であったという（Lovland, 2007）．サバンナ号は，重量が320tほどの船体に，出力が70kW弱の蒸気機関を積んでいた．現代の小型車（排気量1,500cc程度）が，重さ1t程度でエンジンの出力が90kW程度であることを踏まえると，当時の蒸気船がいかに非力であったかが窺えよう．その後，外輪船は，出力や規模を増していき，1,000t超の大型船で500kW超の蒸気機関を有するものも現れた．しかし，1800年代の中頃にスクリューが発明されると，スクリュー船が大西洋間航行の速度記録を次々と樹立していった．1800年代の終わり頃になると，重量は10,000tを超え，出力20,000kWもの蒸気船が大西洋を渡るようになっていた．航行速度も，外輪船の時代と比べると2倍近くになった（20ノット以上）．

　19世紀の終わり頃になると，蒸気船に蒸気タービンが搭載されるようになった．蒸気タービンの原理自体は極めて単純明快であり，蒸気が羽根車を回転させることによって動力を得る．アイデアそれ自体は古く，2,000年前のヘロンまで遡ることができる．ワットもタービンの原理は理解していたが，当時の技術水準ではタービンは非効率的であると考えており，開発を進めることはなかった．実際にタービンが製作されるようになったのは19世紀に入ってからであった．

　蒸気タービンの本格的な普及は，C.パーソンズ（1854-1931）が1884年に特許を取った軸流タービンから始まった．最初のものは4kW程度の出力であったが，1888年には発電用の75kWのタービンが作られた．蒸気タービンは，ピストン型エンジンのように，静止部分（シリンダー）と可動部分（ピストン）が直接接触して擦り合うことがないので，振動が少なく，潤滑油が高温になって劣化する心配もないため，高温の蒸気を利用することが可能であった．反面，熱効率を高めるためには大型化する必要があり，乗用車のような小規模の動力機関としては不向きであった．パーソンズの蒸気タービンは，発電所向けの動力機関として改良と大型化が進み，1900年にはドイツに1,000kWの設備が作られた．その後も，蒸気タービンは発電用としての普及が進み，20世紀初頭になると，世界全体の供給電力のうち8割以上を蒸気タービンが担うまでになった（Lovland, 2007）．

蒸気タービンを輸送機器の動力機関として利用した先駆者もまた，パーソンズであった．最大の課題は，タービンの回転速度とスクリューの回転速度との大きな乖離をどう埋めるかであった．試行錯誤のうえ，パーソンズは1897年にタービニア号という小型船（44t）に（文字通り）蒸気タービンを搭載した．航行速度は34ノットを超え，同時代のどの船と比べても圧倒的な速さであった．その性能から，蒸気タービンはイギリスの軍艦にすぐさま採用された．民間船への搭載も20世紀初頭から活発化した．1901年には2,600kWの蒸気タービン船が現れた．その後も蒸気タービン船は大型化が進み，1950年代には大西洋を航行するまでになった．

　以上のように，19世紀以降の輸送革命は目覚ましく，大量の物質や人を遠くまで迅速かつ安価に輸送できるようになった．繰り返すように，イギリスに始まった蒸気機関による輸送革命以前にも，輸送インフラは存在していた．主要都市間を馬車で行き交うこともできたし，沿岸船による輸送航路も存在していた．しかし当時は，輸送速度が遅いだけでなく，到着予定も変動的であり，道中のアクシデントも珍しいことではなかった．現代人にとっては信じられないことかもしれないが，バイオマス時代に生きた庶民の多くは，自分の住む地域から滅多に出ることはなかった．経済活動の空間的な広がりに課せられていた制約は，蒸気機関の登場によってようやく緩和されたのである．18世紀初頭の陸路（馬による荷車）の輸送コストと比較して，19世紀後半の鉄道による輸送コストは20分の1に，輸送時間は10分の1にまで低下した（Bogart, 2013）．つまり，石炭を使って大量の石炭を遠くに輸送するという行為が，経済的に見合うようになったのである．さらには，石炭を使って生産された製品も大量に輸送され，人々の行き交いも活発化し，石炭社会に関する経験や知識が遠くに運ばれた．石炭と蒸気機関の組み合わせこそが，石炭社会のさらなる拡大を可能にしていったのである．実際，19世紀における世界の石炭消費の増加率は凄まじかった．石炭の年間消費量は，18世紀の100年間で3倍程度しか増加しなかったのに対して，19世紀前半の50年間で4倍以上になり，さらに後半の50年間で10倍以上に増加した（Malanima, 2010）．

石油と内燃機関

　周知の通り，化石燃料時代の前半の主役は石炭であり，後半は石油の時代である．たとえば日本では，1次エネルギーのうち4割以上を石油に依存している．世界全体でみても，石油は一次エネルギーの3割以上を担っている．1次エネルギーに占めるエネルギー資源のうち，最も多くのシェアを占めているのが石油である．

　もちろん，いまの我々にとって，石油だけが重要なエネルギー資源というわけではない．石炭は火力発電所の燃料としても使われているし，石炭から作られるコークスは鉄鉱石を還元するために重要である．日本では，年間の石炭消費量のうち約8割が発電と製鉄に向けられている．また，近年，化学肥料の生産や火力発電および暖房・給湯用の燃料として，天然ガスの重要性が増してきている．このように，世界全体の1次エネルギー供給源としての石油のシェアは，石炭や天然ガスと比べて圧倒的というわけでもない．化石燃料のうち4割を石油が占めているが，石炭は3割強，天然ガスは3割弱を占めている．

　それにもかかわらず，現代文明を象徴するのはやはり石油であるといわねばなるまい．石油の重要性が際立つのは，とりわけ輸送部門においてである．図4-4が示すように，現在，世界全体の運輸部門における石油系燃料のシェアは

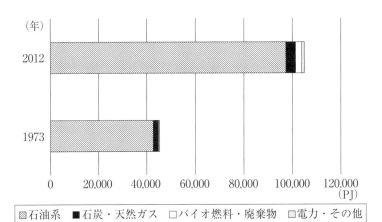

図4-4　世界全体の運輸部門におけるエネルギー消費
（備考）IEA（2014a）に基づき筆者作成

圧倒的であり，1世代前と比較しても，石油依存からの脱却はほとんど成功していない．モード別にみると圧倒的なシェアを占めているのは自動車（およそ7割）であり（IEA, 2012a），日本についても事情はあまり変わらない（図4-5, 図4-6）．

電力は石油のみならず石炭や天然ガスによっても発電可能なので，電力に

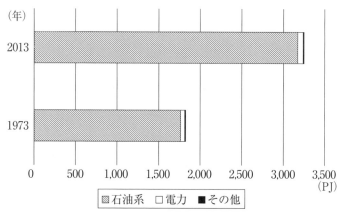

図4-5　日本の運輸部門におけるエネルギー消費
（備考）資源エネルギー庁（2015）に基づき筆者作成

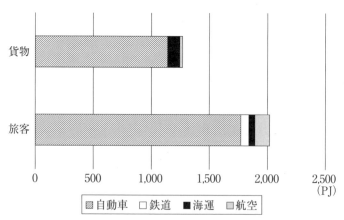

図4-6　日本の運輸部門におけるモード別エネルギー消費
（備考）資源エネルギー庁（2015）に基づき筆者作成

よって動力を得る据置型の設備に限っていえば，石油に特段の優位性があるわけではない．しかしながら，運輸部門において消費されるエネルギーのうち，石油由来でないエネルギー源のシェアはごくわずかであり，石油の存在感は圧倒的である．すなわち，人やモノを運ぶことと石油を消費することは，ほとんど同義と言ってよい．とりわけ，その主役はディーゼルエンジンとガスタービンであるが，現代経済の根底を支えるこれら2つの動力機関の重要性を理解している者は，いったいどれだけいるのだろうか．スミルの言葉を借りれば，世界経済を戦前の水準に戻すとしたら，コンピュータよりもディーゼルエンジンをこの世から取り除く方が効果的なのである（Smil, 2010b）．現代社会では，地球の裏側から商品を運んでくるのは珍しい光景ではないが，それを支えているのは紛れもなく，「安価な石油」と，「石油から効率よく安定した動力を生み出す熱機関」なのである．このように，「人やモノを運ぶ」という人類の繁栄において極めて重要な行為に注目しながら人類史を振り返ると，石炭時代が「石炭＋蒸気機関」の時代であるとするならば，石油時代とは「石油＋内燃機関」の時代と呼ぶことができよう．

　内燃機関の歴史について述べる前に，石油時代の幕開けについていくらか触れておくことにしよう．19世紀の半ばになると，アメリカで油田の商用採掘が本格化し，石油の需要は急速に拡大していった．当初の石油は灯油精製の原料として利用された．灯油ランプは19世紀半ばから現れた．その本格的な普及は，1859年，E. ドレーク（1819-1880）がペンシルバニア州で大油田を掘り当てたことから始まった．これにより，石油の大量生産の目処が立ち，安価な灯油の大量供給が可能となったわけである．それまでは，灯り用の燃料として鯨油が使われていたのだが，乱獲が進むにつれて鯨の数が減り，鯨油は次第に高級品になっていった．したがって，鯨油の代替品として安価な灯油が利用できれば，灯り用の燃料として急速に普及していくのは自然なことであった．

　灯油の増産は鯨油市場に打撃を与えたものの，当時の動力機関の燃料は主に石炭であったため，輸送部門におけるエネルギー消費においては，石油が石炭に大きく取ってかわるようなことはなかった．しかし，19世紀の後半には，それまで石油精製時の厄介な副産物として廃棄されていたガソリンを燃料とす

る内燃機関が誕生し，以後，輸送動力の燃料として，石炭から石油への転換が本格化していった．

　内燃機関の歴史も実は古い．アイデアとしては，16世紀初頭，レオナルド・ダ・ヴィンチ（1452-1519）がすでに記録を残している．17世紀には，イギリスのS.モーランド（1625-1695）により，火薬の爆発力を直接利用するポンプが発明され，実際に使用された．その後も試行錯誤がなされたが，最初に商業的な成功を収めたといってよいのは，J.ルノアール（1822-1900）が開発した2ストロークのレシプロ（往復動）・エンジンであり，1860年に特許が取られた．このエンジンは，燃焼ガスと空気の混合気を火花により点火する仕組みとなっており，出力は2kW程度で，熱効率は4％程度であった．1862年，A.ロシャ（1815-1893）は，熱効率を高めるために4ストロークのエンジンを思いついた．それが実現したのは，1877年，N.オットー（1832-1891）の手によってであった．石炭ガスを燃料とするオットーのエンジンは，ルノアールのタイプよりも高効率かつ高出力であり，最大で12kWもの出力を生み出すことができ，約5万台も売られた．しかしながら，出力の割に重量が大きかったため（重量－出力比＝250Kg/kW），輸送機器の動力には適さず，用途は主に据え置き用に限られた．

　内燃機関が自動車に取り付けられるようになったのは，1880年代に入ってからであった．G.ダイムラー（1834-1900）とK.ベンツ（1844-1929）が，それぞれ独自に，4ストロークのガソリンエンジンを2輪車や3輪車に取り付けた．彼らのエンジンにおける画期的な点は，燃料にガソリンを用いたことである．ガソリンは，それまで使われていた石炭ガスよりも安価なうえに，エネルギー密度は格段に高く，さらに引火点が零下40℃と低いため，エンジンの起動が容易であるという利点があった．ガソリンエンジンは，その後，圧縮比を高めることなどにより熱効率の向上が図られていった．理論上は，圧縮比を高めるほど熱効率が向上するが，実際には，圧縮比を高めすぎると燃料の燃焼を制御することが困難になり（いわゆるノッキングの発生），どこまでも圧縮比を高められるというわけではない．ガソリンエンジンの高出力化は，簡単にいえば，ノッキングを抑えながら圧縮比を高めることによって実現してきたも

のであり，1890 年頃には質量−出力比は 50kg/kW を下回り，さらには 20 世紀の初頭には数 kg/kW のオーダーにまで低下した．

　もうひとつ，レシプロ型内燃機関として無視することができないのはディーゼルエンジンである．ディーゼルエンジンは，R. ディーゼル（1858-1913）によって 1892 年に発明され，20 世紀に入ってから商用化された．ディーゼルエンジンはガソリンエンジンとは異なり，圧縮されて高温になったシリンダー内に燃料（軽油，重油）を吹き込み，それが自然発火することによって爆発・膨張する仕組みであるため，点火プラグを必要としない．したがって，ディーゼルエンジンでは，ガソリンエンジンと違い，火花による点火前に燃焼するということがないため，高い圧縮比を実現することができ，したがって熱効率が高い．しかし一方で，エンジン自体を強固なものにする必要があり，装置がどうしても重くなってしまう．また，回転数も遅く，初期のタイプ（300rpm）のものは，同時期のガソリンエンジンの半分程度であった．さらに，初期のエンジン重量−出力比は，40 〜 60kg/kW 程度であり，ガソリンエンジンと比較して「軽くて高出力」というわけではなかった．ディーゼルエンジンは，振動や騒音も大きいが，低回転で大きなトルクが得られるうえ，ガソリンエンジンと違ってシリンダーの大型化が容易であるため，重機や大型輸送機器のエンジンに適している．もちろん，ディーゼルエンジンも改良が積み重ねられ，現在では質量−出力比が 5kg/kW を切るエンジンも出現している．

　レシプロ型とは異なる重要な内燃機関として，ガスタービンがある．ガスタービンの原理は蒸気タービンと同じだが，羽根車を回転させるのは燃焼ガスそのものであり（したがって内燃機関に分類される），1950 年代から発電用に利用されるようになった．開発が始まったのは 1930 年代に入ってからで，当初は，燃焼ガスの排気流をそのまま推進力とする航空機用ジェットエンジンの開発が進められた．これは第二次世界大戦中に実用化されたが，本格的な普及は戦後になってから進み，それまで主流だったレシプロ型エンジンの戦闘機を次々と駆逐していった．ジェットエンジンの改良はその後も進み，周知の通り，現在では大型航空機において主流の動力機関となっている．

　内燃機関と外燃機関の違いは，燃料の燃焼によって生じる気体を動力部分に

「直接」作用させるか否かということにある．外燃機関の一種である蒸気機関では，石炭の燃焼ガスがピストンやタービンを直接動かすわけではなく，動力装置に作用するのは温められた水蒸気である．つまりは，蒸気機関の燃料は，水蒸気を発生させることができれば基本的に何でもよく，燃料に対する制約は内燃機関ほど大きくない．実際，19世紀の後半頃までは，蒸気機関車の燃料として木炭が利用されることもあった．

　我々の幸運は，石油という優れた燃料を手にしたことだけでなく，外燃機関よりも小型で高出力の内燃機関を手にしたことである．仮に，「石炭＋外燃機関」時代が「石油＋外燃機関」時代に変わっただけだったら，人やモノの輸送力の大幅な向上はなく，現代のような経済的繁栄もなかったかもしれない．内燃機関は，動力装置の構造と燃料の特性が密接に結びついているので，「石油＋内燃機関」型社会は，「石炭＋外燃機関」型社会以上に，燃料との密接性が強いといえよう．したがって，現代の経済的繁栄を維持したまま石油依存から脱却することは，直感的にも，容易でないように思われる．もっとも，この問題は，後の章で詳細に議論する．

4.3　化石燃料と道徳・価値観

　1865年に名著『石炭問題』を記したイギリスの経済学者W.S.ジェヴォンズ（1835-1882）は，イギリスにおける繁栄の源泉は石炭であり，したがって，その繁栄は安価で良質な石炭が枯渇するとともに終わると考えた．ジェヴォンズは，石炭に代わる他のエネルギー資源の可能性についてもいろいろと検討し，風力や水力などのいわゆる再生可能エネルギーが石炭を代替する可能性については懐疑的だった．というのも，石炭の代わりになるようなエネルギー資源は，ジェヴォンズ曰く，「人間が望む時に望む場所で，望む分だけ利用できる」タイプのものでなければならないからである．基本的にフロータイプで「気まま」で不安定なエネルギー資源と，ストックタイプで人間の好きなペースで採掘・利用できるエネルギー資源とは本質的な違いがあることを，ジェ

ヴォンズは見抜いていたのである．

　バイオマス社会と化石燃料社会との本質的な違いは，化学者で後に異端の経済学を展開したF.ソディ（1877-1956）によっても指摘されていた．貨幣のような「仮想的富」よりも実体的な富を重視したソディからすれば，それは自然な考え方であった．彼によれば，経済的繁栄を基礎づけるのは「本当の」（仮想ではない）富であり，それには2種類があるとした．彼がいうところの「第1の富」とはエネルギー資源であり，「第2の富」とはエネルギー資源を利用する媒体（熱機関など）である．本来これらと結びついていなければならないはずの貨幣が，その結びつきを無視して勝手に増大することを許容するような経済システムは虚構であると，ソディは考えた（Soddy, 1926）．石炭文明への移行とは，それまでの太陽からの年々のフローに基づいた世界から，ストックタイプのエネルギー資源に依存する世界への画期的な変化であり，したがって，経済活動の規模を操作できる自由度が著しく高まったというのが，ソディの認識だった．

　同様の指摘は，N.ジョージェスク＝レーゲン（1906-1994）によってもなされた．彼の考えは，次のようなものである．フロータイプのエネルギー資源の利用においては，基本的に，人間側が自然の気まぐれに歩調を合わせなくてはならない．つまり，農業を通じて自然の気まぐれに辛抱強く付き合ってきた人間は，自然に対する畏敬と謙虚さを否応なく身に付ける．一方，近代的工業においては，何をどれだけ生産し，それをいつ誰に届けるのかを人間の側が決定し，人間の都合に合わせて資源の消費速度を決定する．工業社会を通じ，人間は自分たちの好きなペースで消費できるストックタイプの基礎資源の存在を当然のことと捉え，またそのことが，節制のない人間を育んでしまった（Georgescu-Roegen, 1971）．

　ジョージェスク＝レーゲンの主張において興味深いところは，依存する資源のタイプが人格や人間性に影響を及ぼし得る，という考え方に踏み込んだことである．こうした考え方は，主流の経済学（新古典派）にはあまり馴染まない．経済学の一般的な教科書を手にしてみるとよい．ミクロ経済学では，消費者は予算制約下において効用を最大化するものとされている．だが，そもそも効用

関数はどのようにして決まるのだろうか．ミクロ経済学は，そこに深入りしない．効用関数は所与として，はじめからそこにあるものとして取り扱われるのである．

　もっとも，経済学者のなかにも，このような仮定に疑問の声をあげた者は存在する．たとえば，制度派経済学者を代表するG.ホジソンは，制度が人の選好に及ぼす影響を無視すべきでないと主張している（Hodgson, 1988）．もちろん，人の選好が逆に制度のあり方にも影響を及ぼすので，制度と選好は相互に作用し合いつつ進化していくことになる．この視点は極めて重要であるが，ホジソンは，天然資源と経済との関わりにおいては特に詳しく考察を与えていない．

　I.モリスは，利用可能なエネルギー資源のタイプが人間の価値観や道徳観の形成に大きく影響を及ぼすことを重視する，数少ない研究者の1人である（Morris, 2015）．彼は，狩猟採集社会，農耕社会，そして化石燃料社会のそれぞれにおける道徳システムの違いを，表4-1のように示した．どのような理由でそれぞれの社会が特有の道徳システムを持つに至ったのかについては，モリスは必ずしも厳密な議論を展開しているわけではない．とはいえ，利用可能なエネルギー資源のタイプは生活行動様式に大きく影響を与え得るのは疑いないし，習慣化された生活行動様式から固有の規範が生じると考ういうのも自然だろう．したがって，利用可能なエネルギー資源のタイプが道徳システムのあり方を左右するという考えに対しては，強く否定する理由はないように思われる．

　狩猟採集社会から農耕社会へ，そして化石燃料社会へと移りいくなかで，特

表4-1　道徳システムの変遷

	狩猟採集人	農耕人	化石燃料人
政治的不平等	×	○	×
富の不平等	×	○	△
男女の不平等	△	○	×
暴力	△	△／×	×

○良い，△普通，×悪い
（備考）Morris（2015）より引用

筆すべき外見上の変化は，なんといっても都市の成立であろう．狩猟採集社会は小さい集団での移動生活が基本だから，都市の成立は不可能である[1]．農耕社会に入り，定住での食料の労働生産性向上に成功すると，高い人口密度での定住社会が可能になり，都市が生まれた．しかし同時に，社会の階層化が進み，支配する者と支配される者，富めるものとそうでない者との格差も常態化した．集団が多くなると社会の階層化が進むというのは，人類学的には自然な現象としてよく知られている（Naroll, 1956; Bandy, 2004）．

　化石燃料時代に入ると，都市の巨大化が本格化した．人口密度は，農耕社会の都市と比べると1桁〜2桁も高まった．それだけではない．都市文明の形成は農耕時代を象徴する出来事のひとつであるが，それでもなお，現代社会から比べると，農耕時代では，都市に住む人の割合は小さかった．たとえば，イギリスを除くヨーロッパでは，1800年でも，都市（人口1万人以上）に住む人は1割にも満たなかった．例外はイングランドであり，1500年には3％程度だった都市人口比が，1800年には24％にものぼっている（Wrigley, 1987）．この水準は，近世としては異常に高い．現在では，イギリスの都市人口比は80％を超えている．現代人（とりわけ先進国）にとって，大都市に住むことは珍しいことではない．紛れも無く，大都市は化石燃料（特に石油）の産物である．日々，莫大な生活資材を費消する大都市は，遠方から物資を大量に安価かつ確実に輸送する手段なしには成立し得ない．

　化石燃料の時代は，しかしながら，いずれは終わる．その終焉がいつなのかということについては別の章で論じるつもりであるが，おそらく，化石燃料の時代は，20万年にもわたる人類史からみるとほんの瞬きの間に過ぎ去るのだろう．化石燃料時代の終焉とともに我々が失うのは何か．真っ先に思い浮かぶのは，化石燃料の威力で強力に推進してきた，経済成長エンジンの停止である．化石燃料時代に入ってからの急速な経済成長のペースにすっかりと馴れてしまった我々は，「経済成長は当然」と考え，停止や縮小は望ましくないとの価値観が染み付いてしまった．しかし，バイオマス社会の変化はゆっくりであり，1〜2世代のあいだでは経済状態に変化がみられず，おそらく人々は停滞状態を普通のことと捉えていたと思われる．

もちろん，化石燃料時代の終焉から再生可能エネルギー時代に戻るにしても，化石燃料時代に培った知識や技術，理念，価値観が，すべて可逆的に失われるとは限らない．しかし，だからといって，それらがひとつでも失われないとも限らないのである．たとえば，化石燃料時代がもたらした恩恵（？）のひとつが人口爆発であるとすれば，化石燃料時代の終焉とともに，人口もバイオマス時代の水準に再び戻っていく可能性は否定できない．人口という「プール」は，祖先が獲得した知恵や知識を維持するために一定の規模を必要とする．タスマニアの例がそれを証明している．およそ3万年前，その頃は地続きだったオーストラリア大陸からタスマニアに移住した人々は，武器や骨道具，衣服の作製，漁法などの高度な技術を持っていた．しかし，約12,000年ほど前に最終氷期が終わると，タスマニアは島となった．そして12,000年のあいだに，タスマニア人は先祖が持っていた技術の多くを失ったのである．知的財産である技術を維持するのに十分な人口がなかった，というのが有力な説である（Henrich, 2004）．化石燃料時代に築いた技術や知恵をどのように保存・継承するのか．あるいは，そもそもその必要性はどの程度あるのだろうか．

　大都市が現代人の価値観や道徳観の形成に果たしている役割は，複雑で多岐に渡る．大都市に住む人々は，おそらく，日々それを意識することなく生活している．ただ，現代社会における価値・道徳システムが化石燃料に大きく依存して成り立っているとすれば，化石燃料依存から脱却することにより，現代人にとって当たり前だと思い込んでいる道徳観や価値観のうちいくつかは消失していくかもしれない．もちろん，歴史は非可逆的過程なので，化石燃料時代に培った道徳システムのすべてを捨て去るということはないだろう．しかしながら，我々が持つ道徳システムのうち，いったいどれが化石燃料と分離可能なのかについて，我々は十分な知見を得ていないのである．

　次章では，「脱」化石燃料依存の切り札として脚光を浴びている再生可能エネルギーの可能性について論じるが，そこでの議論は物理的な視点に終始しており，道徳システムへの影響については触れていない．しかしそれは，エネルギーシフトにともなう道徳システムの（一部）崩壊の可能性を軽視したということを意味するものではなく，あくまで，本書の範囲と筆者の能力を超えてい

る問題であることを強調しておきたい．

注
1) 狩猟採集社会には，アイヌ民族や，北米大陸の北西海岸やカリフォルニアの諸民族のように，食料備蓄の技術を有し，定住生活を営んでいたケースもある（Testart, 1982）．

第 5 章

石油文明は安泰か

5.1 埋蔵量と可採年数

　石油時代があとどれくらいもつのかということが論じられるとき，多くの人が真っ先に問題にするのは石油の「埋蔵量」であろう．ところが，この埋蔵量という概念が「曲者」であり，はっきりしない部分を少なからず含んでいる．

　普通，埋蔵量という場合は「可採埋蔵量」のことを指す．可採埋蔵量は，ただ単に存在する量ではなく，回収が技術的に可能で，かつ，経済的に見合う量として定義されている．すなわち，埋蔵量は，採掘や精製の技術水準や経済的条件によって変化するのである．将来の採掘技術や資源価格は完璧に予測ができないので，埋蔵量の評価にはどうしても不確実性がつきまとう．なお，生産開始前に存在していた石油総量は「原始埋蔵量」と呼ばれる．本書では，特にことわりがない限り，「埋蔵量」という場合には可採埋蔵量のことを指す．

　さて，埋蔵量は，その不確実性のレベルに応じて，「確認埋蔵量」「推定埋蔵量」，そして「予想埋蔵量」という，3つのカテゴリに分類されている（PRMS, 2007）．確認埋蔵量とは，90%以上の確率で回収が可能である埋蔵量であり，しばしば，1Pと呼ばれる．推定埋蔵量は，50%以上の確率で回収が可能である（確認埋蔵量を除く）埋蔵量のことであり，確認埋蔵量と推定埋蔵量を合わせて2Pと呼ばれる．また，予想埋蔵量とは，2P以外の埋蔵量のうち10%以上の確率で回収可能である埋蔵量のことであり，これと2Pを加えた埋蔵量を3Pという．

石油統計における埋蔵量は，多くの場合，1P，すなわち確認埋蔵量を表している．しかし，埋蔵量の評価には恣意性が入り込む余地があり，産油国によっては埋蔵量を過大に公表するインセンティブを持つので，その数値を額面通りに受け取るわけにはいかない．定義からすれば，1P の埋蔵量は 2P よりも少ないはずだが，産油国によっては，両者が厳密に区別されていないケースも少なくない（IEA, 2013; Miller and Sorrell, 2013）．つまり，本来は 1P の埋蔵量なのにもかかわらず 1P と見なされていることがあり，世界全体の 1P 埋蔵量は「嵩上げ」されている可能性がある．

以上のことを踏まえて，石油の埋蔵量がどれくらいと見積もられているかみてみよう（図 5-1 参照）．古くから石油統計を整備している BP によると，世界全体の確認埋蔵量（1P）は，2014 年時点で 1.7 兆バレル程度とみられており，そのおよそ半分は中東に集中している（BP, 2015）．石油といえば中東というイメージ通りの数字だが，それでも 20 年前と比べると中東のシェアは下がってきている．

興味深いのは，10 年前，つまり 1994 年における確認埋蔵量は 1.1 兆バレルだったのに，この 20 年で 1.5 倍以上に増えていることである．これらが本当

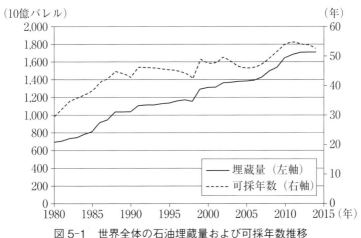

図 5-1　世界全体の石油埋蔵量および可採年数推移
（備考）BP（2015）に基づき筆者作成

にすべて1Pカテゴリの埋蔵量といえるのかどうかについての確証はない．いずれにせよ，埋蔵量とは，繰り返すように，採掘が経済的に見合う量として定義づけられており，したがって価格や採掘の技術水準によって影響を受けるわけである．つまり，埋蔵量は，採掘のコストが一定でも石油価格が上昇すれば増加し得るし，石油価格が一定でも採掘コストが低下すれば増加し得る．

採掘技術の進歩は採掘コスト低下をもたらすだろうし，採掘コストや石油価格上昇は採掘技術の進歩を促すだろう．気体や液体の注入，3次元的な地質検査，水平掘削などにより，それまでは採掘がコスト的に割に合わなかった石油にまで手を出せるようになった．これは，石油の将来を案ずる者にとっては明るいニュースである．

石油の埋蔵量と並んで，多くの人が関心を向けるのは，いったい石油がいつまでもつのか，ということである．直感的に理解しやすい最も簡単な計算法は，埋蔵量をその時の年間生産量で除することである．一般にそれは「可採年数」と呼ばれている．BPによれば，2014年現在，可採年数はおよそ53年と計算されている（BP, 2015）．この数字を見て不思議に思う人もいるだろう．1980年代前半には，石油の可採年数は40年にも満たないと言われていた．もしも，新たに埋蔵量が増えることがなく，年間の生産量が不変であれば，可採年数は1年ごとに1年ずつ減少していくはずである．年間の生産量が増加傾向にあれば，可採年数の減り方はさらに早いはずだ．ところが，可採年数は年々減少するどころか，緩やかながらも上昇傾向を示しており，1980年代半ばには40年を超え，それから20年後には50年を突破した．もちろんその理由は，生産による埋蔵量の減少分を補って余りあるほどの新規埋蔵量が追加されたからに他ならない．

では，我々は，現在の可採年数をどう受けとめたらよいのか．今から20年後も，20年前と同じように，可採年数は増える（あるいは減らない）と期待してよいのか．可採年数の将来予測は，埋蔵量の予測以上に困難である．埋蔵量の動向を正確に予測することだけでも難しいうえに，可採年数は，年々の生産量という不確実要素にも左右されるからである．採掘コストの低下は，埋蔵量の増大をもたらし得ると同時に，石油価格の低下を通じて石油の需要を高

めるかもしれない．あるいはまた，石油価格の上昇は，埋蔵量の増大をもたらし得ると同時に，石油の需要を抑制するかもしれない．可採年数が減少しないためには，生産量の増加率以上の早さで埋蔵量が増加し続けなければならないが，埋蔵量は物理的に存在する量を超えることはできないので，その「幸運」がいつまでも続くとは考えにくい．

「幸運」が終わりに近づいていることを示す予兆も現れ始めている．この30年のあいだに中東で起きたことをみてみよう．世界の石油生産の30％以上を生産する中東エリアにおける石油の可採年数は2014年現在およそ80年であり，他の多くの地域を圧倒している．しかし，中東エリアにおける石油の可採年数は，1980年代後半には120年程度もあったのだ．つまり，中東における石油の可採年数は，毎年1年ずつ短くなるよりも速い速度で減少しているのである．

仮に，可採年数が大きいとして，それは安心材料になるのだろうか．否．可採年数という指標の最大の問題は，消費者にとっての最大の関心事，すなわち，「安価な石油時代はどれだけ続くのか」という情報を必ずしも与えないということである．たとえば，理屈上では，可採年数は，他の条件が不変とすれば，石油が高価であればあるほど大きくなるはずだ．たとえば，石油が高価になったとしよう．埋蔵量の定義からすれば，石油価格が高いほど埋蔵量は大きく見積もられるし，また，価格が高いほど需要は小さいはずである．埋蔵量と消費量の比として定義される可採年数は，したがって，石油が奢侈財であるほど伸びることになる．このようにして可採年数が増加したところで，一般消費者にとってはあまり利するところはないであろう．もちろん，可採年数に影響を及ぼす要因は，他にもいろいろある．ここで言いたいのは，埋蔵量や可採年数は，石油の稀少性を判断するにおいては必ずしも適切な指標ではない，ということである．

5.2 エネルギー収支比

1単位のエネルギーを投入することによりどれだけのエネルギー資源が獲得できるかという指標，すなわち，「エネルギー収支比（energy return on energy invested, ERoEI）」に注目して石油をみてみよう．1バレルの石油を採掘するのに1バレルの石油が必要だとすれば，明らかに，その石油に経済的な価値はない．なぜなら，石油はただ単に石油の再生産のためだけにしか役に立たないからである．逆に，石油のエネルギー収支比が1を大きく上回るほど，「正味の」石油が大きくなる．石油文明は安価な石油が支えており，石油がこれまで安価だったのは，石油のエネルギー収支比がそれだけ大きかったからである．

しかし，自然に考えても，枯渇性資源である石油のエネルギー収支比がこの先もずっと大きいままであるはずがない．エネルギー資源は，普通，質がよく獲得が容易なものから先に使われていく．石油もその例外ではない．採掘が進むほど採掘条件の良い資源の稀少化は避けられず，残存する石油の採掘には，それまでよりも多くのエネルギーの投入を必要とするだろう．

エネルギー収支比を正確に見積もることは，簡単な作業ではない．たとえば，計算範囲をどこまで含めるか，という問題がある．通常，エネルギー収支比は，井戸の坑口において評価されることが多い（Hall et al., 2009）．しかし，石油製品が消費者の元に届くまでには，精製や輸送といった過程を経る必要がある．計算の範囲をこういった過程にまで広げれば，石油経済の実態に沿ったエネルギー収支比が得られるだろう．しかし一方で，計算の範囲を広げるほど曖昧さや煩雑さが増すため，内容のわかりやすさが失われていくというトレードオフ問題がある．

この問題は石油に限ったことではないが，石油のエネルギー収支比を計算する際には，石油特有の困難さもある．というのも，石油は天然ガスをともなって産出することが多く，産出されたエネルギーとして石油と天然ガスを厳密に区別することが難しい場合があるからである．また，投入エネルギーに関する

データが利用可能であるケースは稀であり，その場合には，採掘コストの情報から間接的に計算するよりほか方法がない．そもそも，産油国によっては，石油および天然ガスの産出に関する詳しいデータが公表されていないため，正確なエネルギー収支比の計算をいっそう困難にしている．

　以上のような困難があるとはいえ，利用可能なデータからエネルギー収支比を見積もるという作業は，これまで複数の専門家によってなされてきた（Gagnon and Hall, 2009; Gupta and Hall, 2011; Murphy et al., 2011; Hall et al., 2014）．まず，世界全体のトレンドを見てみよう．石油および天然ガスのエネルギー収支比は，1999年には33であったものの，2005年には18にまで落ち込んでいる（Gagnon and Hall, 2009）．もっとも，1990年代前半に30を下回っていたこともあったので，必ずしも単調に下降してきたわけではない．このような不規則な傾向がみられるのは不思議なことではなく，資源の採掘が比較的低コストで済んでいるあいだに採掘技術が向上した場合には，しばしばみられる現象である．とはいえ，石油（および天然ガス）のエネルギー収支比は，1990年代には，上昇・下降しながらも幾度かは30を超えることもあったが，2000年以降は30を超えることはなくなり，そして，2005年以降は25を超えることはなくなった．したがって，長期的視点でみれば，減少傾向にあるといってよいだろう．

　次に，アメリカ単独についてみてみよう．アメリカに関心を向けることについては，次のような利点がある．アメリカは，石油の採掘に関する利用可能なデータが比較的豊富に存在する．そのうえ，他の国に比べて産油の歴史が長い．後述する「ピークオイル」も，アメリカではすでに1970年代に経験している．つまり，アメリカの動向をみれば，世界全体の石油の将来について，有益な示唆が得られるかもしれないのである．

　アメリカでは，1970年代の石油危機をきっかけに石油価格が高騰し，それまで採掘コストが割高であるが故に採掘されなかった石油に商業的関心が集まるようになった．しかし，そのような石油を採掘することで，エネルギー収支比の低下が余儀なくされた．このことが示唆するように，エネルギー収支比と価格の関係は必ずしも単純ではない．エネルギー収支比の低下は採掘コストの上昇を招き，石油価格の上昇をもたらすという一方で，石油価格の上昇は石

油のさらなる採掘インセンティブを掻き立てることにもなるので，石油エネルギー収支比をさらに低下させる原因となる．実際，1970年代初頭から1980年代中頃までの，いわゆる「質の悪い」石油の採掘ブームは，エネルギー収支比の急速な低下をもたらしたと考えられる．事実，多少の変動がありながらも，アメリカにおける石油（および天然ガス）のエネルギー収支比は長期的には低下傾向を示してきており，20世紀前半にはしばしば20を超えていたものが，1990年代には15を上回る程度となり，2000年代後半に入ると10を少し上回る程度にまで落ち込んだ（Cleveland et al., 1984; Hall et al., 1986; Guilford et al., 2011）．

なお，石油および天然ガスにおけるエネルギー収支比の低下傾向は，アメリカ以外にも，カナダ，ノルウェイ，メキシコ，中国といった産油国についても現れている（Hall et al., 2014）．その主な原因は，大油田の「老朽化」によるものと思われる．

石油のエネルギー収支比が，今から10年後にどれだけ低下しているのかを正確に予測することは難しい．そしてまた，そのことが経済にどのような影響

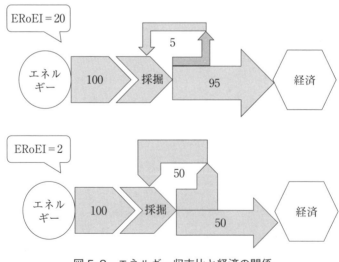

図5-2　エネルギー収支比と経済の関係
（備考）Murphy and Hall（2011）に基づき筆者作成

をもたらすのかを予測することも容易ではない．経済が依存するエネルギー資源のエネルギー収支比の大きさが経済的繁栄と深く関係している考えは，一部の専門家によって，ずいぶん前から示されてきた（Hall et al., 1986）．エネルギー収支比が大きいほど，「余剰エネルギー」（エネルギー資源の採掘「以外」のことに向けることができるエネルギー）が多いわけだから，その分だけ経済活動の規模や幅が広がるのは当然であろう．このことについて，簡単な例を挙げて説明しておこう．図5-2は，依存しているエネルギー資源（1種類のみとする）のエネルギー収支比が大きい経済（20）と，小さい経済（2）を比較したものである．

まず，エネルギー収支が大きい場合の経済を見てみよう（図5-2上）．ある年における利用可能なエネルギーが100単位あるとしよう．もしも，このエネルギーをすべて一瞬の快楽のために使い切ってしまったら，来期に利用できるエネルギーはゼロである．来期も同じ規模の経済水準を維持するためには（エネルギー強度を不変として），いくらかのエネルギーを，エネルギー資源獲得のために残しておかなければならない．エネルギー収支比が20である場合，5単位をエネルギー獲得のために残しておけば，次の期も利用可能なエネルギーを100単位の水準に維持できる．そして毎年，95単位の余剰エネルギーを，経済的繁栄のために利用することができるのである．

一方，エネルギー収支比が2であるような経済（図5-2下）の場合はどうであろうか．ある期における利用可能なエネルギーが，先と同様，100単位であるとしよう．先と同様，利用可能なエネルギーのうちいくらかを来期のために残しておかなければならない．同じ水準を維持するためには，5単位では不足することは明らかであろう．もしそうなら，次の年に利用可能なエネルギーはわずか10単位に落ち込んでしまう．利用可能なエネルギー水準を100単位のまま維持するためには，その半分，すなわち50単位をエネルギー獲得のために残しておかなければならない．この場合，余剰エネルギーは50単位であり，先の経済と比べて格段に少ない．

仮に，エネルギー資源の埋蔵量が両者とも10,000単位であるとしよう．どちらの経済も毎年100単位のエネルギーを消費するとすれば，可採年数はど

ちらも100年である．しかし，経済的繁栄という観点からみると，その内容は明らかに異なっている．実質的なエネルギーの希少性は，両者で大きく異なる．エネルギー収支比が20の経済では，余剰エネルギーの累計は9,500単位であるのに対し，エネルギー収支比が2の経済では5,000単位にすぎない．にもかかわらず，埋蔵量や可採年数という点だけで比較すれば，両者は区別できないのである．

現実には，枯渇性資源のエネルギー収支比は時間を通じて一定ではない．採掘が進むほどエネルギー収支比が低下していけば，経済に与える悪影響も次第に大きくなっていくはずだ．とはいえ，その悪影響の具体的中身について，我々はあまりにも無知である．石油の行く末に関する議論は多いが，大抵の議論は埋蔵量や可採年数に終始しており，エネルギー収支比という視点からの議論は，残念ながらあまりにも少ない．

そのようななかで，ランバートらによる問題提起は興味深い（Lambert et al., 2012, 2014）．その内容は以下の通りである（図5-3）．もし，エネルギー資源の（坑口で評価した）エネルギー収支比が1を少しだけ超えていたとしよう（たとえば，1.1）．この場合，このエネルギー資源を採掘した段階でみれば，正味で0.1のエネルギーが手元に残るだろう．しかし，エネルギー資源は，不純物が混じっていることが多いため，精製する必要がある．何をするにもエネルギーが必要なのだから，当然，精製過程にもいくらかのエネルギーが消費される．したがって，精製過程を終えてもなお正味のエネルギーが手元に残るためには，1.1のエネルギー収支比では物足りない．では，1.2であれば十分だろうか．精製を終えたエネルギーは，消費者のもとに届けられなければならない．繰り返すが，何をするのにもエネルギーが要る．エネルギーを配送するのにもいくらかのエネルギーを消費する．エネルギーの配送を終えたあとでも正味のエネルギーが残るためには，エネルギー収支比は3程度の大きさが必要

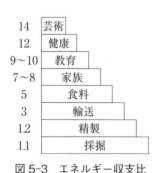

図5-3　エネルギー収支比とニーズの階層
（備考）Lambert et al., (2012) より引用

である．しかし，話はまだ終わらない．エネルギー生産に関わる労働者がいなければ，エネルギーの安定供給は成り立たない．彼らは当然，食料を必要とする．その食料を生産するためにも，やはりエネルギーが必要である．そのエネルギーを差し引いても正味のエネルギーが残るためには，エネルギー収支比は5程度は必要である．以下，同様に議論は進む．彼ら労働者にも家族が居る．家族の食い扶持を考慮すると，さらに大きなエネルギー収支比が必要となる．しかし，彼ら家族はただ単に生きていればよいというわけではない．子供に人並みの教育をつけ，健康で文化的な生活を送り，と考えると，さらにエネルギー収支比はどんどん増えていくだろう．

図5-3のエネルギー収支比「ピラミッド」の数値の正確さ云々については，議論の余地があるだろう．いずれにせよ重要なのは，高度な文明であればあるほど，それを維持するためには，大きなエネルギー収支比を持ったエネルギー資源が必要である，ということなのである．我々の石油文明は，いったいどの程度まで石油のエネルギー収支比が低下したら文明の崩壊が顕在化してくるのか，まだわからない．しかしそれは，1.1よりもずっと大きいことは間違いないだろう．

5.3　ピークオイル仮説

石油の未来に対する懸念は，すでに，20世紀の前半に現れていた．しかし，関心の多くは，石油がいつ枯渇するかということに注がれていた．つまり，議論は埋蔵量と可採年数の問題に終始していたのである．そのようななか，M.K.ハバート（1903-1989）は，「生産がいつ終わるか」ではなく，「生産の右肩上がりがいつ終わるか」ということを問題視した最初の人物であった．ハバートは1956年の論文で，アメリカ全体の石油生産が1970年にピークを迎えると予測し，見事にそれを的中させた（Hubbert, 1956）．それ以降，ピークオイル仮説が注目を浴びることになったのである（図5-4）．なお，近年，アメリカの石油生産を再び1970年代の水準に押し上げているタイトオイルに

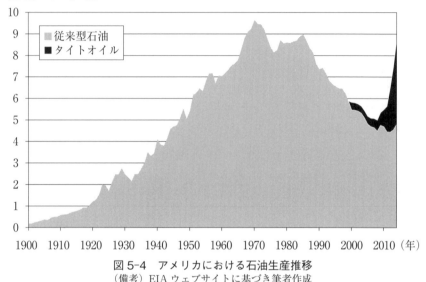

図 5-4　アメリカにおける石油生産推移
（備考）EIA ウェブサイトに基づき筆者作成

ついては後述するので，本節では触れない．

　ハバートは，石油生産の推移に，次のような傾向があることに気づいた．石油の年間生産量は，採掘が始まったばかりの初期の段階においてはゆっくりと増加し始めるが，やがて加速度的に生産量が増していき，そしてさらに採掘が進むと，ある時期から生産量の増加の度合いが鈍っていくのである．

　ハバートは地質学者であり，石油をはじめとする化石燃料の地質学的性質や採掘技術を熟知していた．その彼からすれば，石油生産量の増加は採掘が進むにつれてやがて勢いを失い，いつしか減産傾向に入り，やがてはゼロになるという時間的経路を辿るというのは，ごく自然な見解であった．たとえば，どこかで油田が発見されたとしよう．最初にある場所が掘られると，その経験が生かされ，その近辺の開発が進むだろう．そうするうちに，石油の採掘技術が洗練されていくので，石油生産量は加速度的に増大していくだろう．しかし，その近辺における採掘可能なエリアは限られている．開発が進むにつれ，さらなる開発の余地はなくなっていき，石油の増産は難しくなるだろう．採掘技術の

進歩によっていくらかその困難を克服することはできるだろうが，石油の埋蔵量は有限なのだから，いずれはどうやっても増産できない局面を迎えるはずだ．以上の軌跡を，横軸を時間，縦軸を年々の生産量にとった平面上に描けば，その形状は「釣り鐘」のようになるだろう．

　もちろん，これはあくまで仮説であり，実際には，正確な釣り鐘型曲線を描くことはないだろう．ピークを境目に綺麗な左右対称でなければならないという理由はないし，ピークが1つでなければならないという理由もない．事実，特定の狭いエリアに注目した場合，そこでの石油生産量の推移は不規則であり，複数のピークが現れることは，ハバートも知っていた．しかし，個々エリアにおけるそうした不規則な振る舞いは，複数のエリアをまとめて全体として眺めてみれば，1つ1つのエリアにおける不規則性は相殺されるだろうと，ハバートは考えた．そして彼は，数多くの油田を持つアメリカ全体から生産される石油の推移は，トータルでみれば，1つのピークを持つ滑らかな曲線に従うと仮定したのである．このようにして，ハバートは，自身が持つ地質学的知識と石油生産量に関する統計に基づき，シンプルで自然なモデルからピーク時期を予測した．

　ところで，1956年に発表されたハバートの金字塔的な論文においては，ピーク理論に関する詳細なモデルは示されていなかった．実は，ハバート理論の詳細が明かされたのは，1982年になってからであった（Hubbert, 1982）．ただし，ハバートが1956年の段階でそれを本当に適用していたのかどうかは，実のところよくわかっていない（Deffeyes, 2005）．意地の悪い言い方をすれば，「後付け」という可能性も否定できない．このような事情が影響しているのか，ハバートのピーク理論に対する評価は，必ずしも肯定的なものばかりではない．筆者の捉え方としては，ハバート理論を盲信するのも問題だが，全否定するのもまた極端な姿勢であるように思われる．ハバート理論の妥当性（とその限界）を理解するためには，やはり，1982年の論文に目を通しておく必要があるので，その内容を簡単に紹介しよう．

　基本的に，ハバートは，できるだけ自然な，そして数少ない仮定からモデルを構築しようと努めた．この姿勢自体は科学において一般的であり，批判すべ

きではない．枯渇性資源の t 期における生産量（以下，これを単に「生産量」と呼ぶ）を $P(t)$ とし，t 期までの累積生産量を $Q(t)$ とすれば，次式が成り立つ．

$$Q(t) = \int_{t_0}^{t} P(t)\,dt \qquad (5.1)$$

ここで，t_0 は採掘の開始時期である．生産量は時間とともに増えることもあれば減ることもあるだろうが，t 期における累積生産量は，それまでの生産量の合計なので，増えることはあっても減ることはない．とはいえ，枯渇性資源である以上，累積生産量には上限がある．それを Q_R としよう．これは究極埋蔵量を意味する．さて，我々が知りたいのは，生産の全期間を t_0 から t_R までとすれば，

$$Q_R = \int_{t_0}^{t_R} P(t)\,dt \qquad (5.2)$$

を満足するような，関数 $P(t)$ の形状である．もちろん，そのような関数は無数にあるので，他の条件を課す必要がある．

ところで，生産期間のあいだに一時的に生産がストップするような例外を無視できるとすれば，累積生産量は，生産期間のあいだは，単調に増加するはずだ．つまり，時間が決まれば累積生産量は一意に決まるし，累積生産量が決まれば，時間は一意に決まる．すなわち，累積生産量によって間接的に時間の経過を表すことが可能であり，したがって，生産量を累積生産量の関数として表現することが可能となる．ハバートは，モデルの展開における扱いやすさを考慮し，累積生産量の関数として生産量 $P(Q)$ を定義した．

もちろん，このようにしたところで，依然として $P(Q)$ にはいろんな関数クラスがあり得ることに変わりはない．マクローリン展開により一般化すれば，

$$P(Q) = c_0 + c_1 Q + c_2 Q^2 + c_3 Q^3 + \cdots \qquad (5.3)$$

と表すことができる．ここでハバートは，モデルをシンプルにするために，できるだけ少ない項だけで関数を定式化しようと考えた．まず，採掘期間のスタート時における生産量はゼロであり，この時は累積生産量もゼロであるの

で，$P(0) = 0$ が成立する．したがって，$c_0 = 0$ である．さて，最も少ない項で済むのは，Q の2乗以降の項を除いた

$$P(Q) = c_1 Q \quad (5.4)$$

というモデル式である．しかし，これでは累積生産量と生産量が単純に比例関係であるということになり，$Q = Q_R$ の時に生産量がゼロにならない．累積生産量が究極埋蔵量と等しくなった時点で生産量がゼロになるという条件を満たすためには，どうしても，もうひとつ高次の項を加える必要がある．そこで，ハバートは2次の項を加え，

$$P(Q) = c_1 Q + c_2 Q^2 \quad (5.5)$$

というモデルを採用した．このモデルであれば，適当な係数を選ぶことにより，累積生産量がゼロにときに生産量がゼロからスタートして，採掘期間が終了したときに再び生産量がゼロにすることができる．つまり，

$$c_2 = -\frac{c_1}{Q_R} \quad (5.6)$$

とすれば，

$$P(Q) = c_1 Q \left(1 - \frac{Q}{Q_R}\right) \quad (5.7)$$

となるわけである．この曲線は，$Q = 0$ および $Q = Q_R$ のときに $P = 0$ となるような上に凸の放物線であるので，$Q = 0.5 Q_R$ の時に生産量が最大となる．詳しい証明は省くが，このモデルから $P(t)$ の関数を導くと，1つのピークを中心に左右対称の釣り鐘型の曲線（ロジスティック曲線と呼ばれる）が得られることは，数学的にわかっている．

このように，ハバートのピーク仮説は経験とほどよく整合的である簡略的なモデルに基づいており，したがって，そもそも，その予測能力に高い精度を求めるべきではないのである．たとえば，ハバートが予測したアメリカのオイルピーク時期は正確だったものの，ピーク時期の生産量に関する予想は大きく外れた．ハバート理論の支持者がそれにほとんど触れないことを疑問視する声

もある (Smil, 2008b). しかし, だからといって, ハバート理論がまったくの「デタラメ」であるということにはなるまい. モデルの当てはまりの良さを視覚的に把握するために, 5.7 式を次のように変形してみよう.

$$\frac{p(Q)}{Q} = c_1 \left(1 - \frac{Q}{Q_R}\right) \quad (5.8)$$

この式は, 生産量と累積生産量の比を縦軸に取り, 累積生産量を横軸に取った場合, 右下がりの直線を描くはずである. もし, 実際のデータをプロットし, その軌跡が右下がりの直線に沿っていれば, 5.7 式のモデルは精度が高いということになる. そして興味深いことに, 実際にアメリカの石油生産について $(P/Q) - Q$ データをプロットしていくと, 累積生産量が小さい時期 (すなわち採掘初期のあたり) を除けば, ほぼ正確に直線上を這っていることが確認されている (Deffeyes, 2005). この現象の背後には, 何らかのメカニズムが存在しているのかもしれない. なお, 石油生産の初期近くにおいては, Q の値が小さいため, 生産量における少しのブレが P/Q に大きく影響する. したがって, 累積生産量が小さいあたりで直線上から大きく外れるのは, 取り立てて不思議なことではない.

生産量の推移は, いったい, どのようなメカニズムに支配されているのだろうか. ピーク仮説の背後にある (と思われる) メカニズムを理論的に説明しようとする試みとして, バルディの研究は興味深い (Bardi, 2005). バルディは, 枯渇性資源生産のダイナミクスについて, 次のような 2 つのシンプルなモデルの融合から生じるものと考えた. ひとつは, 生態学においてポピュラーな「ロトカ＝ヴォルテラ (Lotka-Volterra)」モデルである (以下, V-L モデルと略す). これは, 捕食者と被食者の相互依存関係を通じた両者の増減関係を表現したものである. V-L モデルにおいては, 捕食者数は被食者数が多いほど増加し, 捕食者数が多いほど減少する. また, 被食者数は, 捕食者数が多いほど減少し, 被食者数が多いほど増加する. V-L モデルでは, 捕食者数と被食者数の時間的推移は, 位相が異なる波を描く (すなわち, 周期的にピークが現れる) ことが知られている. このモデルにおいて, 被食者は増殖しない (再生産しない) と仮定してみよう. その場合, 捕食者によって捉えられる被食者数の推移は,

ピークがひとつだけの曲線になるだろう．すなわち，捕食者を人間，被食者を石油とおけば，ピーク仮説と矛盾しない結果が得られるわけである．

　しかし，V-L モデルには，経済学的な視点が盛り込まれていないという弱点がある．というのは，採掘のコストが明示的に現れていないからである．この点を補完するために，バルディは，「ロビンソン・クルーソー」モデル（以下，R モデル）(Reynolds, 1999) を導入した．

　R モデルの概要は次の通りである．難破船が無人島に漂着し，1 人，クルーソーが生き残ったとしよう．クルーソーの食料は，唯一，難破船が積んでいた大量の缶詰だけである．缶詰はいつまでも腐らないが，船が大破したため，海岸のあちこちに散らばって埋もれてしまっているとする．

　最初のうちは，缶詰を探すのにそれほどの苦労はしないだろう．しかし，日にちが経つにつれて，掘り出しやすい缶詰は徐々に少なくなっていくはずだ．すなわち，単位時間当たりに探し出せる缶詰の数は，拾われずに残存している缶詰の数が減っていくにつれて減少していくだろう．単位時間当たりに見つけ出せる缶詰の数を逆数にすると，1 個の缶詰を見つけ出すまでの時間を意味することになる．これは，ある意味において，採掘のコストと見なすことができよう．ただし，R モデルでは，島の人口が増えることは想定されていない（ロビンソン・クルーソーただ 1 人である）．

　バルディは，V-L モデルと R モデルを組み合わせることにより，島の人口と缶詰採掘量のダイナミクスについてシミュレーションを行った．なお，このモデルでは，島の人口は経済活動に，缶詰は枯渇性資源に，それぞれ対応している．このように，バルディのモデルでは，採掘のコストと経済成長の両方が考慮されているわけである．シミュレーションの結果，幅広い条件下で釣り鐘型の採掘曲線が得られることが示された．

　バルディの研究では，条件によって，左右対称な釣り鐘型曲線を描かず，採掘のピークは全採掘期間のちょうど中間よりも遅くに到来し，ピーク後の生産量の落ち込みが急激であるような非対称の曲線も現れた．何よりも興味深いのは，累積生産量が増えるにつれて採掘技術が向上するというケースについても考慮し，そのことが採掘経路に及ぼす影響を検討したことである．バルディ

は，採掘の技術進歩の有無だけが異なり，その他の条件がまったく同一であるようなシミュレーション結果を比較した．その結果，技術進歩は生産ピークの時期をむしろ早めるうえに，ピーク後の生産量を急激に低下させることが示された．採掘技術が進歩するということは，それだけ採掘が容易になるということだから，採掘速度が上がってピーク時期が早まるというのは，考えてみれば不思議なことではない．このように，採掘技術の進歩は，必ずしも枯渇性資源の希少性を和らげることに貢献するとは限らないのである．

5.4 ピークはいつか

前節で紹介したバルディの研究は，ピーク仮説の理論的裏付けを理解するうえでは意義があるが，その内容はあくまで定性論であって（すなわち，生産曲線がどのような形をしているかという問題），現実世界におけるピークの具体的時期やピーク時の生産量についての正確な予測に役立つわけではない．世界

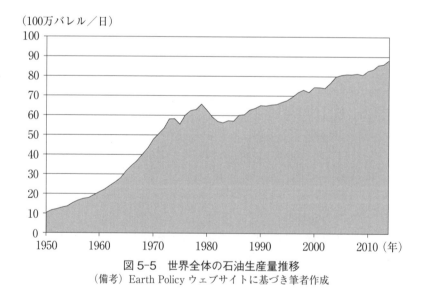

図 5-5 世界全体の石油生産量推移
（備考）Earth Policy ウェブサイトに基づき筆者作成

全体の石油生産のピークは，いつなのだろうか．ハバート以降，多くの研究者や専門組織がその予測に挑んできた．それらの主張は，大きく分けると，「石油生産のピーク時期は間近に迫っている（あるいはもう過ぎている）」という立場と，「ピークは当分のあいだ来ない」という立場に分類できる（Chapman, 2014）．残念ながら，現時点では，どちらの言い分が正しいのかを判断することはできない（図5-5参照）．

　前者，すなわち「早期ピーク論者」のあいだでも，当然のことながらピーク時期の予測には幅がある．早いものだと2005年がピークだったとする主張もあるが，概して，2010年代にピークが来る（あるいは来た）とする見方が支配的である．早期ピーク論者の見立てでは，従来型の石油生産が落ち込むのは時間の問題であり，それを相殺するための実行可能な施策の効果については概ね懐疑的である．

　一方，石油生産のピークは当分のあいだ来ないとする「晩期ピーク論者」の主張は，概ね，主に次の2つの根拠に基づいている．ひとつは，従来型石油の生産量は，新たな油田の開発による埋蔵量の上積みによって，今後しばらくは増える余地があるという見通しである．そしてもうひとつは，タイトオイル等のいわゆる「非従来型石油」に対する期待の大きさである．このような楽観的な予測の背景には，採掘技術の進歩に対する期待の大きさがあり，それを根拠に「早期ピーク論者」の見通しを悲観的すぎると批判する者もいる Maugeri (2012)．なお，「晩期ピーク論者」には「国際エネルギー機関（IEA）」も含まれる（IEA, 2013）．エネルギー問題に関するIEAの情報発信力および影響力については，今さら言うまでもないだろう．ピークオイル論が世間であまり活発に論議されていないことの背景には，IEAの見解が少なからず影響しているのかもしれない．

　しかしながら，従来型石油の埋蔵量に関する楽観的な見通しは，すでに多くの専門家によって否定されている．その理由として，第1に，油田の発見そのもののピークが，すでに1960年代に到来したという事実がある（Cohen, 2006）．新たな油田は今後も見つかるかもしれないが，良質で大型の油田はすでにほとんど開発済みであり，今後開発される油田からの石油生産は，既存の

油田における生産の落ち込みを相殺するほどではないように思われる（Hook et al., 2009）．加えて，埋蔵量に関する過大な評価の多くは，1Pから2Pへの単なる「読み替え」によるものであるとの指摘もなされている（Bentley et al., 2007）．晩期ピーク論の立場をとる者でも，たとえばIEAは，従来型石油生産の今後の増産については否定的な見通しを持っている．

　百歩譲って，仮に，従来型石油の採掘技術が飛躍的に進歩したとしよう．しかし，前節で触れたバルディの研究結果が示したように，採掘技術の進歩は，ピーク時期をむしろ早めるかもしれないのである．

　「晩期ピーク論者」の非従来型石油に対する期待についても，やはり弱点があるように思われる．「晩期ピーク論者」は，非従来型石油の資源量が従来型石油と比べても遜色がないほど莫大であることや，その採掘技術の進歩の速さを強調する．しかし，非従来型石油の開発技術の進歩は，繰り返すように，一時的には石油の増産に貢献することはあっても，すぐさま急速に減産するという「大きな打ち上げ花火」を放つだけに終わる可能性を否定できない．ピーク時期を遠くに追いやることに大して貢献しないかもしれないという懸念を，「晩期ピーク論者」はほとんど抱いていないように思われる（だからこそ，楽観的になれるのだろう）．一方，「早期ピーク論者」の多くは，非従来型石油の採掘に関する現実的な制約を踏まえて議論をしており，たとえ従来型石油と非従来型石油を合わせたところで，石油生産のピークはそう遠い時期に追いやることはできないと考えている（Hughes, 2013; Chapman, 2014）．ピーク時期の予測が「当たる」か「当たらないか」という問題を抜きにして，筆者には，「早期ピーク論者」の主張に理があるように思われる．なお，非従来型石油に関する具体的な議論は次節に譲る．

　ところで，石油生産のピーク時期が近づくという問題は，我々にとっていかなる意味で重要なのだろうか．ピークに到達するまでは，基本的に，石油生産が右肩上がりで推移する期間である．この期間は，石油に依存した社会の構築と経済成長が推し進められる時期であり，経済と石油の癒着度が加速度的に強まっていく段階である．経済は「右肩上がり」が当たり前であり，それが善と見なされる段階でもある．

石油生産がピークに近づいた頃には，社会の基盤は，石油の大量消費を前提とした形態にどっぷりと浸かっており，そこから身動きが取れない状態となっているだろう．そうしたなかで石油生産のピークが来れば，需要と供給のバランスから，安価な石油時代は本格的な終わりを迎えることになるはずだ (Campbell and Laherrere, 2015)．

　短期的な石油の値上がりは，過去にも幾度かあった．しかし，ピーク以後に予想される石油価格の上昇は，慢性的な供給不足からくる長期的なトレンドを持つものであり，そのことが経済にどのような影響を及ぼすのか，我々には未知の領域なのである．かつて，石炭時代から石油時代に移行したときのように，石油に代わる安価で質の良いエネルギー資源が見つかれば幸運である．しかし，その見通しはあまり良いとは思えない．

　石油は，もはや普段はあまり意識されないほどに，我々の生活の隅々にまで当たり前のように浸透してしまっている．庶民が気軽に海外に出掛けたり，地球の反対側から商品を取り寄せたりすることに，特別な感情を抱くことはなくなった．家のなかを見渡せば，多種多様な安い石油製品に囲まれていることは，我々にとっては「当たり前」となっている（むろん，これは先進国の住民に限ったことではあるが）．その「当たり前」のことを手にするためのコストが急上昇したら，いったいどのような混乱が待ち受けているのだろうか．皆，冷静さを失わずにいられるだろうか．過去に石油生産のピークを迎えたアメリカは，石油の入手先を国外に求めればよかった．しかし，世界全体で石油の希少化が進めば，もはやその手は使えない．地球の外に入手先を求めるわけにはいかないのだ．

　ところで，世界全体の石油生産のピークがいつかという問題はともかくとして，「1人当たりの石油生産」という視点でみるならば，話は割と簡単である．図5-6の実線グラフが示すように，1人当たりの石油生産は1970年代までは増加傾向にあったものの，1980年代にはすでにピークが過ぎ去っており，その後いくらか落ち込んだあと，1人当たり年間4.5バレル程度の水準で停滞期に入り，現在に至っている．

　図5-6では，1人当たりの「余剰」石油生産量の推移もあわせて示している

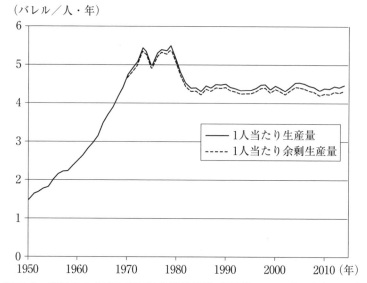

図5-6 世界の1人当たり石油生産量推移（実線），および1人当たり余剰石油生産量推移（破線）
（備考）Earth Policy ウェブサイト，世界銀行ウェブサイト，Gagnon and Hall (2009) を参考に筆者作成

（破線）．ここでいうところの余剰とは，石油生産量から石油採掘のために投じられるエネルギー分を除いた量であり，石油のエネルギー収支比を加味して，以下のように定義している．すなわち，t 期の石油生産を $y(t)$，石油生産のエネルギー収支比を $r(t)$ とすると，余剰石油生産 $y'(t)$ は，

$$y'(t) = y(t)\left(1 - \frac{1}{r(t)}\right) \quad (5.9)$$

と計算されたものである[1]．5.2節で述べたように，石油のエネルギー収支比が小さいほど，石油生産以外のことに利用できる余剰エネルギー分が少なくなる．1人当たりの石油生産量は停滞していても，石油のエネルギー収支比は低下傾向にあるので（Gagnon and Hall, 2009），1人当たりの余剰石油生産量は低下しているはずである．実際，グラフを眺めた限りでは，1人当たり余剰石油生産量はわずかながらも下降傾向を示しており，年間4バレル程度，すなわち1960年代の水準に近づきつつある．このことは，いったい何を意味してい

るのだろうか．石油生産は，もしかすると，すでに「マルサスの罠」に陥っているのかもしれない．いずれにせよ，1人当たりの石油生産に注目した場合，我々にとって最も輝かしい時代は1970年代だったといえるだろう．

5.5 非従来型石油

石油の将来について比較的楽観的な見通しを持つIEAでさえも，世界全体の従来型石油生産については，今後の増産があまり期待できないことを認めている．それでも，石油供給水準をまだ高められるとIEAが考えている理由は，非従来型石油の大幅な増産を見込んでいるからである（IEA, 2012b）．とはいえ，2.4兆バレルとも見積もられている非従来型石油のうち，どれだけが商業的に採掘されるのかについては明らかではない．非従来型石油の将来に関する不確実性は，従来型石油以上に大きいのである．

ただ，現時点でいえるのは，非従来型石油について楽観的な期待を抱くのは賢明ではない，ということである．大きな期待を持つなら，少なくとも，「エネルギー収支比」と「年々の生産量」が十分な水準になるという確約が要る．前者，すなわちエネルギー収支比の重要性についてはすでに述べた．後者，すなわち年々の生産量の問題とは，たとえるなら，「蛇口からの水量」の問題である．たとえタンクのなかに大量の水が入っていたとしても，蛇口の口径が小さければ，時間当たりの流量は小さいだろう．油田は，基本的に，条件のよいところから順に開発される．良質な井戸からの石油生産が次々に減衰していけば，生産量を一定に保つためには，質が劣る井戸を猛スピードで開発し続けなければならない．質が劣る井戸の開発には，多くの資本を投入する必要がある．その傾向は，未開発の井戸が徐々に少なくなっていくにつれて，どんどん強まっていくだろう．しかし，井戸の開発にまわせる資本量には限りがある．逓増していく新規井戸の開発費用の確保が追いつかなくなるとき，古い井戸から新しい井戸への「バトンタッチ」がスムーズに進まなくなり，石油の生産量は減少していくだろう．

たとえ資源として莫大な量が存在するとしても，そこから年間どれだけの石油を取り出せるかどうかについては，別途検討する必要がある．非従来型石油に関して楽観的な立場を取る者は，概して，この点を深く検討していない (Hughes, 2013)．一口に非従来型石油といっても，タイトオイル，タールサンド，オイルシェール，深海オイル，超重質油など，さまざまな種類があるので，以下，順にみていこう．

タイトオイル

　アメリカにおける石油ブームの主役は，タイトオイルである．タイトオイルは，主にシェール層から採取されるオイルだが，ただ単に穴を空けるだけでは石油は噴き出ないので，フラッキングにより地層にヒビを入れて大量の液体を注入し，石油を押し出す必要がある．タイトオイルの生産は，北米（とりわけアメリカ）以外ではまだ本格化していない2013年の実績値では，アメリカのタイトオイルの生産量はすでに3mbd（million barrels per day，日量百万バレル）を超えており，アメリカ全体の石油生産量の4割を占めるほどになっている（EIA, 2015a）．

　アメリカの石油生産に関する今後について，EIAの予測をみてみよう（EIA, 2015a）．標準的なケースでは，アメリカにおける今後の産油量は，2020年に10.6mbdに達し，50年前のピーク時生産水準を超えるものと予測されている．ただし，2020年以降は減産傾向に入り，2040年には9.4mbd程度に落ち込むとみられている．それでもなお，2040年の生産量は，現在の水準を上回ると見込まれている．アメリカがかつてのような産油国としての栄光を再び取り戻すかどうかの鍵は，タイトオイルが握っている．従来型石油は依然として減産傾向にあるなか，EIAの予想では，タイトオイルの増産傾向は2020年頃まで続き，それ以降は減産傾向に転じるものの，今後のアメリカにおける石油生産の半分程度をタイトオイルが担うものとされている．

　しかし，たとえEIAの予測が的中したとしても，石油生産のピークは2020年と，そう遠くないのである．そして，EIAによれば，アメリカにおける2040年の石油生産量は，国内の石油需要の4割程度に相当するにすぎず，だ

とすれば，石油の「自給自足」には依然として程遠い．

それでも，EIA のタイトオイルに関する予測は，あまりに楽観的すぎるように思われる．なぜなら，タイトオイルの井戸は，従来型石油と比べて，井戸を開いてから生産が減衰するスピードがとても速い傾向があるにもかかわらず，EIA の予測ではそのことが十分に考慮されていないからである．

まず，アメリカにおけるタイトオイルの生産状況について簡単に眺めておこう．タイトオイル自体は，広大なアメリカ全土のあちこちのエリアに存在している．それぞれのエリアでは，タイトオイルの採掘競争が繰り広げられているわけだが，生産量のシェアは一握りのエリアに極端に偏っている．とりわけ，2 箇所の「スイートスポット」，すなわち「バッケン」エリアと「イーグル・フォード」エリアのシェアは，他のエリアを圧倒している．アメリカ全体で 20 箇所以上は存在するタイトオイルのエリアのうち，この 2 箇所だけでタイトオイル生産のうち 6 割以上のシェアを占めているのである．そして，バッケンとイーグル・フォードを含む生産量上位 5 つのエリアで 9 割弱のシェアを占めている（Hughes, 2014）．このような偏在ぶりは，さらに解像度を上げて個別のエリア内をみても同様である．たとえば，バッケンエリアは，北米全体からみるとスイートスポットだが，バッケン全体がくまなくスイートスポットというわけではなく，良質の井戸は東部の限られた地域に集中している．このように，アメリカのタイトオイルブームは，一握りのスイートスポットが支えているわけで，脆弱な基盤の上に成り立っているのである．

地球科学を専門とする J.D. ヒューズは，過去の生産実績から，タイトオイル井戸の減衰の速さに注目し，EIA の予測が楽観的すぎると指摘している（Hughes, 2013, 2014）．従来型石油の油田における年間の生産減衰率は 5% 程度であるのに対し，タイトオイルのエリアでは，40% を超えることも珍しくない．タイトオイルの典型的な井戸は，最初の頃の「勢い」を長い時間維持することができないというからである．たとえば，バッケンの典型的な井戸では，最初の 3 年間で 85% も生産量が減少する．同様に，イーグル・フォードでは 79% である．タイトオイルの井戸は，開発の際には多くの資本投下を要するのにもかかわらず，生産量はほんの数年で 5 分の 1 以下になってしまうのである．

これだけの速度で生産量が減衰するのだから，エリア全体として生産量を維持するためには，速いスピードで新規の井戸を開発していかなければならない．しかし，良質の井戸が開発される余地は次第に少なくなっていくので，エリア全体として生産量を維持するために，新たに開発する井戸の数を年々増やしていかなければならない．

　ヒューズは，タイトオイルのこれまでの生産実績と新規の井戸開発に関する現実的な制約を踏まえ，次のような検討を行っている．2013年現在，バッケンエリアでは，5,300もの井戸が，0.85mbd程度のタイトオイルを生産している．これらの既存の井戸からの生産量は，過去の実績によると，1年で45%も減衰することがわかっている．つまり，もし新たな井戸が掘られなかった場合，バッケンエリアのタイトオイル生産量は1年後には前年の55%の水準にまで落ち込んでしまうことになる．バッケンにおける典型的な井戸の生産推移をみると，最初は550bd（barrels per day）ほどの生産量があっても，1年後には72%減少し，3年後には85%減少する．これらのことを考慮すると，バッケンエリアでのタイトオイル生産が2013年の水準を維持するためには，1年間におよそ1,500もの井戸を新規に開かなくてはならない計算となる．実際には，バッケンでは年間2,000もの井戸が新たに開発されている．その甲斐あって，これまでは，バッケンでのタイトオイル生産水準は何とか維持されてきた．しかし，生産量の減少を相殺するだけの井戸が，今後もずっと新たに確保され続けるのだろうか．ひとつの井戸の開発には1,000万ドルもの費用が必要であり，したがって，1,500もの井戸を掘るためには150億ドルもの費用を要する．また，繰り返すように，井戸の開発は採掘条件のよいところから先になされるのが一般的だから，新規に開発される井戸の質は次第に低下していく．そうなれば，井戸1つ当たりの開発費用は上がり，生産量は減少していくだろう．

　一方，当然のことながら，バッケンエリアで開発可能な井戸の総数には上限がある．バッケンエリアにおける開発可能な井戸は3万程度であると見積もられている（EIA, 2014）．すでに「枯れた」井戸を含め，バッケンエリアでこれまで開発された井戸の数はおよそ8,500にのぼる．今後，新規の井戸開発が

現状のペースで進めば，10年程度で井戸の開発は頭打ちということになる．

個々の井戸の生産減衰速度を加味すると，バッケンエリア全体の生産ピークが何時頃訪れるかを計算することができる．ヒューズは，開発可能な井戸の数や年間当たりの開発速度に関する楽観的なシナリオも含めて検討しており，最も現実的なシナリオにおいては，ピーク時期は2015年，その時の生産量は1.15mbdで，2040年の生産水準はその10分の1程度であると見積もっている．興味深いのは，楽観的なシナリオでさえピーク時期は2017年と対して伸びず，また，2040年にはピーク時の生産水準よりも1桁程度小さいという同様の結果が示されていることである（Hughes, 2013, 2014）．

バッケンについての議論は，イーグル・フォードについてもほぼそのまま当てはまる．その議論は，以下の通りである（Hughes, 2013, 2014）．2013年現在，イーグル・フォードエリア全体では，およそ5,000もの井戸から0.7mbdを超えるタイトオイルを生産している．もし，新規の井戸が開発されなければ，イーグル・フォード全体の石油生産は1年間で38%減少する．イーグル・フォードの典型的な井戸は，最初の1年間で72%，3年間で85%も生産量が落ち込むことが知られている．既存の井戸からの生産量減少を別な井戸で相殺するためには，毎年，2,285もの井戸を新たに開発しなければならない．実際には，イーグル・フォードでは，年間3,500を超える井戸が新たに開発されているので，生産量の増加傾向を何とか保っている．しかし，イーグル・フォードで開発可能な井戸の数には上限がある．潜在的には，エリア全体で4万強程度の井戸が開発可能であるとみられており，これまでに開発された井戸は1万程度なので，残るは3万程度ということになる．ヒューズの試算によると，イーグル・フォード全体のタイトオイル生産は2016年か2017年にピークを迎え，ピークが過ぎれば急激に減産していき，2040年にはピーク時よりも1桁低い生産水準に落ち込むと予想されている．

ヒューズは他のタイトオイル・エリアについての生産実績も検討しており，EIAのタイトオイルに関する将来予測が極めて楽観的すぎると結論づけた．たとえば，上記2箇所のエリアに続く有望エリアとして期待されているパーミアンについては，井戸の質や埋蔵量に関するEIAの見積もりが極めて非現

実的で楽観的であると，ヒューズは指摘している．そして事実，パーミアンにおけるタイトオイルの生産量に関したEIAが行った予測は，最初の1年目から実績値と著しく外れているのである（EIA, 2014; Hughes, 2014）．ヒューズの予測に従えば，アメリカのタイトオイルの生産は2020年よりも前にピークが来てもおかしくないし，その後の急速な生産水準の低下が懸念される．つまり，タイトオイルのブームは，せいぜいのところ，石油生産ピークのささやかな延命措置程度にすぎないのである．

それでもなお，ヒューズ自身も認めているように，ヒューズの行った検討においては，タイトオイル生産にともなう環境負荷や井戸開発の資本制約といった，井戸の開発を制約する現実的な要因を想定していないので，ヒューズの見通しでさえもいくらかは楽観的であるかもしれないのである．

本書を執筆中に入手した最新のレポート（EIA, 2015b）によると，バッケンおよびイーグル・フォードのエリアでは，2015年に，タイトオイル生産のピークを迎えたと考えられる．また，「期待の星」であるパーミアンでも，2015年に入ってから生産量の伸びが鈍化している．ただし，これらのエリアがピークを迎えたか（あるいは近づいているのか）を確定的に判断するには，もうしばらくの時間経過を見なければならないだろう．

なお，タイトオイルに関するエネルギー収支比の詳しい数値については，まだよくわかっていない．しかし，フラッキングや液体の大量注入といった「独特」の生産プロセスが，少ないエネルギーで済むとは考えにくいので，タイトオイルのエネルギー収支比は，従来型石油よりも小さいことは確かだろう．加えて，正体不明の液体（詳しい成分は企業秘密とされている）の大量注入がもたらす環境負荷への懸念も見過ごせない．

タールサンド

タールサンドの代表国といえばカナダである．現在，カナダの石油産出量（3.3mbd）のうち半分以上をタールサンドが占めており，2035年にはそのシェアはさらに増え，86％に達すると予測されている（NEB, 2013）．従来型石油が減産傾向にあるというのはカナダにおいても例外ではないため，今後のカナ

ダにおける石油増産の鍵はタールサンドが握っているといってよい．

　カナダにおけるタールサンドは，アルバータ地方に広く分布しているものの，そのうちの半分以上はワビスコー＝マクラレー鉱脈に集中しており，しかも，採掘が比較的容易なタールサンドは相対的にわずかである．タールサンドの資源量は，アルバータ全体で1.8兆バレル強程度と見積もられているが，そのうち露天掘り採掘が可能なのは10％に満たず，90％以上は地層内回収によってタールサンドに含まれるビチューメンを取り出すしかない（AER, 2015）．露天掘り採掘に比べ，地層内回収はコストが高い．

　1.8兆バレルのうち，埋蔵量として認定されているのは177億バレル程度である．うち，露天掘り採掘が可能なのは5分の1程度にすぎないが，これまでの累積生産量の6割を占めている．開発下にあるタールサンドは244億バレル相当だが，そのうち9割以上が露天掘り採掘である．「安価な方から先に開発する」という鉄則は，ここでも生きている．このように，アルバータのタールサンドブームは，量としては少ないが採掘が比較的容易な露天掘り法によって回収できる部分に，大きく依存しているのである．

　露天掘り採掘が可能なタールサンドの石油埋蔵量は，アルバータ全体で323億バレル程度とみられているが，そのうち7割程度が開発段階にある．一方，地層内回収に対応する埋蔵量は1,340億バレルほどあると見積もられているが，開発段階にあるのはそのうち1〜2％程度にすぎない．質の良い資源の開発余地がなくなっていくほど，質の悪いタールサンドに手を伸ばさざるを得なくなり，地層内回収法へシフトを強く迫られるようになるだろう．そうなれば，多大な資本の追加投入を必要とするはずだ．

　資源の質が比較的良いといっても，露天掘りによる採掘でさえ，タールサンドからの石油精製は極めてエネルギー収支比が小さく，高コストであることに注意されたい．タールサンドに熱湯を注ぐことによって石油分とそれ以外を分離するので，それ相応のエネルギー投入を必要とする．エネルギー収支比は5程度であり，露天掘り法によって採掘されるタールサンドからの石油生産は，今後，1バレル100ドル以上の値がつかなければ採算が合わないとされている．ましてや，地層回収法による石油生産のエネルギー収支比は3程度にまで落ち

込むと見られている（Hughes, 2013）.

　結局のところ，カナダのタールサンドは，資源量として莫大であるものの，安価な石油を大量に供給する担い手と位置づけるのは難しいように思われる．新たな「埋蔵量」を確保・開発しなければ，カナダの石油生産は2018年頃にはピークを迎えると思われ，ピークを遅らせるために質が悪いタールサンドに手を伸ばすのであれば，それ相応の石油価格が約束されなければならない．

オイルシェール

　オイルシェールは，ケロジェンという有機物を多く含む岩石であるが，有機物の含有率は石炭よりも低く，発熱量も低品質の石炭の半分程度である．ケロジェンは，石油になるための十分な温度と圧力に晒されなかった有機物であり，したがって，オイルシェールから石油を得るためには多くのエネルギーを要することは想像に難くない．

　オイルシェールは世界中に広く分布しており，人間との関わりも古く，有史以前から燃料として用いられてきた．また，オイルシェールから液体燃料を得る方法も数百年前から知られていた．埋蔵量も莫大で，世界全体で数兆バレルの石油生産が可能であるともいわれている（Allix et al., 2011）．ただし，オイルシェールの質には大きなバラツキがあるうえ，その統計も十分ではなく，オイルの回収法も単純ではないため，実際にどれだけが回収可能なのかについては，従来型石油以上に未知数である．

　いずれにせよ，オイルシェールはとりたてて新しいエネルギー資源ではない．古くから利用されてきたし，世界全体の生産量のピークはとうの昔に過ぎている．オイルシェール生産のピークは1980年であり，そのときの世界全体の生産量は4,500万tほどで，油量に換算すると日量2万バレルにも満たないうえ，現在の生産量はピーク時の3分の1程度にすぎない（Dyni, 2006）．現在の世界全体の石油生産量が日量80～90mbdであることを考えると，ピーク時のオイルシェール生産量が再び実現したとしても，ほとんど取るに足りない量である．

　もっとも，オイルシェールの今後に期待する者は，世界全体のオイルシェー

ル埋蔵量のうち半分程度を占めているアメリカの可能性を強調するかもしれない．しかし，いくら技術が進歩しようと，質が悪い（すなわちエントロピーが大きい）資源から質の良い資源（エントロピーが小さい）を精製するのには，多くの低エントロピーを投入しなければならないという物理学的法則の要請に反することができない．そのことを裏付けるように，オイルシェールのエネルギー収支比は1.5程度であると見積もられている（Clevel and and O'Conner, 2011）この値は，従来型石油に比べて格段に小さいのはもちろん，他の非従来型石油と比べても小さい部類の属する．すでに述べたように，エネルギー収支比が1に近ければ，その資源は物理的には存在しても，経済的繁栄という観点からすればほとんど存在しないのと同じである．したがって，オイルシェールの埋蔵量が莫大であるということだけで「安価な石油時代」の担い手になると位置づけるのは早計であろう．

超重質油

およそ90％の超重質油は，ベネズエラのオリノコ地帯に集中している．したがって，仮に，超重質油が従来型石油に替わって石油文明の担い手になるほどのポテンシャルがあるとしても，石油文明の運命を一国に委ねることによる安全保障上の問題がある．

USGS（United States Geological Survey）によれば，オリノコ地帯における技術的に回収可能な超重質油の量は0.5兆バレル程度であるとみられている[2]．この数値だけをみればそれなりの量だと思えるが，USGSは，このうちどれだけが商業的に採掘されるのかについては検討していない．また，年々どれだけの生産量が見込まれるのかについても，はっきりしない．

ベネズエラにおける石油生産量の推移をみると，超重質油などの非従来型石油を含めても，すでに減衰期に入っている．石油生産のピークは1970年に到来し，1980年代後半にはピーク時の半分程度にまで生産量が落ち込み，その後しばらくは増産傾向をみせたものの，1990年代後半には再びピークを迎え（この時の生産量は1970年のピーク時の生産量を超えていない），その後は再び減少傾向に転じている（Hughes, 2013）．そのうえ，ベネズエラ国内の石油

消費量の増加傾向も見過ごせない．1970年のピーク時においては，3.5mbdを超える石油生産量のうち，ほとんどが輸出にまわされていた．しかし，近年においては，国内生産量の減少傾向と国内消費量の増加が相まって，生産量のうち自国消費分は3分の1程度を占めるようになった（Hughes, 2013）．超重質油のエネルギー収支比はタールサンドのそれと似たり寄ったりであることを考えると，将来，たとえベネズエラが超重質油の増産に成功しても，安価な石油を大量に国際市場に供給し続けるとは考えにくい．

CTL，GTL

CTLは"coal to liquid"，GTLは"gas to liquid"の略である．結論からいえば，石炭もしくは天然ガスから液体燃料を得る方法は極めてエネルギー集約的であり，したがって，石炭や天然ガスが石油に比べて十分に安価でなければ割に合わない．

CTLの技術には，アメリカをはじめ，比較的に豊富な石炭を有する国々が関心を寄せているが，逆にいえば，安価な石炭が豊富に存在しなければ成り立たないということである．石炭は，しばしば，石油に比べると埋蔵量に余裕があるといわれる．しかし，石油文明である現代においても，石炭の消費量は増加傾向にある．とりわけ，途上国における電力需要はまだまだ伸び続ける思われ，それにともない，発電用の石炭需要はさらに高まっていくだろう．2010年の時点では石炭の可採年数は112年と，埋蔵量に余裕があるように思えるが，その10年前には210年と言われていたのである．たった10年間で当時の消費量の100年分を消費し尽くしてしまうほど，石炭消費量は右肩上がりに増えている（BP, 2012）．ここで改めて，可採年数という指標の「あやふや」さが露呈していることにも注意されたい．EWG（2013）は，石炭生産のピークは2020年頃に訪れると予測している．仮に，このような状況下でCTLの生産が勢いづいてしまえば，石炭のピーク時期はますます早まるだろう．また，CTLの生産過程では大量の二酸化炭素が排出される．二酸化炭素の排出を削減しようという社会的要請のなか，どのように折り合いをつけるのかという問題もある．

天然ガスは石炭に比べれば「クリーン」であるといわれているが，安価な石油を長期間にわたって供給し得るかどうかという点においては，GTL も CTL と同様に疑問である．天然ガスから液体燃料を製造する過程で 3 分の 1 ほどのエネルギーが失われるので，GTL への依存は加速度的に天然ガスの消費を早めることになるだろう（Maggio and Cacciola, 2009）．天然ガスは，暖房や火力発電の燃料源として需要が増加傾向にあり，たとえ GTL による液体燃料の生産がなくても，2040 年頃には天然ガスの生産はピークを迎えるとの予想もある（Chapman, 2014）．

NGL

NGL（natural gas liquids）とは，天然ガス成分のうち，常温・常圧において液体の炭化水素のことである．現在，世界の石油生産のうち，14% は NGL であり，IEA によれば，技術的に回収可能な NGL の量は世界全体で 0.4 兆バレル程度とみられている．

そもそも，NGL は通常，従来型石油のカテゴリに括られる．IEA の予測では，今後 20 年のあいだに NGL の生産が急速に伸びることによって，原油と合わせた従来型石油全体としてのピークは少なくとも 2035 年よりも前には訪れないという見解を示している．また，IEA の予想では，NGL を加えた従来型石油の生産量推移は，2015 年から 2035 年までの 20 年間でほとんど横ばいとなっており，すなわち，2035 年までのあいだ，従来型石油の増産が困難であることを IEA も認めている．それでもなお，IEA の予測は，既存油田からの生産減衰をあまりにも楽観的に捉えているとの批判を受けている（Miller and Sorrell, 2013）．もし，IEA の予測が楽観的すぎるのであれば，NGL の増産を考慮してもなお，従来型石油の生産は減少の一途を辿ることになるだろう．また，NGL 生産のピーク時期は原油と大して変わらないとの見解も示されている（Maggio and Cacciola, 2009）．

NGL について考慮すべきもう一つの点は，原油との代替性は不完全であるということである．いわゆる原油と比べると，体積当たりのエネルギー密度は 3 分の 1 以下であるため，自動車用の燃料として用いる際にはガソリンとブレ

ンドしなければならず，したがって，とりわけ輸送部門に着目すれば，原油の代替品として利用するには制約がある．

EOR

EOR（enhanced oil recovery）は，枯れかかった油田に二酸化炭素などを注入して，油田に残っていた石油を押し出す方法である．これは取り立てて新しい方法ではなく，アメリカのテキサスなどでは数十年前から行われている．現在のところ，EOR による石油生産量は，世界全体のうち3%にも達していない．油田の性質や状態によってさまざまな技術が適用されているが，一般に，原油の回収率を5～15%程度高めるのが精一杯である．

EOR が効果的に適用可能であるような油田は必ずしもありふれているわけではなく，二酸化炭素のストレージ，注入，リークのモニタリングなどのインフラが整備できるような条件が必要である．今のところは，こうした好条件が揃っている油田は，アメリカとの国境に近いカナダのウェイバーンなどの一部の油田に限られている．

EIA（2013）の予測によれば，アメリカにおける EOR による石油生産は2040年頃にはピークを迎えるとみられ，最大の生産量は現在の2～3倍，すなわち 0.7mbd 程度にまで達するとされているが，それでも，アメリカ全体の石油需要の4%にも満たないと予想される．

注
1) 試算において使用した世界全体の石油生産についてのエネルギー収支比は，Gagnon and Hall（2009）によって示された 1992 年から 2006 年までのトレンドをそれ以外の期間（1970-2014）にまで拡張して得られたものである．
2) USGS ウェブサイト参照．https://pubs.usgs.gov/fs/2009/3028/pdf/FS09-3028.pdf

第 6 章
再生可能エネルギー

6.1 問題の所在

　再生可能エネルギーの源泉を遡ると，太陽光線か地球内部の熱，もしくは潮汐力のどれかに辿り着く．風力や水力，バイオマスといった再生可能エネルギーは，太陽光エネルギーの一部が形態を変えたものである．

　化石燃料も，元をただせば太古の昔に地球に降り注いだ太陽光エネルギーの「遺産」である．その生成速度は地質学的時間に支配されており，現代社会の消費速度から比べるとほとんどゼロに等しいので，化石燃料は再生可能エネルギーには分類されず，枯渇性資源とみなされている．

　化石燃料の賦存量は莫大だが，それでも，過去に地球上に降り注いだ太陽光エネルギーのうちのごくわずかな部分でしかない．そして，歴史上類をみないスピードで化石燃料を消費している現代でさえも，その1年間の化石燃料消費量は，1年間に地表全体に降り注ぐ太陽光エネルギー量に到底及ばないのである．世界中の化石燃料消費量は，現在，年間430EJ（エクサは10の18乗）程度であるが，地表に到達する太陽光エネルギーは年間3,800,000EJにものぼり，化石燃料消費量のおよそ1万倍も大きい（Smil, 2010a）．

　風力だけに話を限っても，エネルギー量は莫大である．地球全体の風力エネルギーは年間27,000EJ程度と見積もられており，計算上は，化石燃料の年間消費量の60倍以上に相当する．これに加えて，水力が300EJ，波力が2,000EJ，光合成が2,000EJというポテンシャルを持っている．光合成の

太陽光変換効率は極めて小さいが（0.04%程度），それでも世界全体であわせると我々が毎年消費する化石燃料のエネルギー相当分を遙かに超える．加えて，太陽光エネルギーほどのポテンシャル量はないにしろ，地熱は世界全体で1,300EJ，潮汐力は200EJであり，両方合わせると年間1,500EJ程度となる．

　もっとも，再生可能エネルギーの利用においては，アクセスや開発が可能なケースが限られているため，人間はそのポテンシャルを目一杯活用できるわけではない．事実，再生可能エネルギーの利用の現状は，「理想」と「現実」の一致がいかに難しいかを端的に示している．すでに図4-1で見たように，1次エネルギーに占める再生可能エネルギーの割合はごくわずかである．バイオ燃料は，石油の地位を脅かす存在には程遠い．それ以外の再生可能エネルギーは，基本的に，電力とせいぜいそれほど高温ではない熱（つまり低エクセルギー）しか生まない．電力供給に占める再生可能エネルギーの割合は2割程度と健闘しているようにみえるが，そのほとんどは水力発電であり（図6-1），それを除くと5%程度でしかない．「新エネルギー」ともてはやされている風力発電や太陽光発電のシェアは，さらにその半分程度でしかないのである（図6-2）．

　日本に限ってみても，事情はほとんど同じである．日本は世界を代表する技術立国であると同時に，化石燃料のほとんどを海外に依存しているため，再生可能エネルギー社会へシフトしようという思いはとりわけ大きい．それでもなお，再生可能エネルギーの電力供給における貢献は，図6-3が示すように極めて小さい．再生

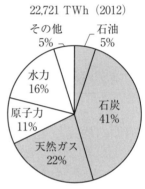

図6-1　世界の発電シェア
（備考）IEA（2014b）に基づき筆者作成

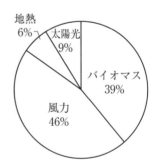

図6-2　世界の再生可能エネルギー発電シェア（水力発電除く）
（備考）IEA（2014b）に基づき筆者作成

可能エネルギーのシェアは1割程度にすぎず，しかもそのうち9割は水力発電によるものである．

このように，現状は，「再生可能エネルギー社会」には程遠い有り様だが，将来はどうだろうか．今後，再生可能エネルギーのシェアは，化石燃料を「お役御免」に追いやるほどに伸びていくのだろうか．まず，地熱および潮汐力の持つエネルギーについては，利用可能と考えられているのは全体の0.5%にも満たず，10EJにもならない．これでは，いまの「化石燃料時代」を大きく代替するエネルギー源としてはあまりに役不足である．

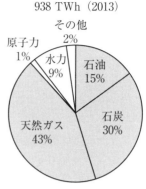

図 6-3　日本の発電シェア
(備考) 資源エネルギー庁 (2015) に基づき筆者作成

ポテンシャルの大きさと利用可能性の両面から考えると，風力エネルギーの利用に期待が集まるのも当然だろう．開発可能なケースに限っても，風力エネルギーのポテンシャルは2,000EJ以上（風力エネルギー全体の8%以上）はあるとみられ，そこに建てた風車の稼働率が20%程度だったとしても，世界全体の化石燃料消費量に肉薄する．ましてや，太陽光の直接利用となれば，仮にそのわずか0.1%を利用するだけでも，現在の化石燃料消費量の10倍ほどのエネルギー量になるのである．一見すると，再生可能エネルギーだけで今の繁栄を維持するのは，造作も無いことのように思えてしまう．

しかしながら，事実として，化石燃料社会から抜け出す兆しはいっこうに見えてこない．そこには，何か本質的な問題があるとみるべきではないのだろうか．考えられる問題は2つある．ひとつは，再生可能エネルギーにおけるフローの不安定性である．そしてもうひとつは，面積当たりのフロー，すなわち再生可能エネルギーの「パワー密度」が小さいということである．

第1の問題とは，第4章で述べたように，再生可能エネルギーのフローは人間の都合（需要）に合わせてくれない，ということである．この点において，再生可能エネルギーは化石燃料と本質的に異なっている．少ない例外はダ

ムとバイオ燃料であり，これらはエネルギーを長時間貯蔵することができる．だが，これらについては，今後の大幅な「伸びしろ」が期待できない．今後のエネルギー供給を担うものと期待されている太陽光発電や風力発電は，基本的にフロー型のエネルギー源である．

現代社会が依存している化石燃料はストック型エネルギー資源であり，基本的に，人間の好きなペースで採掘することができる．フロー型の再生可能エネルギーと化石燃料との本質的な違いは，第4章で述べたように，W. S. ジェヴォンズ (1835-1882)，F. ソディ (1877-1956)，あるいは N. ジョージェスク=レーゲン (1906-1994) といった人たちによって指摘されてきた．我々の挑戦は，ストック型の化石燃料だからこそ成し得た経済的繁栄を，不安定なフローである再生可能エネルギーによって引き継ぐことができるか，という人類史上最大ともいえる難問を解くことなのである．その鍵は，再生可能エネルギーを擬似的にストック型に変換する安価な方法を見つけられるか，というところにある．本章では，そのための2つの方法，すなわち，化石燃料によるバックアップと，再生可能エネルギーのストレージについて検討する．

本章ではさらに，第2の問題，すなわち，エネルギーの時間当たりフロー量の面積密度（パワー密度）が小さいということが何を意味するのかについても考える．化石燃料は狭いエリアに「濃縮」して存在しているのに対して，再生可能エネルギーは基本的に薄く広く散らばっている．現代の繁栄を維持したまま再生可能エネルギー社会にシフトするためには，化石燃料時代が作り上げた現代社会のエネルギー消費のパワー密度（極めて高密度）と，再生可能エネルギーのパワー密度（極めて低密度）とのあいだの大きなギャップをどう埋めるのか，が重要な問題となる．

たとえば，バイオ燃料はストック型であるため第1の問題は回避できるが，第2の問題を避けることができない．そもそも光合成は，石油と比べると桁違いにパワー密度が小さいのである．したがって，石油系の液体燃料の代わりにバイオ燃料を使うとなると，広大な面積を確保しなければならない．ますます人口が増え，食糧難も懸念されるなか，土地というものの稀少性が今後さらに高まっていくことはほぼ疑いがないので，これは大きなチャレンジである．

話が出たついでに，バイオ燃料についてもう少し補足しておこう．一般に，バイオ燃料と呼ばれているのは，バイオエタノールとバイオディーゼルである．世界全体でみると，大雑把に言えば，バイオ燃料生産量の8割がバイオエタノールという状況である（容積比）．バイオエタノールの2大生産国はアメリカとブラジルであり，世界全体の生産量のうち約7割をこの2つの国が占めている．バイオエタノール原料は，アメリカではトウモロコシが主流であり，ブラジルではサトウキビが主流である．その他にも，バイオエタノールは，リグノセルロース（すなわち木質系バイオマス）からの生産も可能であるが，リグノセルロースを分解するためには多くのエネルギーを要するため，少なくとも現時点では主流にはなっていない．

バイオエタノールは，ガソリンの代替燃料として利用可能であり，現状ではガソリンにブレンドされて使われている．ガソリンと比べると単位質量当たりの発熱量は40%ほど小さいが，現行のガソリンエンジンに大きな改変を加えることなく利用できるという利点がある．

一方，バイオディーゼルは主に植物油から作られ，その原料はヒマワリやナタネ，大豆，パームなどである．また，食用の廃油などからも作ることができる．バイオディーゼルはディーゼルエンジンの燃料として使われるが，そもそも，初期のディーゼルエンジンでは落花生油が燃料として用いられており，その後，安価な石油由来の燃料に取って代わられたという歴史がある．現在，バイオディーゼルは，EUやアメリカ，アルゼンチン，ブラジルで主に生産されている．

バイオ燃料の生産は，年々増加している．特に2000年代に入ってからの伸びは大きく，2005年からの5年間のあいだだけで，バイオエタノールは2倍以上，バイオディーゼルは4倍以上に生産量が急増した．それでもなお，バイオ燃料は，石油系燃料のシェアを奪うには程遠いというのが現状である．2010年における世界全体の石油消費量は90mbd弱程度であるが，バイオ燃料は1.3mbd程度にすぎない（IEA, 2012b）．また，輸送部門における2010年の燃料消費は，世界全体で100EJ程度であったが，そのうちバイオ燃料のシェアは5%にも大きく満たない（WEC, 2013）．

バイオエタノール「先進国」であるアメリカをみると，アメリカ国内に供給されるトウモロコシのうち40%がエタノールの生産に向けられている．それでも，2011年にアメリカで消費されたガソリンがおよそ5,200億リットルなのに対し，バイオエタノールの生産量は530億リットル程度であり，バイオエタノール自動車社会の完成にはほど遠い状況にある（ジェトロ，2012）．「バイオ燃料は環境に優しい」と信じてやまない者は，今の状況を歯がゆく感じると同時に，バイオ燃料の普及拡大によって石油消費が格段に減るとの期待を持っているだろう．しかし，パワー密度という観点からすると，バイオ燃料の普及・拡大は広範囲な環境破壊と食料不足を引き起こすことが懸念される．

6.2 化石燃料によるバックアップ

「気まぐれ」な再生可能エネルギーを我々「化石燃料人」にとって便利なものにする方法は，2つある．ひとつは，人間の思い通りにフローをコントロールできる他のエネルギーの「助け」を借りることであり，もうひとつは，再生可能エネルギーを何らかの方法で貯めておき，必要時にそれを使うという方法である．本節では前者について論じ，後者については次節で論じる．

ここでは，具体例として風力発電を取り上げよう[1]．風力はそのフローが安定しないエネルギー源であり，風が強く吹きすぎたり，あるいは反対に弱すぎたりすれば，発電できない．当然，電力需要は変動する．電力需要をある予測したうえで，それを不安定な風力（発電）によって供給するという芸当をやってのけることがいかに難題か，想像に難くない．電力需要に対して風力が不足すると予測される場合，不足分を火力発電で補うという方法が最も現実的である．とはいえ，バックアップのための火力発電は，風力の変動に瞬時に対応できるように，前もって起動しておかなければならない．言うまでもなく，発電機がアイドリングの状態であっても，相応の化石燃料を消費するのである．

風力の予測が正確であれば，バックアップ電源の準備や起動の無駄が多少なりとも減らせるので，予測精度を高めることは，化石燃料を節約するうえで

無意味なことではない．しかしながら，実際には，風力の正確な予測は難しいのである．たとえば，ドイツの大手電力・エネルギー会社である E.ON（2004年当時，管轄内の風力発電設備は 6,000MW 強）が公開した風力発電に関するレポートには，風力発電の予測値と実現値について，2週間分（2004 年 1 月 5 日から 1 月 19 日まで）の実績が示されている（E.On Netz, 2005）．それを眺めると，何よりもまず，風力発電の変動の大きさに驚かされる．2 週間のあいだ，2,000MW を超えたのは 10 回程度であり，500MW 程度にまで発電が落ち込んだ回数は 5 回であった．風力発電設備容量は 6,000MW 強だが，当然のことながら風は気まぐれなので，フルに発電するということはない．2 週間のあいだに一度だけ 5,000MW に迫ったものの，それを含めても 4,000MW に到達したのは 3 度しかなく，3,000MW 以上を記録したのも 6 度しかない．

　短時間に大きく変動するという風力発電の性質をみると，発電の予測がいかに難しいかということは容易に想像がつく．そして実際，予測と実測の乖離が 1,000MW（原発 1 基分！）以上あったケースを数えてみると，2 週間のあいだに 12 回もあったのである[2]．

　発電予測の技術は，もちろん，今後も進歩し続けるだろう．だが，仮に，風力の予測精度が大きく向上したところで，風力が本質的に不安定なフローであるという事実が変わるわけではない．風力発電による供給能力が電力需要を 1,000MW ほど不足すると予測されれば，1,000MW 分の火力発電をスタンバイさせておかなくてはならない．しかし，火力発電のタービンは，燃料を投入すれば直ちに動き出すというわけではない．起動して発電が始まるまでに時間がかかるのである．

　以上から，風力発電が火力発電と単純な代替関係にはないことは明らかだろう．たったいまフル稼働で発電している風車も，数時間後にはピタリと止まってしまうかもしれないのである．それをバックアップする火力発電は，風力発電を一方向的に補助する存在であり，相互依存の関係ではない．いくら風車をたくさん建てても，それらが止まってしまうケースを想定して，火力発電設備は維持しておかなければならない．つまり，1,000MW 分の発電設備の風力発電施設を建設したからといって，1,000MW 分の火力発電を廃止できるわけ

ではないのである．もちろん，幾つかの火力タービンを「お役ご免」にすることはできるだろう．しかし，風力発電の設備容量を増やしていけばいくほど，新たに廃止に追いやれる火力発電設備の数は減っていくことがわかっている (E.On Netz, 2005; Gross et al., 2006)．

　それでも，次のように主張する人がいるかもしれない．風車を建てることによって火力発電をフルスロットルで運転する機会が減るのだから，その分だけ燃料消費は少なくて済むはずである，と．果たして，本当にそうだろうか．必ずしもそう言いきれない理由が3つある．それは，火力発電の負荷率が低下することによる熱効率の低下，火力発電の変動的運転による熱効率の低下，そして変動的運転による発電機の寿命の短命化，である．

　電力供給全体からみた風力のシェアがわずかな状況であるうちは，風力発電の不安定性が全体としての発電の安定性に及ぼす影響は小さいだろう．たとえば，1,000MWの定格出力をもつ火力発電に対して電力需要が900MWあるものとしよう．火力発電は負荷率90%という高い水準で発電することになる．ここに，1MWの風車が1本，建設されたとしよう．この風車がフルに発電したとしても，火力発電は先とほとんど変わらない負荷率で発電する (899MW)．では，1MWの風車が900本建設されたなら，どうか．風がまったく吹かない時，火力発電は900MW分すべてを賄わなくてはならないだろう．一方，すべての風車がフルに発電した場合，火力発電の負荷率はゼロになるだろう．風車による実際の発電量は，これら両極端なケースのあいだとなるだろう．いずれにせよ，風車の数を増やすほど，火力発電は風の「気まぐれ」に振り回される度合いが大きくなり，負荷率は大きく変動するうえ，低負荷率域で発電する機会も増えるだろう．

　熱機関は，一般に，定格の負荷率近辺において熱効率が最大になるように作られており（もちろん，エントロピーの発生がゼロではないので，カルノー効率には及ばない），それよりも低い負荷率（つまり，部分負荷）の状態での運転では，熱効率が低下するという傾向を持つ (石田, 2012)．その関係を簡略に描けば，図6-4のようになる．負荷率がゼロ，すなわちアイドリングの状態では発電がゼロだから，熱効率はゼロである（当然，この状態でも燃料を消

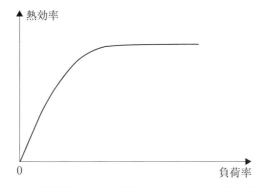

図 6-4　熱機関における熱効率と負荷率の一般的な関係

費する）．最大（に近い）熱効率が得られる領域に対応する負荷率を下回れば，負荷率が低下するほど熱効率はゼロに向かっていくのは自然なことであり，低負荷率領域では，負荷率と熱効率は比例関係に近づく．負荷率と熱効率が比例関係にある場合，負荷率を下げたところで燃料消費量はまったく減少しない．たとえば，負荷率 50% で熱効率が 10% である場合の燃料消費量を 100 としよう．もしも，負荷率が半分（25%）になっても熱効率が 10% のままであれば，燃料消費量は 50 に減るはずである．しかし，もしも，熱効率も同時に半分（5%）になるのであれば，同じ動力（あるいは電力）を得るために消費される燃料は熱効率が 10% の場合と比べて 2 倍になるわけだから，結局のところ，燃料消費量は 100 のまま変わらない．もちろん，現実の熱機関では，低負荷率の領域で，負荷率と熱効率が単純な比例関係になるわけではなく，いくらかは上に凸になるのが普通なので，負荷率の低下が燃料消費をまったく削減しないというわけではない．とはいえ，負荷率の低下とともに熱効率も低下すれば，低負荷率運転による燃料消費の削減効果に，大きな期待を込めることはできなくなる．

　しかし，問題はこれだけではない．負荷率の変動が大きい運転をすれば，そのこと自体が熱効率を下げる原因となるし，さらには，発電機の寿命が縮むという問題がある（Trainer, 2007）．発電機の製造にも，相応のエネルギー投入が必要であることに注意されたい．

以上の問題を考えると，風車をたくさん建てれば化石燃料を大幅に削減できると決めつけるのは早合点であるというべきだろう．研究者によっては，風力発電のシェアが20%程度くらいまでは，化石燃料消費の節減効果が大きく失われることはないとの見方もある (Gross et al., 2006)．しかし一方で，電力供給の安定性の確保のためのシステム構築やオペレーションコスト等を総合的に考えると，これでもまだ楽観的であるかもしれず，現実的にみて妥当な風力発電シェアは10%程度であるとの指摘もある (Korchinski, 2013)．この程度のシェアでは，到底，「脱」化石燃料社会を遂げたとは言えないだろう．

6.3 ストレージ

再生可能エネルギーとして注目を集めている太陽光発電や風力発電から得られるのは，その名の通り，電力である．太陽光や風力は不安定なフロータイプのエネルギー源だが，もしも気象条件が良好なときに余剰電力を貯めておくことができれば，事実上はストック型のエネルギー源として利用することができるだろう．

しかし残念なことに，電力はその性質上，電力のまま長時間大量に貯めておくことができない．したがって，電力のエネルギーを貯める（ストレージする）ためには，貯蔵可能な別のエネルギー形態に変換する必要がある．ストレージの方法として古典的なのはダムであり，次世代のストレージ方法として期待されている代表的なものは，圧縮空気，フライホイール，水素，そして電池である．以下，順にみていこう．

ダム

余剰電力を使ってダムに水を汲み上げ，電力が足りない時にそれを放流して発電するという「揚水発電」は，取り立てて目新しいストレージ法ではない．これは，電力のエネルギーを（水の）位置エネルギーに変換し，再び電力に戻すという方法である．だが，このストレージ法には大きな欠点がある．それは，

エネルギー密度が極めて小さいということである．水50tを100mの高さに汲み上げたときの位置エネルギーは，石油1kgの熱量とほぼ等しい．ダムはいわば巨大な「電池」であるが，図体の割には貯められるエネルギーの容量が小さいのである．このことが意味するのは，まとまったエネルギーのストレージには大規模の施設が必要であるということである．

「ダム天国」である日本を例に考えてみよう．国内にある水力発電施設の総出力は，約50GWである．このうち，およそ半分が一般水力であり，残りが揚水発電である．揚水発電をこれだけの規模で有するのは日本とアメリカくらいである．まず直視すべきは，河川という河川に大小合わせて2,700ものダムを造りまくっても，総発電量に占める水力発電の割合は1割にも満たない，という現状である．そのうえ，ストレージ用のダムは，通常のダムよりも必要条件が多い．なぜなら，水を汲み上げる必要があるので，上だけではなく下の方にも水溜めを造らなければならないからである．上部に水溜めを持つだけのダムでさえ，条件の良い未開発な場所はすでにほとんど残っていない．ましてや，下部にまで水溜めを持つダムに適した場所を確保することがいかに困難であるかは明らかだろう．

ダムの建設は，高度経済成長において巨大化が顕著になり，ダム開発が可能な地域は次々に改造され，ダムといえば環境破壊の代名詞とった．開発が進むほどに新たなダム用地の開発余地は少なくなるので，年々ダム用地の確保および建設が困難になるのは，当たり前といえば当たり前である．事実，1990年代後半くらいから，日本における水力発電設備容量の伸びは頭打ちとなった．なお，ここでいうところの水力発電設備容量には，下から水を汲み上げて貯めておくタイプの揚水発電も含まれている．揚水発電は，出力調整が難しい原子力発電が生み出す夜間の余剰電力エネルギーを貯めるために建設が進められてきた．発電設備容量だけでみれば，火力や原子力などを含めた全発電設備容量の1割程度，すなわち25GW以上に相当する揚水発電が日本に存在する．とはいえ，この25GWというのは，いつでも好きなときに得られる電力というわけではなく，時間をかけて水を貯める必要があるので，どうしても稼働率が低くなってしまう．したがって，総発電量からみると，揚水発電量は些細なも

のとなっている．

　さて，現代経済が本格的に再生可能エネルギー依存社会へ移行するためには，どれだけの規模のストレージが必要なのだろうか．ここでは議論を電力に絞り，風力発電と太陽光発電で電力のほとんどを賄うという極端なケースを想定してみよう．まず，夜間の太陽光発電は不可能である．季節や気象条件によっては，風力発電も夜間に止まってしまう状況もあり得るだろう．しかし，そのような最悪の場合でも電力は必要である．電力需要の少ない夜間でさえ，多い時には，日本全体で 100GW 程度の需要がある．つまり，既存の一般水力と既存の揚水発電をフルに活用しても，夜間の半分の電力しか供給できないのである．仮に，残りをすべて揚水発電で賄うのなら，既存の揚水発電所の 2 倍の揚水発電所を新たに開発しなければならない．狭い国土にすでに世界でも抜きん出た数の揚水発電所を造ってきた日本国内に，そのような地理的余裕があるとは考えにくい．

　仮に，揚水発電の出力が十分であったとしても，その出力が何時間継続できるか（つまり電力量）も重要である．夜間で風が吹かない（あるいは強すぎて発電できない）状況が 10 時間継続することがあるとすれば，10 時間分の電力を非常用に確保しておかなければならない．議論を単純化するために地域間での電力融通はないとすると，日本全体では，100GW×10 時間＝1,000GWh 分のストレージ設備が必要という計算になる [3]．

　既存の揚水発電が満水状態になった場合，一度の放水で発電できる電力量は 175GWh 程度であるとみられる [4]．仮に，25GW の一般水力はいつでも発電できる状態にあるとの楽観的な仮定をしておくとしよう．そうすると，残りの 75GW×10 時間＝750GWh 分を貯めておかなければならない．既存の揚水発電所をすべて満水にしても，その 4 分の 1 にも満たないのである．これを揚水発電で賄うためには，揚水発電所を現在の 4 倍の水準に増やさなくてはならない．これは，相当に非現実的な数字であろう．この計算は単純な仮定のうえに成り立っているので，数値そのものの正確さについては疑問がある．とはいえ，少なくとも，次のことはいえるだろう．すなわち，仮に電力のほとんどを「風力・太陽光発電＋ダムによるストレージ」というシステムによって賄うと

したら，国土のさらなる荒廃は避けられいはずだ．

圧縮空気

ダムについて述べた内容は，程度の違いはあれども，ダム以外のストレージ方法についてもおおよそ当てはまる．要は，化石燃料以外のエネルギーキャリアは，どれも，エネルギー密度が小さいことが問題なのである．

圧縮空気方式の場合，1立方メートルの容積に貯められるエネルギーは25MJ程度（あるいは，7kWh弱）である（Ashby and Polybank, 2012）．この値は，石油系のエネルギーキャリアと比べると3桁ほど小さい．先ほどと同様のケースを想定し，電力750GWh分のエネルギーをストレージする必要があるとしよう．既存の揚水発電所をフルに活用するとして（175GWh），それを差し引いた分，すなわち575GWh分を圧縮空気方式でストレージするとしたら，どれほどの容積を必要とするか計算してみよう．仮に，東京ドームと同じ容積（124万立方メートル）の圧縮空気ストレージシステムを構築するならば，8.7GWh分の蓄電が可能ということになる．したがって，575GWh分の蓄

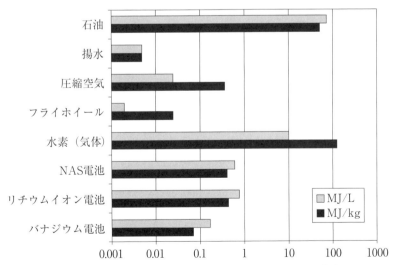

図6-5　さまざまなエネルギーキャリアのエネルギー密度
（備考）Ashby and Polybank（2012），NEDO（2013）を参考に筆者作成

電には，東京ドーム66杯分の容積を確保しなければならない．エネルギーを貯めるためにこれだけの空間を国内に確保するのは，決して簡単な挑戦ではあるまい．もっとも，アメリカのように，人口の割に広い国土を有する国であれば，大規模なストレージシステムの構築もそれなりに現実的であろう．事実，揚水発電と圧縮空気方式の2つは，現在のところ，商業的に見合う大規模ストレージと位置づけられている．とはいえ，圧縮空気方式は，揚水発電と比較するとまだまだ導入規模は小さく，十分に普及しているとは言い難い．たとえば，アメリカではトータルで出力20GW分の揚水発電所を持つが，圧縮空気方式については0.1GW分ほどにすぎない．世界全体でみても，圧縮空気方式の出力合計は0.3GW程度であり，合計出力127GWの揚水発電所の規模から比べると格段に小規模である（Yang and Jackson, 2011）．しかも圧縮空気方式は，発電時に補助燃料として化石燃料を消費するので，化石燃料依存からの脱却を目指すのであれば，その燃料を他で代替する道を考える必要がある．

フライホイール

　フライホイール方式は，圧縮空気方式と比較すると桁違いにエネルギー密度が小さい．両者のあいだには，質量当たりでは2桁，体積当たりでは1桁の開きがある（Ashby and Polybank, 2012）．したがって，圧縮空気方式による大規模ストレージシステムの構築が我々にとって大きなチャレンジならば，フライホイールで同じことをするのは，さらに困難なチャレンジとなるだろう．

水　素

　余った電力により水を電気分解し，発生した水素を貯蔵する方法は，「クリーン」なエネルギー貯蔵法であるとして注目を浴びている．ただ，常温常圧の水素ガスのエネルギー密度は，質量当たりこそ石油よりも大きいものの，体積当たりでみると石油よりも3桁ほど低く（つまり，圧縮空気と桁が同じ），そのままの状態で貯蔵するにはあまりに嵩張ってしまう．容積を減らすためには，高い圧力をかけるか冷却する必要があり，いずれにせよ，その過程でエネルギーの投入を必要とする．つまり，水素の持つ正味のエネルギーはその分だ

け失われることになる．たとえば，水素ガスを200気圧にまで圧縮すれば理論上はエネルギーの体積密度は2桁高まるが（それでもなお，石油よりも1桁小さい），その過程で水素の持つエネルギーの8％分が失われる．700気圧ともなれば，失われるエネルギーは20％にも達する（Trainer, 2007）．これが意味するところは，圧縮過程でのエネルギー損失を見込むと，水素を保存するための容器はさらに大型化が必要であるということである．

　液化水素についても，同様である．液体という状態は，燃料として利用する際にいろいろと便利な形態ではあるが，水素は極めて液体になりにくく，常圧においては，零下253度でようやく液化する．この温度は絶対零度に近いため，決して「お手軽」なストレージ方法ではない．その際のエネルギー損失は，液化される水素のもつエネルギーの40％に相当するともいわれている（Romm, 2005）．それでもなお，液体水素のエネルギー密度は，体積当たりでみると石油の5分の1程度にすぎない．

　圧縮するにせよ液化するにせよ，水素を貯蔵するための容器には相応の頑丈さが要求されることも忘れてはならない．数百気圧の水素ガスをポリタンクに入れて貯蔵できるだろうか．容器を頑丈にすればするほど，容器それ自体の質量や体積が無視できなくなり，全体としてみた場合，水素によるストレージシステムの実質的なエネルギー密度はさらに低下することになる．

電池

　ある種の2次電池は比較的大きなエネルギー密度を持っており（とはいえ，石油には遠く及ばないが），すでに小規模のストレージには利用されている．ここでは，現世代〜次世代を代表する二次電池として，NAS，レドックスフロー，リチウムイオンの3種類について述べることにする．結論から先にいえば，どれも一長一短であり，電力供給平準化用程度の用途であればともかく，大規模なストレージを担うようになる目処は立っていない．

　まず，NAS電池についてみてみよう．重量当たりのエネルギー密度は110Wh/kg程度，体積当たりのエネルギー密度は140〜170Wh/L程度である（NEDO, 2013）．従来の2次電池，たとえばニッケル＝カドミウム電池と

比べると，質量当たりのエネルギー密度は1桁大きく，容積当たりのエネルギー密度は数倍大きい．先述の圧縮空気方式と比べると，質量当たりのエネルギー密度は同程度だが，体積当たりのエネルギー密度は1桁大きい．極材としてナトリウムと硫黄を，電解質としてアルミナセラミックスを用い，ありふれた物質を用いているため，量産化したとしても，電池材料の稀少化については心配しなくても良さそうである．しかも長寿命であり，材料資源の消費速度は抑えられる．ところが，NAS電池は作動温度が高い（300℃）ので，運転時には加熱が必要である．また，火災事故を起こした場合，ナトリウムという物質の性質上，通常の放水消火は行えない（水と反応するため）．今後，大規模ストレージ用にNAS電池を利用するなら，火災を防ぐための手立てを現在以上に強化しなければならない（すでに，NAS電池は火災事故を起こしている）．ただし，何をするにもエネルギーを必要とする．すなわち，火災事故対策を強化するほど，そのために多くのエネルギーを必要とするはずである．そのようなシステム「込み」でみるなら，NAS電池の実質的な充放電効率は低下するはずなので，実質的なエネルギー密度も低下するだろう．その際のエネルギー損失が果たしてどの程度なのか，現時点では不明である．

　リチウムイオン電池のエネルギー密度は，NAS電池と同程度かやや大きいくらいである（NEDO, 2013）．常温での作動が可能であり（むしろ高温下では劣化が早まる），充放電の繰り返しによる劣化も小さく，充放電効率も大きい．これらの特性から，用途としては，持ち運び用・輸送用機器の電池に適している．ただし，kWh当たりでみた電池のコストはNAS電池よりも数倍高く，また，今後しばらくは電気自動車（EV）用の二次電池の主力であり続けると思われるので，据置用の大規模ストレージに用いるのは「もったいない」だろう．リチウムはレアメタルであり，仮に世界中の自動車をEV化するとすれば，リチウムの埋蔵量は決して潤沢といえるほどあるわけではない（詳しくは補論Bをみられたい）．もしも，575GWh分をリチウムイオン電池でストレージするなら，そこで使用されるリチウムの量はおよそ87,000t程度と見積もられる[5]．世界全体のリチウム生産量が年間36,000t程度だから（USGS, 2015），87,000tというのがいかに莫大な量であるかは明らかだろう．もし，世界全体で，リチ

ウムイオン電池による大規模ストレージシステムを構築したらどうなるか．世界全体の電力消費量は，大雑把にいって，年間 20,000TWh である．10 時間当たりに換算すると，約 23,000GWh となる．これに相当するエネルギーをリチウムイオン電池にストレージするためには，3Mt を超えるリチウムが必要ということになる（充放電ロスを考えていないので，これでもこの値は過小評価である）．世界全体のリチウム埋蔵量は 15Mt 程度とみられているから（USGS, 2015），3Mt といえば埋蔵量の 20%に相当する量である．

　コストや安全性からみて，定置用大容量電池として現在のところ最も期待されているのは，バナジウム（レドックスフロー）電池である．だが，バナジウム電池の質量エネルギー密度はせいぜい 20Wh/kg 程度，体積エネルギー密度はせいぜい 25wh/L 程度である（NEDO, 2013）．リチウムイオン電池や NAS 電池と比較すると，バナジウム電池のエネルギー密度は小さい．

　また，リチウムと同様に，バナジウムもレアメタルであることに注意されたい．国内電力需要の 10 時間分，575GWh 分の電力をバナジウム電池で貯める場合，どれだけのバナジウムを必要とするかを計算してみよう．バナジウム電池容量 1kWh 分当たり，およそ 2.8kg のバナジウムが使われている（Trainer, 2007）．したがって，575GWh 分のバナジウム電池に使われるバナジウムは約 1.6Mt と計算される．これは，世界全体のバナジウム生産量（年間 78,000t 程度）のおよそ 20 年分に相当する途方も無い量である（USGS, 2015）．また，バナジウムの埋蔵量は，世界全体で 15Mt 程度とみられている（USGS, 2015）．日本国内で 575GWh 分の容量を持つバナジウム電池を設置したら，日本だけで世界全体のバナジウム埋蔵量の 1 割以上を使ってしまうことになる．

　世界全体なら，どうだろうか．世界全体の電力需要（年間 20,000TWh）のたった 1 時間分をストレージするだけで，必要となるバナジウムは 6Mt を超える．つまり，世界全体の 2 時間分の電力需要をバナジウム電池でストレージするだけで，バナジウムの埋蔵量をほとんど使ってしまうのである．

　以上を踏まえると，フローが不安定な太陽光発電や風力発電に電力需要の多くを依存する社会を（無理やり）構築したとしても，そこで得られる電力が，これまでのように安価であるとは考えにくい．

6.4　パワー密度

　ストレージの問題を抜きにしても，化石燃料時代から再生可能エネルギー時代への移行においては，また別の大きな問題が立ちはだかっている．その問題とは，化石燃料と再生可能エネルギーとのあいだに，面積当たりでみた「パワー密度」の著しい乖離があるということである．早くからパワー密度という視点でエネルギー問題を論じてきたのはV. スミルである（Smil, 1991, 2003, 2008a, 2010a, 2015）．

　パワーの単位は，時間当たりのエネルギー量である．スミルがいうところのパワー密度とは，単位面積当たりのパワー，すなわち時間当たりのエネルギーフロー量により定義される．パワー密度は，エネルギーの供給および需要の両方について，定義可能である．

　化石燃料の力によって我々が作り上げた都市型経済を再生可能エネルギーによって支えようと企てるのであれば，我々は，薄く広く散らばるエネルギー資源を遠方から大量に掻き集めるという，とてつもないチャレンジに成功しなければならない．しかも，そこに化石燃料は使えない．奇妙な表現だが，化石燃料は，広い範囲からエネルギー資源を掻き集める輸送システムの構築を可能にしたのと同時に，その必要性を格段に軽減した．なぜなら，すでに述べたように，化石燃料は薄く広く広がる「面」的なエネルギー資源とは異なり，狭いエリアに濃縮して存在する「点」的なエネルギー資源だからである．

　我々「石油文明人」は，自分たちが消費する石油が採掘されるためにどれだけの広さの土地が使われているか，ほとんど意識することなく生きている．これはおそらく，バイオマス時代の人々とは著しく異なる経済観であろう．光合成が生み出すバイオマス資源のパワー密度は，化石燃料と比べると驚くほどに小さく，少なくとも2桁ほどの開きがある（図6-6）．したがって，バイオマス時代は何を生産するにしても土地集約的にならざるを得なかった．

　一方，石油生産のパワー密度は極めて大きいため，ある都市（国でもよい）が需要する石油を生産するために必要な土地は，その都市自体の面積よりも格

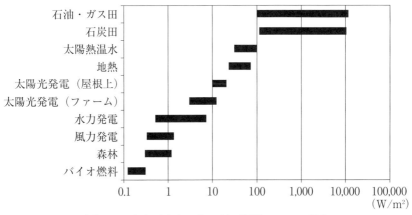

図 6-6 さまざまなエネルギー資源のパワー密度
(備考) Smil (2015) に基づき筆者作成

段に小さい．油田のパワー密度は，大きいところでは 10,000W/m^2 を超えるが，現代の都市における需要のパワー密度は 10 の 1 乗の桁程度である（人口が超過密地区では 10 の 2 乗の桁に乗る場合もある）．石油，石炭，そして天然ガスが採掘されている現場の面積は，世界全体で合計してもわずか 12,000km^2 程度であり，精製・輸送施設や火力発電施設が占有する土地面積を含めても 90,000km^2（北海道よりもやや大きい）にも満たない（Smil, 2015）．一方で，2010 年現在，世界全体の再生可能エネルギー供給量は化石燃料生産量の 3% 程度の水準でしかないのにもかかわらず，再生可能エネルギー生産のために使われている土地面積はおよそ 400,000km^2 と，日本の国土面積より大きいのである．

再生可能エネルギーのパワー密度は，大きいものなら典型的な現代都市におけるエネルギー消費のパワー密度と同程度あるものの，多く場合はそれよりも小さい．再生可能エネルギー依存型社会を構築するのであれば，パワー密度における需要と供給のギャップをどのように埋めるのか，つまり，都市や国に再生可能エネルギーを供給するための広大な土地を，いったいどのように確保するのかが問題となる．このような議論を抜きにして「再生可能エネルギー社会」を描いたところで，それは単に夢と希望を述べたものにすぎない．近い将

来に「再生可能エネルギー100%」社会が実現できるとする見通し（たとえばJacobson and Delucchi（2011）など）の甘さをスミルが手厳しく批判しているのは、まさにこういった理由による（Smil, 2015）．

　では、具体的数値として、「再生可能エネルギー社会」はどれだけの土地を必要とするのだろうか．スミルの試算によると，アメリカが再生可能エネルギーだけでエネルギー需要を賄おうとすると，アメリカ全土の25～50%を，風力や太陽光発電，バイオ燃料や木炭生産などの用地として確保しなければならないという（Smil, 2015）．

　人口の割に広大な土地を持つアメリカでさえこの有り様である．国土が小さい割に人口が多い国については推して知るべしだろう．たとえば，パワー密度$1W/m^2$の「エネルギー供給装置」でイギリスやドイツのエネルギー需要をすべて賄うためには，国土全体にその装置を敷き詰めなければならない（McKay, 2013; Smil, 2015）．これが非現実的であることは言うまでもない．いくつかの国については，国土全体にその装置を敷き詰めても十分ではない．韓国，オランダ，そして日本はそうした国に該当する．日本の2013年度の最終エネルギーをパワーに換算すると，およそ460GWであった（資源エネルギー庁，2015）．仮に，これをパワー密度$1W/m^2$の再生可能エネルギーで賄うとすれば，そのために必要な面積は460,000km^2となり，日本の面積を2割も上回ってしまう．

　もっとも，この試算に対しては，次のような反論があるかもしれない．つまり，再生可能エネルギーには太陽熱のようにパワー密度の高いものもあるので，そうしたものを優先的に活用することにより，必要面積はずいぶんと削減できるはずである，と．そうした反論に答えるために，日本を事例として，もう少し細かいシナリオに基づいて試算してみよう．

　表6-1は，日本における最終エネルギー需要を，パワー密度の高い再生可能エネルギーを優先的に利用することによって賄う場合に必要な面積を計算した結果を示している．この試算過程について説明しよう．まず，再生可能エネルギーのうち最もエネルギー密度の高い太陽熱温水を最大限活用するものと仮定した．太陽熱温水は，温帯地域では$50W/m^2$を超えることはないのだが

表 6-1 日本が「再生可能エネルギー 100%」を実現する場合に必要な土地面積

最終エネルギー需要		エネルギー供給	必要面積
電力	115GW	太陽熱（50W/m^2）	
運輸燃料	92GW	給湯・暖房	1,400km^2
コークス	46GW	太陽光発電（15W/m^2）	
給湯・暖房	70GW	電力	7,667km^2
その他	137GW	その他	9,133km^2
計	460GW	木炭（1W/m^2）	
		コークス代替	46,000km^2
		バイオ燃料（0.5W/m^2）	
		運輸燃料	184,000km^2
		計	248,200km^2

（備考）最終エネルギー需要は 2013 年度の実績値
（データ出所：資源エネルギー庁，2015）

(Smil, 2015)．ここでは譲歩して，50W/m^2 という数値を採用した．太陽熱温水により，国内の給湯および暖房に使われるエネルギーのすべてを賄うと仮定しよう．最終エネルギー消費のうち家庭部門における消費の割合は 14%，業務部門における消費の割合は 20% で，そのうち給湯および暖房用エネルギーが占める割合は家庭部門で 50% 程度，業務部門で 40% 程度だから，給湯および暖房で使われているエネルギーは全体で 70GW ということになる（資源エネルギー庁，2015）．したがって，もしもこれをすべて太陽熱温水で賄うとすれば，太陽熱温水パネルを設置するために 1,400km^2 の面積が必要ということになる．

給湯・暖房用以外に使われるエネルギーは，基本的に，太陽光発電で賄うとしよう（太陽光発電は，一般に，風力発電よりもパワー密度が大きい）．太陽光発電のパワー密度を 15W/m^2 とする．ただし，太陽光発電の利用には，現実的にみて 2 つの例外がある．ひとつは製鉄で用いられるコークスで，もうひとつは輸送機器用の燃料である．

コークスは，鉄鉱石から鉄を得るための還元剤として用いられており，コー

クスを代替することができる再生可能エネルギーは木炭（要するにバイオマス）である（事実，コークスが利用される前は，木炭による製鉄が一般的であった）．現実的な値として，薪生産のパワー密度を $1W/m^2$ としよう．実際には，薪から木炭を作る際にエネルギー損失があるので，木炭のパワー密度はこれよりも小さい．だが，それについては譲歩して，エネルギー損失を無視することにしよう．コークスの消費量は46GWだから，これをバイオマスで置き換えると，$46,000km^2$ もの面積の土地を必要とする計算になる．

運輸部門で使われる燃料も，コークス同様，太陽熱や太陽光発電によって代替するのは容易ではない．人やモノを輸送するために消費される燃料はほとんど石油製品であり，近い将来に電気自動車が内燃機関自動車を大きく代替するという見込みは薄い．バイオ燃料の使用は，既存の内燃機関や給油所等のインフラに大幅な変更を必要としないため，燃焼時における技術的な制約は少ない．だが，バイオ燃料の大量生産は広大な土地を必要とする．バイオ燃料のパワー密度はせいぜい $0.5W/m^2$ 程度だから，運輸燃料92GWを供給するためには，最低でも $184,000km^2$ もの面積を必要とする．

以上をすべて足しあわせてみよう．パワー密度の大きい再生可能エネルギーの利用を仮定したとしても，日本のエネルギー需要をすべて再生可能エネルギーで賄うためには約25万 km^2 もの広さを確保しなければならない．これは，日本の面積の3分の2に相当する広さである．

ところで，現代社会では人口の多くは都市に集中しており，したがって，都市域と過疎地域のあいだには需要のパワー密度に大きな格差がある．日本全体でみると需要のパワー密度の平均は $1W/m^2$ を少し上回る程度だが，東京都に限ってみれば $10W/m^2$ 程度の水準となる．では，今度は大都市をひとつの単位として，再生可能エネルギー社会構築の可能性を考えてみよう．いったい，都市エリアの何倍の土地を必要とするのだろうか．

表6-2は東京都についての試算結果を示している．ここでも先のシナリオ同様，できるだけパワー密度の大きい再生可能エネルギーから優先的に活用するものと想定している．まず，需要のパワー密度のうちの30%分，すなわちガス・その他が占める $3W/m^2$ は給湯・暖房向けであると仮定しよう[6]．でき

表6-2 東京都が「再生可能エネルギー100%」を実現する場合に必要な土地面積

需要のパワー密度		供給のパワー密度		域内面積比
電力	4.5W/m^2	屋根上太陽熱（50W/m^2）		
液体燃料	2.5W/m^2	給湯・暖房*	3.0W/m^2	6%
ガス・その他	3.0W/m^2	屋根上太陽光発電（15W/m^2）		
計	10.0W/m^2	電力の一部	0.6W/m^2	4%
		ソーラーファーム（15W/m^2）		
		電力の一部	3.9W/m^2	26%
		バイオ燃料（0.5W/m^2）		
		液体燃料	2.5W/m^2	500%
		計（屋根上除く）		526%

*給湯・暖房用に消費されるエネルギーはガス・その他の量と等しいと仮定
（備考）最終エネルギー消費シェアは2011年度実績値
（データ出所：東京都環境局，2014）

るだけ土地を節約するために，パワー密度の大きい太陽熱パネルを建物の屋根に据え付けるとする．しかし，すべての土地を太陽熱パネルで覆い尽くすことは当然のことながら不可能であり，屋根上に設置できるのは，せいぜい，都市占有面積の10%程度であるとみられている（Stoll et al., 2013）．そのうちの6割に屋根上太陽熱温水パネル（50W/m^2）を敷き詰めたとすれば，3W/m^{2}の給湯・暖房用エネルギーを充足できる計算となる．残りの4割の屋根上には，太陽光発電パネル（15W/m^2）を敷き詰めるとしよう．このように，屋根上を最大限に活用して太陽熱温水器および太陽光発電パネルを設置するなら，合計で3.6W/m^{2}分を賄えることになる．だが，それでもまだ6.4W/m^{2}分が不足する．不足分の電力をソーラファームから供給するとすれば，東京都全体の面積の26%に相当する土地を必要とする．さらに，液体燃料2.5W/m^{2}分のエネルギー（ほとんど輸送燃料）をバイオ燃料によって代替するなら，それだけで東京都の面積の5倍もの広さを持った土地が必要なのである．屋根上に設置した太陽熱・太陽光パネルの専有面積を除外したとしても，再生可能エネルギーに依存した場合の東京都は，東京都の5倍以上に相当する広さの土地を，エネルギー供給地としてどこかに確保しなければならないのである．

今度は，議論を東京23区に絞ってみてみよう．特に都市化が際立つこのエリアにおける最終エネルギー消費のパワー密度は30W/m^{2}程度であり，先と同様の試算を行うと，東京23区内で消費される最終エネルギーを再生可能エネルギーで賄うためには，東京23区の面積の16倍以上の広さをどこかに確保しなければならない．

エネルギーの輸送というのは，どのような形態であれいくらかの損失を伴うので，「エネルギー生産地」は消費地に近い方がよいだろう．しかし，東京23区の周囲もそれ相応に都市であり，そこはそこで「エネルギー生産地」を見つけなければならないという事情を抱えている．だからといって，相当に遠方で広大な土地を確保するとなれば，高圧電線による電力の長距離送電網の整備や液体燃料の長距離輸送システムの構築など，課題は山積みである．とりわけ後者については，そもそも大量物流システム自体が石油文明の産物であるということを考慮すると，再生可能エネルギーで簡単に置き換えられると考えるのは楽観的すぎるものといえよう．

もちろん，最終エネルギー消費そのものを低減するための取り組みも必要である．しかし，再生可能エネルギー社会の構築を本気で目論むなら，我々の経済活動を根底から覆すほどのエネルギー節約を余儀なくされるだろう．それはおそらく，エネルギー効率を高めるための小手先の技術開発や，普段の生活スタイルの範囲内での節約行動程度では済まないはずだ．たとえば，東京都の最終エネルギー消費は，2000年から10年間で1割ほど低減した．そして2011年の東日本大震災を受け，前年よりもさらに6%も最終エネルギー消費が減ったのである．しかしそれでもなお，2011年度の最終エネルギー消費を再生可能エネルギーで賄うとすれば，表6-2および表6-3が示すように，我々がこれまで遭遇したことのないほどの困難が待ち受けるのである．それを無理やり進めるのであれば，その先に待っているのは，人間社会と自然環境とが調和した理想郷とは程遠い，土地の激しい奪い合いと広範囲な環境の荒廃に違いない．

表6-3 東京都23区が「再生可能エネルギー100%」を実現する場合に必要な土地面積

需要のパワー密度		供給のパワー密度		域内面積比
電力	13.5W/m^2	屋根上太陽熱（50W/m^2）		
液体燃料	7.5W/m^2	給湯・暖房*の一部	5.0W/m^2	10%
ガス・その他	9.0W/m^2	ソーラーファーム（15W/m^2）		
計	30.0W/m^2	電力**	17.5W/m^2	117%
		バイオ燃料（0.5W/m^2）		
		液体燃料	7.5W/m^2	1,500%
		計（屋根上除く）		1,617%

*給湯・暖房用に消費されるエネルギーはガス・その他の量と等しいと仮定
**屋根上太陽熱によって賄えない給湯・暖房用のエネルギーは電力で補うと仮定
（備考）最終エネルギー消費シェアは東京都全体の2011年度実績値
（データ出所：東京都環境局, 2014）

6.5 エネルギー収支比

再生可能エネルギーは，不安定なフロー型であるとか，パワー密度が小さい，といった問題があるため，化石燃料より扱いにくい．再生可能エネルギーを我々にとって使いやすい形態に変換するためには，その過程でいくらかのエネルギーを必要とする．再生可能エネルギーの実質的なエネルギー収支比は，その分だけ低下することになる．

図6-7は，再生可能エネルギーのエネルギー収支比を示している（Weissbach et al., 2013）．図中の数値は，発電設備の構築や運転に要するエネルギーのみならず，ストレージシステムの運用にともなうエネルギーも考慮されている（トウモロコシは除く）．水力発電を除くと，再生可能エネルギーのエネルギー収支比は，石油と比べて軒並み低い水準となっている．

トウモロコシのエネルギー収支比は4程度で，この値でも大きいとはいえないが，トウモロコシからバイオ燃料を生産する際のエネルギー投入を考慮すると，エネルギー収支比はさらに低下する．既存研究によると，トウモロコシ

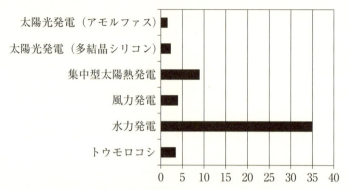

図 6-7 再生可能エネルギーのエネルギー収支比
(備考) ストレージに必要なエネルギーも考慮されている．
Weissbach et al. (2013) を参考に筆者作成

　エタノールのエネルギー収支比は，1.3～1.7 程度であると見積もられている (Wang, 2005)．

　エネルギー収支比は，第 5 章で述べたように，経済的繁栄と深く関わっている．エネルギー収支比の低下が具体的にどのような悪影響をもたらすのかについてはいまだ謎が多いが，いずれにせよ，再生可能エネルギーは，石油文明が築き上げた繁栄を継承する担い手としてはいささか心許ないと言わざるを得ない．

注
1) 細かい違いはあるが，ここでの議論は太陽光発電についても本質的に当てはまる．
2) E.On Netz (2005) のレポートに掲載されているグラフに基づき，筆者が数えた．
3) 地域間での電力の融通があれば，ある地域で発電が止まっても，他の地域から余剰電力を供給してもらえるので，ストレージ設備は 1,000GWh 分も必要ないだろう．しかし，具体的にどれだけあれば十分かは，各発電設備の稼働率に関する確率分布，各エリアの余剰発電に関する確率分布，電力使用制限のスケジュール，停電リスクの受容をどれくらいに設定するか，等の計算条件によって決まる．本書の執筆時点では，これを試算することは不可能に近いので，「最悪」の状況を想定して，日本全体で 1,000GWh とした．
4) 関西電力に関する国会答弁（平成 24 年 5 月 11 日受領 答弁第 209 号）によると，関西電力管轄内の揚水発電所が満力になった場合の発電量は 35GWh とのことである．また，関西電力管轄内の揚水発電所の総出力は 5GW なので，この関係が日本全体でも同じであると仮

定すると，25GW の揚水発電所が満水になった場合の発電容量は 175GWh となる．
5) リチウムイオン電池容量 1kWh 当たりのリチウム量を 151g として計算した（Forster, 2011）．
6) この仮定の妥当性は，次の通りである．日本全体で，家庭部門における最終エネルギー消費のうち給湯・暖房用が占める割合はおよそ 50％であり，業務部門におけるそれはおよそ 40％である．東京都についても同様の比率であると仮定すると，東京都の資料（東京都環境局，2014）より，3W/m^2 分が給湯・暖房用であると計算される．これはちょうど，ガス・その他のパワー密度（消費）に等しい．

第 7 章

原子力発電

7.1 ウラン資源

　原子力発電（原発）の核燃料は，天然のウラン資源から精製される．原発といえば，脱石油依存社会の救世主であるかのように扱われてきた向きもあるが，そもそも天然のウラン資源も石油と同様に枯渇性資源である．また，天然ウランには，中性子の作用で核分裂反応を起す U235 というウラン元素の同位体が 0.7% しか含まれていない．これを燃料として用いるためには，少なくとも 3% 程度にまで U235 の濃度を高める必要がある．この工程を「濃縮」といい，遠心分離法やガス拡散法により，天然ウランの大半を占める U238 よりもわずかに質量が小さい U235 が選別され，その濃度が高められる．当然のことながら，このプロセスにも相応のエネルギーが投入される．

　さて，本書で繰り返し述べてきたように，資源というのは一般に，質のよいものから先に採掘される傾向があり，それはウラン鉱石についても例外ではない．では，質の高いウラン資源は潤沢だろうか．残念なことに，ウランの含有量が比較的高いウラン鉱石の埋蔵量は，原発を長期にわたって主役に置けるほど豊富なわけではないのである．ある試算によると，世界の原発利用の水準を現状維持に保ったとしても，2030 年代には，比較的高品位のウラン鉱石（ウラン含有率 0.1% 以上）は枯渇するとみられている（Storm van Leeuwen, 2012）.

　地球上のウランの多くは，高品位のウラン鉱石よりも 1 桁以上低い濃度で

存在している．このような低品位なウラン資源の利用には多くの資源やエネルギーを要するため，発電コストを押し上げる．

　世界全体のウラン生産のピークは，実は，1980年代前半にすでに過ぎている（EWG, 2013）．ただし，近年のカザフスタンでの増産などを背景に，2000年あたりから増産傾向に転じている．とはいえ，カザフスタンにおけるウラン生産もそう遠くない時期にピークを迎えるとみられている．

　ウラン資源は，品位や鉱量がはっきりしている「確認資源」（reasonably assured resources, RAR）と，それほどはっきりしない「推定資源」（inferred resources, IR）に分類される．RAR のうち，ウラン当量1kg（1kg-U）当たり80ドル以下のコストで回収可能なウラン資源量は200万 t-U ほどであり，2020年頃には生産量のピークを迎えるとみられている（EWG, 2013）．RAR のなかでも，それよりも品質が劣るウラン資源，すなわち，130ドル/kg-U 以下のコストの回収可能なものにまで利用範囲を広げたとしても，生産量のピークは2030年頃と，10年程度延びるだけである．RAR と IR をあわせて，260ドル/kg-U 以下のウラン資源まで含めれば，資源量は700万 t-U を超え，生産量のピークも2045年くらいまで延びるとみられているが，いずれにせよピーク時期はそれほど遠い将来というわけでもないし，しかも，IR に分類されるウラン資源の不確実性を考えると，ピーク時期はもっと早い時期に訪れるかもしれないのである．

7.2　発電コスト

　原発は，しばしば，発電コストが（相対的に）低いとされている．たとえば，『エネルギー白書2010』によると，原発の発電コストは5～6円/kWh と，天然ガス火力（7～8円/kWh）よりも小さいことが示されている．再生可能エネルギーの発電コストはこれらよりも大きいので，原発は最も安あがりというわけである（資源エネルギー庁, 2010）．

　この数値の出所はどこかというと，電気事業連合会が2004年にまとめた「モ

デル試算による各電源の発電コスト比較」である[1]．この報告書には，天然ガス発電のみならず，石油火力と石炭火力の発電コストも示されている．それによると，火力発電のうち，石油火力が最も割高であるが，石炭火力は原子力とほぼ同水準であることが示されている（条件にもよるが）．『エネルギー白書2010』がなぜ石炭火力の発電コストを掲げなかったのかは謎だが，それはともかく，電気事業連合会による試算結果は，原発を最も安価な発電方式の1つであるとの見方を支持する内容となっている．

2011年に起きた福島第一原子力発電所の事故を境に，発電コストの見直しを求める機運が高まり，政府のワーキンググループにより再検討が行われた[2][3]．試算の際，発電に係る私的費用だけでなく，二酸化炭素排出対策費や政策経費といった社会的費用も考慮された．そこでの試算結果でも，やはり，原発は相対的に安価であることが示された．

発電コストの算出は，一般に，電源ごとにモデルプラントを想定し，ライフサイクルの費用を総発電量で割る，という方法で行われる．この方法は，先の例はもちろん，OECDをはじめ世界的に広く採用されており，均等化発電コスト（levelised cost of electricity, LCOE）法と呼ばれている．この方法による試算結果は，資本費，プラントの建設期間，維持管理費，燃料費，稼働率，割引率，等をどのように設定するかによって変動する（Gross et al., 2010; Harris et al., 2013; IEA/NEA, 2015）．つまり，この方法は，想定した条件下での予想を行うものであって，実際の発電コストを試算するわけではない．

発電コストを評価するための他の方法として，電気事業者の財務諸表を用いるものがある（室田，1993）．この方法は，電気事業者によって公表されている有価証券報告書のデータに基づいて発電コストを割り出すものであり，LCOE法よりも実際の値を反映しているといえるだろう．しかし，それでもなお，発電費用に何を含めるべきかについては，必ずしも意見が統一していない．具体的にいえば，支払い利息，事業報酬分，減価償却費，社会的費用，揚水発電費用，等の取り扱いの違いにより，原発のコストは火力発電よりも高い結果が得られることもあれば，低い結果が得られることもある（大島，2011; 松尾他，2012）．一般電気事業者は複数の発電モードを所有しているのが普通

であり，費用項目のなかには，特定の電源への按分・割り当てが必ずしも容易ではない項目もある．こうしたことも，コストの試算を難しくしている要因となっている．

こうしたなか，室田（2013）が行った研究は，特筆に値する．室田は，2つの卸売電気事業者，すなわち，日本原子力発電株式会社（原電）と電源開発株式会社（電発）に注目した．この2つの卸売電気事業者は対照的であり，前者は原発のみを所有し，後者は石炭火力および水力を主力としている．原電の有価証券報告書には，どれだけの電力をいくらで販売したかが記載されているので，割り算すれば，簡単に原発の卸売単価が算出できる．電発の有価証券報告書には，石炭火力，水力それぞれについて，発電量と販売額が記載されているので，同様に，それぞれの卸売単価が計算できる．この計算方法は極めてシンプルであり，発電コストに何をどれだけ含めるかという判断をいちいち必要としないため，算出過程に恣意性が入り込む余地が少ない，という利点がある．

図7-1は，室田（2013）による試算結果を示している．推移をみれば明らかなように，2005年から2010年までの期間で，原発の卸売単価が石炭火力発電のそれを下回ったことは一度もない．この結果は，原発が割安であるという世間の認識を疑うだけの説得力を十分に持っている．

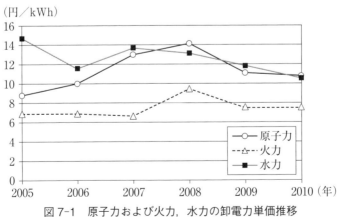

図7-1　原子力および火力，水力の卸電力単価推移
（備考）室田（2013）に基づき筆者作成

厳密にいえば、卸売単価と発電コストは同一なものではない。しかし、電力需要者からすれば、安く買えるかどうかが重要な関心事であり、その意味では、卸売単価に目を向ける方が理にかなっているともいえよう。とはいえ、この結果は、①卸売電気事業者のみ、②火力は石炭火力のみ、という2つの面で限定的であり、これを日本全体に一般化できるかどうかについては、疑問が残る。そこで石田は、日本の電力供給に関する時系列データを用い、マクロ的な視点から実証分析を行った[4]。具体的には、原子力による発電実績と電力単価の時系列データに基づき、前者が後者に及ぼす影響を論じている。分析の結果、原発による発電水準を高めるほど、むしろ電力単価が上昇するという関係が見いだされた。

室田と石田の分析は、実際の電力単価を問題にしているため、その結果は、発電にともなう社会的費用（私的費用＋外部費用）のすべてを反映しているわけではない。外部費用を考慮することができるLCOE法は、この点において優れた面を持っている。しかし、外部費用の発生は一般に不確実性が大きく、貨幣換算も難しいため、それを試算しようとすると、どうしても恣意性と隣り合わせとなってしまう。その意味で、LCOE法は諸刃の剣でもあるのだ。たとえば、先に挙げた政府のワーキンググループによる試算では、二酸化炭素排出がもたらす不経済や、福島原発事故の対策費用、立地や研究開発といった政策経費、核燃料サイクル費用、バックエンド費用などが考慮されており、一見すると、重要だと思われる社会的費用がきちんと網羅されているように目に映る。しかしながら、それらの試算が本当に正しいのか、確認する術はほとんどない。たとえば、核燃料サイクル計画は、現時点では具体的方向性が定まっておらず、将来、計画の大幅な見直しを余儀なくされる可能性も少なくない[5]。また、バックエンド費用についても、不確実性は極めて高い。使用済み核燃料や廃炉から出る放射性廃棄物の処理に関する費用はバックエンド費用の一部だが、放射性廃棄物を構成する放射性物質のなかには半減期が10の4乗のオーダー（つまり万単位）にのぼるものもあり、ひとつの文明社会の「一生」を遙かに超えたスケールでの長期間管理を必要とする。数万年後の社会など誰にも予想できるわけがなく、したがって、数万年にわたって社会が現在と同程度に

成熟し安定した状態にあるという確証はどこにもない（いま現在でさえ，社会不安要因は少なくない）．現段階での計画は単なる希望的観測にすぎず，「絵に描いた餅」のようなものである．このように，原発は，私的費用でみても，社会的費用でみても，他の発電方式と比べてむしろ割高である可能性を否定できないのである．

7.3 原子力は石油の代わりにはならない

ウラン資源の制約や莫大な社会的費用という問題を抜きにしても，原発はせいぜいのところ電力しか供給できない，という問題がある（廃熱利用は極めて限定的・例外的である）．現代社会における電力の重要性を否定するつもりはない．電力は，動力と並んで，エントロピーがゼロ（エクセルギー100%）であり，質が高いエネルギー形態なのである．ただ，電力は，石炭でも天然ガスでも，そして石油を燃やしても得ることが可能である．一方で，現在の物流や旅客輸送は，ほとんど石油に依存して成り立っている．人やモノの輸送において鉄道が担っている割合はわずかである現実を踏まえれば，いくら原子力で起こした電力を架線に流し込んだところで，石油文明から脱却できるわけではないのである．

産業革命を境に，人類は本格的な化石燃料時代に突入した．それから2世紀，人類はさまざまなエネルギー資源を開発・利用してきたようにみえるが，自己拡大性という観点からすれば，「エネルギー革命」と呼ぶにふさわしい出来事はこの200年でたった1回のみ，すなわち，およそ150年前から始まった石炭時代から石油時代へのシフトだけである．以後，現在に至るまで，ずっと石油文明は続いている．石炭時代には，石炭によって石炭を掘り，そして石炭によって石炭を運ぶことができた．そこでは，石炭による自己拡大的な社会が成立しており，だからこそ石炭時代だったのである．石油時代に入って，石油は石油によって掘られ，そして運ばれるようになった．石油だけでなく，石油から作られたさまざまな商品も運ばれ，そして，石油の利用技術を身につけた

人々も各地に運ばれ，石油社会が拡大していった．

しかし，石炭や石油のような自己拡大性は，原子力にはない．ウラン資源の採掘や輸送，原子炉の建設やメンテナンス，廃炉にともなう資材の投入，放射性廃棄物の最終処分場への輸送などの工程は，石油なしにはとても進まない．原子力による輸送機関（原子力船や原子力潜水艦）は極めて例外的な存在であり，近い将来，これが現在の自動車を主とする輸送形態を大きく代替するとは考えにくい．要するに，原発をいくら増やしていったところで，我々はちっとも「原子力文明」には近づかないのである．

7.4 エネルギー収支比

火力発電はエネルギーの転換過程であって，エネルギー収支比は1よりも小さい（つまり，得られる電力は，投入されたエネルギー量よりも少ない）．したがって，火力発電は，1次エネルギーの供給システムとは位置づけられていない．だが，エネルギー収支比が1を上回るような発電過程があるとすれば，それは事実上，1次エネルギーの供給システムと見なしてもよいだろう．そのような発電過程の例としては，風力発電や太陽光発電などがある．そして，原発も，しばしば，その仲間だと見なされている．たとえば，電力中央研究所の広報誌『電中研ニュース』439号（2007年3月20日発行）では，石油や再生可能エネルギーのエネルギー収支比を引き合いに出し，原発（「原子力」ではなく）のエネルギー収支比の大きさを賞賛している[6]．つまり，原発は1次エネルギーと同列に扱われており，石油を代替するエネルギー源になり得るかのように期待されているわけである．逆に言えば，もしも原発が1次エネルギーと見なすことができないのなら，原発を積極的に推進する根拠が少なからず揺らぐということになる（単なる「エネルギー転換過程」としての優劣問題はあるとしても）．

では，実際にところ，原発のエネルギー収支比はどれくらいなのだろうか．この問いに答えるのは簡単ではない．原発のエネルギー収支比は，発電総量

を，投入されたエネルギー総量で割ることによって得られる．発電総量は，運転期間と稼働率によって決まるので，把握しやすい．難しいのは，発電コストの計算と同様，エネルギー投入量の計算である．計算の際には，原発施設の建設，核燃料の製造，発電，使用済み核燃料の処理・保管，老朽化した原発の廃炉に至るまでに投入された直接・間接のエネルギー量をすべて積み上げなければならない．

　原発のエネルギー収支に関する定量的な検討は，これまで，多くの専門家によってなされている．それらの試算結果を平均すると，エネルギー収支比はおおよそ5程度であり，一応，1を超えてはいる（Lenzen, 2008）．しかし，既存研究の試算結果には，かなりのバラツキがある．原発のエネルギー収支比は30を超えるとの見方もあれば，1を下回るという見方もある．これだけバラツキがあると，平均をとることの妥当性も疑わしい．

　原発におけるエネルギー収支比の評価が専門家によって大きく食い違っている理由は，廃炉や放射性廃棄物の処分といったバックエンドに関する不確実性に加えて，バウンダリの設定や計算方法がまちまちであるためである．また，仮定や手法が詳しく記述されている文献は少ないため，試算過程の妥当性について検証することが困難であるという問題もある（Lenzen, 2008）．そのようななかで，フロントエンドからバックエンドに至るまでのライフサイクルを網羅し，かつ，計算の手続きが明確に示されている稀有な研究例として，J.W. ストーム・ファン・ルーエンが行った試算がある（Storm van Leeuwen, 2012）．それによると，現行水準である0.1%品位のウラン資源を利用した場合のエネルギー収支比は2〜3程度であり，品位が1桁落ちると正味のエネルギーはほとんど得られなくなることが示されている．すでに述べたように，品位の高いウラン資源は，そう遠くない将来に稀少となることが予想される．大量に存在しているものの品位が低いウラン資源（0.01〜0.02%）を利用しての発電は，ストーム・ファン・ルーエンの試算が正しければ，もはや1次エネルギーとは呼べないことになる．

　ストーム・ファン・ルーエンが行った試算方法は，妥当なのだろうか．原発におけるエネルギー投入量を直接知ろうとしても，利用可能な情報は極めて限

られている．一方で，発電コストの見積もりについては，不完全・不確実であるにせよ，利用可能なデータが数多く存在している．そこで，ストーム・ファン・ルーエンは，エネルギー投入量を，既存のコスト情報から間接的に計算するという手段によって把握しようと試みた．具体的には，発電の各段階におけるエネルギー投入量とコストの比を経済全体のエネルギー消費とGDPの比（要するにGDPのエネルギー強度）と等しいと仮定し，「エネルギー強度」と「発電コスト」を掛け合わせることにより，エネルギー投入量を導き出したのである．この計算方法が大雑把なものであることは確かである．たとえば2つのプロセスがあり，両者のコストが同じだとしても，その内訳が異なれば，エネルギー強度も異なるのが普通であろう．しかしながら，評価対象となる過程に要するコストの費目が多種多様である場合には，GDPのエネルギー強度によりエネルギー投入量を割り出す近似的な計算方法にも，一定の妥当性があることが指摘されている（Tyner et al., 1988）．原子炉の建設や廃炉といった工程に投入される，財やサービスは多種多様であることから，ストーム・ファン・ルーエンの試算方法には，それなりの妥当性があるといってよいだろう．

　それでも，原発についてのストーム・ファン・ルーエンの見解は悲観的すぎるという反論があるだろう．先述の通り，現行の原発におけるエネルギー収支比のストーム・ファン・ルーエンの見積もりは，他の多くの専門家に比べて低めである．しかしそれは，あくまで，現行品位のウラン鉱石を用いた場合の話である．ウラン資源の品位が低下するほどエネルギー収支比が低下するということについては，専門家のあいだで見解が一致している（とはいえ，低品位ウランを利用した場合のエネルギー収支比の試算例は，それほど多くない）．経験上，ウラン鉱石の品位が1桁落ちると，採掘・精製に要するエネルギーは1桁上がることが知られている（Lenzen, 2008）．すでに述べたように，高品位のウラン資源は決して潤沢であるとはいえず，大量に存在するウラン鉱石は，現在利用されているものよりも1桁以上品位が低い．このような低品位のウラン鉱石ではエネルギー収支比は1を下回るというストーム・ファン・ルーエンの見解は，興味深いことに，原発について楽観的な専門家の見解とそれほど大きく乖離していないのである．たとえば，A. ウォルナーらによる試算をみて

みよう（Wallner et al., 2011）．そこでの計算方法は，ライフサイクルの各段階におけるエネルギー投入を積算していくという，いわゆる「積み上げ法」であり，原発のような複雑なプロセスが幾重にも連なるシステムを対象とする場合にこの方法を採用すると，エネルギーの投入量について過小評価になりがちという欠点がある（そのことは，ウォルナーらも認めている）．事実，彼らの試算結果によると，高品位のウラン資源（0.1～2％）を用いた場合，エネルギー収支比は 25～50 にもなることが示されている．他の試算例と比べても，この値はかなり大きな部類に入る．一方で，ウォルナーらによると，ウラン資源の品位が 0.01％に低下した場合，ライフサイクル全体のエネルギーのうち，ウラン資源の採掘・精製に要するエネルギーは 40％以上を占めるようになり，エネルギー収支比は 2 を下回るという．当然のことながら，ウラン品位がさらに低下していけば，いずれエネルギー収支比は 1 となり，正味のエネルギーは得られなくなる．ウォルナーらの試算によると，その「境界」のウラン品位は 0.0086％であるという．しかし，ウォルナーら自身が認めているように，この試算結果は原発のライフサイクル全体をくまなく網羅したものでない．そのことを考慮すれば，少なくとも低品位のウラン資源を利用した場合については，ウォルナーの主張は，ストーム・ファン・ルーエンとそれほど大きな違いがあるわけでもないのである．

　以上のことから，原発は，将来にわたって 1 次エネルギーと見なせるという確証はない．高品位のウラン資源の稀少化が進み，低品位のウラン資源を利用しなければならなくなった時には，原発はもはや 1 次エネルギーではなく，単にエネルギー転換過程に成り下がっているかもしれないのだ．そうなれば，火力発電と化石燃料を同等に扱うことができないのと同じように，原子力発電を化石燃料と同等に扱うことはできなくなるのである．

注

1) これに基づき，総合資源エネルギー調査会電気事業分科会コスト等検討小委員会が，2004 年，「バックエンド事業全般にわたるコスト構造，原子力発電全体の収益性等の分析・評価」をまとめた．いずれも，資源エネルギー庁のウェブサイトにて公開されている．http://

www.enecho.meti.go.jp/policy/electric/electricpower_partialliberalization/contentscost.html
2) エネルギー・環境会議コスト等検証委員会「コスト等検証委員会報告書」，2011年12月．環境省のウェブサイトにて公開されている．https://www.env.go.jp/council/06earth/y060-100/mat02_3.pdf
3) 総合資源エネルギー調査会発電コストワーキンググループ「長期エネルギー需給見通し小委員会に対する発電コスト等の検証に関する報告」，2015年5月．資源エネルギー庁のウェブサイトにて公開されている．http://www.enecho.meti.go.jp/committee/council/basic_policy_subcommittee/mitoshi/cost_wg/pdf/cost_wg_01.pdf
4) 石田（2016）を参照のこと．
5) 2015年11月，原子力規制委員会は，機器点検漏れなどの不祥事が絶えないもんじゅの運営主体である日本原子力研究開発機構について，「安全に運転する資質なし」と結論づけた（朝日新聞，2015年11月13日付）．2016年7月現在，もんじゅの新しい運営主体については依然，不透明である．
6) 電力中央研究所のウェブサイトを参照のこと．http://criepi.denken.or.jp/research/news/pdf/den439.pdf

第 8 章

福島原発事故を考える

8.1 「安全神話」の崩壊

　2011 年，その事故は起きた．3 月 11 日，東北地方太平洋沖を震源とする巨大地震が発生し，東京電力福島第一原子力発電所は津波に襲われた．原子炉は正常に冷却されず，高圧の放射性物質を抑えこむことはもはやできなくなり，大量の放射性物質が環境中に放出された．そして，福島県境を超えて広範囲の地域が汚染された．

　事故によって放出された放射性物質の種類には複数あるが，なかでもやっかいなのが放射性セシウムである．セシウムは生体に滞留しやすく，土壌にも吸着する．いったん土壌に吸着されるとそれを除去するのは容易ではなく，かといって自然に崩壊してくれるのを待つとしても，Cs137 の半減期は 30 年と長いので，環境汚染は長期にわたってしまう．

　事故によって放出された Cs137 の量については，これまでに，さまざまなモデルによってシミュレーションが行われてきた．それによると，大気中に放出された Cs137 は 9 〜 37PBq，海域に直接放出された量は 2.3 〜 26.9PBq と幅がある（日本学術会議，2004）．チェルノブイリ原発事故による Cs137 は 10PBq の桁に乗ると言われているので，福島原発事故が後世に語り継がれるほどの大惨事であることは疑いない．事実，福島原発事故は，チェルノブイリ原発事故と並んで，INES（国際原子力事象評価尺度）のレベル 7 という最悪の評価が下された．

これだけの莫大な放射性物質が放出されたのだから，当然，環境汚染も広範囲に及んだ．政府は3月11日の夜に原子力緊急事態を宣言し，半径3km圏内に避難指示を出した．しかし，翌12日の早朝，政府は避難指示を半径10kmに拡大し，同日のうちにさらに半径20kmにまで拡大した．また，半径20km〜30km圏内の住民については屋内退避を指示した．これだけのエリアでも十分に広範囲だが，福島原発事故がもたらした放射能汚染は，場所によっては，屋内退避圏内からずっと離れていても深刻であった．たとえば，福島県の県庁所在地である福島市は，福島第1原子力発電所から60kmほど離れているが，放射能汚染は事故前の水準と比較すると凄まじいものだった．福島原発における2度目の爆発の翌日夕刻には，福島市の観測地点（県北保健福祉事務所駐車場）において，24μSv/hを超える空間放射線量が観測された[1]．平常時の空間放射線量が0.04μSv/h程度であったことを踏まえると，これがいかに異常な数値かわかるだろう．仮に，この放射線量を1年間浴び続けるとすると，200mSvを軽く超えることになる．なお，一般人における被ばく限度量は，自然放射線や医療行為によるものを除き，年間1mSvと法律で定められている．

　もちろん，このような高い放射線量がずっと継続したわけではない．3月18日には10μSv/h程度まで下がり，3月が終わる頃には3μSv/hを下回っていた．しかしその後，下がり幅はだんだんと小さくなっていった．事故から半年が経過した後でも，同観測地点での放射線量は1μSv/h程度の水準にあったのである．そしてさらに半年後，すなわち事故から1年経過してもなお，放射線量は0.7〜0.8μSv/hという高い水準を示していた．なお，この放射線量は，通常ならば「放射線管理区域」に定められ，その区域に立ち入るのは放射線業務に携わる者に制限され，被ばくの管理が行われるような水準である．このことからみても，避難指示区域や屋内退避区域から遠く離れた福島市でさえ，深刻な放射能汚染に晒されたことは明らかであろう．

　さて，日本におけるこれまでの原子力行政は，国の発展のために原発は必要であるという「信念」のようなものに基づいてきた．これを揺るがすことはできないので，「原発は安全」ということにしておかなければならなかった．どこか奇妙な論理である．福島原発事故よりもずっと以前から，原発利用の安

性や合理性を科学的に批判していた者は少なくなかった．武谷三男，高木仁三郎，久米三四郎，槌田敦，室田武，田中三彦，後藤政志，今中哲二，小出裕章，等々，挙げればきりがない．まさに福島原発事故で起きたような，通常震災と原発災害が複合する「原発震災」が生じるシナリオを想定し，警告していた専門家も存在していた（石橋，1997）．彼らの主張は決して感情的・感傷的なものではなく，自然科学や工学の視点に基づく冷静で論理的なものであった．彼らの目からすれば，福島原発事故は決して「想定外」の出来事ではなかったはずだ．しかしながら，どうしても「原発は安全」ということにしておかなければならない政府や電力会社，そしていわゆる「原子力ムラ」の学者たちは，原発利用に対する科学的な批判を正面から取り上げようとはしてこなかった．

このように，福島原発事故以前から，原発利用の妥当性に関する議論のあり方については疑問があったわけだが，本章では，福島原発事故以降の状況に焦点を当てることにしたい．福島原発事故がなぜ起きてしまったかということも，ここでは触れない．本章では，あのような事故を踏まえた後の政府の姿勢を問題にする．

8.2 「エネルギー基本計画」

日本において原発利用を積極的に推進してきた主体は，言うまでもなく政府である．原発のコストは，一私企業のみで開発・運営するには割に合わないほど莫大であり，政府による政策的介入がなければ実現し得ない．では，福島原発事故を受けて，政府の考え方に変化はみられたのだろうか．原発事故から3年，2014年4月に閣議決定された「エネルギー基本計画」（以下，単に「基本計画」と呼ぶ）では，国の原子力利用に関する考え方が明確に示されている（資源エネルギー庁，2014）．もっとも，このあいだに政権は民主党から自民党へと変わった．事故当時の首相であった菅直人氏は原発の利用に慎重あるいは否定的であったが，「基本計画」策定時の首相は安倍晋三氏であり，原発の利用に積極的である．政権の交代があったとはいえども，事故から3年が経

過したわけだから，政府はじっくりと原子力政策について見直す機会があったはずである．では，政府が熟慮に熟慮を重ねて策定した（はずの）「基本計画」から，原発に対する政府の基本的な姿勢を読み取ってみよう．

まずは，原発に関する部分をみていくことにしよう．第 2 節の「各エネルギー源の位置づけと政策の時間軸」にて，原子力の位置づけは次のように述べられている．

> 燃料投入量に対するエネルギー出力が圧倒的に大きく，数年にわたって国内保有燃料だけで生産が維持できる低炭素の準国産エネルギー源として，優れた安定供給性と効率性を有しており，運転コストが低廉で変動も少なく，運転時には温室効果ガスの排出もないことから，安全性の確保を大前提に，エネルギー需給構造の安定性に寄与する重要なベースロード電源である． (p.21)

「基本計画」の別な箇所では「原発の依存度を可能な限り低減させていく」と述べておきながら，その具体的な目標や期限は示されておらず，少なくとも当面は原発を利用することの利点が強調されている．この文言には，幾つかの問題がある．まず，強調されている利点そのものの信憑性について，少なからず疑わしさがある．原発において必要となるエネルギー投入量や費用は，フロントエンドやバックエンドについての条件・状況によって異なるうえ，とりわけ，将来的な見通しについての不確実性は大きい．にもかかわらず，「基本計画」では，正味のエネルギーが大きいことを信じて疑わない姿勢が明確に表れている．また，ウラン資源を輸入に頼っておきながら「準国産」という表現を使い，原発が「自給自足のエネルギー」であるかのように印象付けようとする姿勢も，事故前と変わらない．温暖化問題ばかりを強調し，「原発は環境にやさしい」というイメージを国民に植え付けようとする姿勢についても同様である．爆発事故により莫大な放射性物質が環境中にばら撒かれ，広大な土地が汚染されたのにもかかわらず，である．

原発が「優れた安定性」を有する発電システムであるとする政府の信念も，相変わらず揺るぎがないようだ．しかし，ひとたび事故が起きれば，事故を起こした原発はもちろんのこと，国内すべての原発が停止するという事態に陥

ることもあり得ることが，皮肉にも今回の福島原発事故によって証明された（2015年2月27日現在，国内のすべての原発が稼働停止中である）．にもかかわらず，なぜ，原発は「優れた安定性を有する」電力供給システムであると言い切れるのだろうか．福島原発事故によって，原発に頼る発電システムの不安定性がむしろ露呈したのではないか．

　原発に関する政府の姿勢における一番の問題点は，原発は経済的繁栄のために必要であるという考えが，まず先にあることである．だから，原発の長所をできるだけ大きく見せようとするだけでなく，負の側面をなんとか隠そうとする．自ずと，そのような論理展開においては，どこかで不自然さが露呈する．原発のリスクについて政府がどう考えているか，みてみよう．

> 　政府及び原子力事業者は，いわゆる「安全神話」に陥り，十分な過酷事故への対応ができず，このような悲惨な事態［筆者注：福島原発事故のこと］を防ぐことができなかったことへの深い反省を一時たりとも放念してはならない．　　（p.4）

　この言葉を額面通りに受け取れば，つまり政府は，福島原発事故前までは，深刻な原発事故は起きないと信じ込んでいたわけである．そのこと自体，決して褒められたものではないが，「基本計画」をさらに読み進めると，次のような不可解な一節が出てくる．

> 　［…］国民各層がエネルギー事情に対する理解を深める機会を充実させていく上で大きな障害となるのが，「安全神話」の存在である．「安全神話」は，政府や事業者が設定した基準や条件を満たせば，リスクはゼロとなり，それ以上の理解を必要としないかのような印象を与えることとなった．　　（p.75）

　最後の一文，すなわち，「リスクはゼロとなり，それ以上の理解を必要としないかのような印象を与えた」相手というのは，文脈から考えて「国民」のことであろう．つまり，この一節だけを読むと，政府は最初から原発のリスクを知っていたが，国民が「勝手に」リスクがゼロであると思い違いしていたのだ，と述べているように受け取れる．だとすると，先の一節とは明らかに整合性がない．先の一節では，「安全神話」に陥ったのは政府（および原子力

事業者）であると述べている．ところが後の一節では，「安全神話」に（勝手に？）陥ったのは国民であると述べているのである．

　ひとつの文書のなかでこのような相反する内容が混在している様子から窺えることは，残念ながら政府は，福島原発事故を契機にしてもなお，これまでの原子力行政における問題の本質を十分に検討していないと言わざるを得ない．この「基本計画」が，福島原発事故直後の混乱期に書かれたものなら，まだ同情の余地もある．しかし，事故から3年も経過してもなおこのような内容というのであれば，いったい政府は，3年間ものあいだに何を検討し検証したのかという疑問を持たざるを得ない．

　とはいえ，少なくとも福島原発事故を経験し，一応は政府も原発が深刻な事故を起こし得るという認識を持つに至ったわけである．だとすると，さらなる不可解な記述に突き当たる．「基本計画」では，原発の利用においてはいかなる事情よりも安全性を優先させる，と明記されている（p.21）．深刻な危険性を認識しつつ，安全性を優先させるということであれば，素直に考えれば，原発から撤退するより他あるまい．にもかかわらず，「基本計画」では，原発を今後の重要なベースロード電源であると位置づけている．では，どうやって，原発の安全性を確保するのか．「基本計画」では，二度と深刻な事故を起こさないという政府の「意気込み」があちこちで語られている．つまり，今後の原発は安全な「はず」だ，というわけである．しかし，牧野（2014）が指摘しているように，安全対策の具体的で実効性のある中身はほとんど示されていない．つまり，口先では「安全神話」に陥ったことを反省しながら，政府がしていることは，新たな「安全神話」の上塗りにすぎないのである．

8.3　低線量被ばく

　当然のことながら，低線量被ばくの問題についても，政府は極力「安全側」に立とうとする．そうでなければ原発の社会的費用は高騰してしまい，原発は不経済との烙印を押されかねないからである．たとえば，「基本計画」には，

東京電力福島第一原子力発電所事故で被災された方々の心の痛みにしっかりと向き合い，寄り添い，福島の復興・再生を全力で成し遂げる． (p.4)

とあるが，県境を越えるほどの広大な土地が放射能物質で汚染されたという「実害」を「心の問題」として片付けようとするあたり，被ばくによる健康影響など心配するに値しないと言わんばかりである．

「基本計画」から遡ること3年，2011年12月22日に政府がまとめた「低線量被ばくのリスク管理に関するワーキンググループ報告書」（以下，単に「報告書」と呼ぶ）では，低線量被ばくのリスクについて，次のような見解が示されている．これは事故後数カ月後に出されたものだが，低線量被ばくについての政府の姿勢はその後も基本的に変わっていない．

> 国際的な合意に基づく科学的知見によれば，放射線による発がんリスクの増加は，100ミリシーベルト以下の低線量被ばくでは，他の要因による発がんの影響によって隠れてしまうほど小さく，放射線による発がんリスクの明らかな増加を証明することは難しい．
>
> しかしながら，放射線防護の観点からは，100ミリシーベルト以下の低線量被ばくであっても，被ばく線量に対して直線的にリスクが増加するという安全サイドに立った考え方に基づき，被ばくによるリスクを低減するための措置を採用するべきである．
>
> 現在の避難指示の基準である年間20ミリシーベルトの被ばくによる健康リスクは，他の発がん要因によるリスクと比べても十分に低い水準である．放射線防護の観点からは，生活圏を中心とした除染や食品の安全管理等の放射線防護措置を継続して実施すべきであり，これらの放射線防護措置を通じて，十分にリスクを回避できる水準であると評価できる．また，放射線防護措置を実施するに当たっては，それを採用することによるリスク（避難によるストレス，屋外活動を避けることによる運動不足等）を比べた上で，どのような防護措置をとるべきかを政策的に検討すべきである． (p.19)

ここで，「他の発がん要因によるリスク」とは，「報告書」によれば，喫煙，肥満，野菜不足等のことを指す．要するに，低線量被ばくに対する政府の考えは以下の通りである．

- LNT（linearno-threshold）仮説（被ばく線量に対して直線的に癌のリスクが上昇するという仮説）を支持する．
- 発がんのリスクがはっきりと増加するのは，100mSvを超えてからである．
- 年間20mSvの被ばく基準は，十分過ぎるほど安全側に立っている．

　こうして，政府は年間20mSvという被ばく基準の正当性を主張する．しかし，政府の姿勢には，以下に述べるように，幾つかの問題がある．第1に，低線量被ばくと健康被害との関係については，現在においても見解の一致をみていない，ということである．津田（2014）が指摘しているように，100mSv以下の被ばくでも発がんリスクの増加がみとめられるという報告例は多い．したがって，100mSv以下での発がんリスクの増加を事実上みとめないことが国際的に合意されているとは，必ずしも言い切れないのである．また，低線量被ばくがもたらし得る健康影響としては，発がんリスクのみならず，他の非がん性疾患をもたらす可能性も懸念されている（小出・西尾，2014）．とりわけ，放射性物質を体内に取り込んで身体の内部から被ばくするという「内部被ばく」については，細胞組織に至近距離から継続的に放射線が照射されるとあって，「外部被ばく」よりも健康影響が懸念されるが，その評価法については専門家のあいだでも大きく意見がわかれている．たとえばECRR（欧州放射線リスク委員会）などは，ICRP（国際放射線防護委員会）による内部被ばくの評価は著しく不十分であると主張している．もちろん，ECRRの主張の方が正しいと言うつもりはない．少なくとも言えることは，低線量被ばくがもたらす健康影響については，がんも含め，まだよくわかっていないのである．したがって，年間20mSvがもたらし得る健康リスクが，喫煙や肥満，野菜不足の発がんリスクと比べて「十分に」低いとは，現段階では断言できないはずである[2]．

　第2に，手続き上の問題が挙げられる．被ばく線量の目安となる閾値を決める必要があるとしても，その基準として遵守されるべきは，福島原発事故前からの公衆被ばく限度であった「年間1mSv」であろう．ICRPの提言によれば，緊急時には，年間20〜100mSvの範囲のなかから目安となる被ばく基準（参

考レベル）を設定することになっているので，事故直後数日間であれば，年間20mSvをいう基準を参考レベルとすることにも一理はある[3]．しかし，ICRPの提言では，復興期においては年間1〜20mSvのあいだから参考レベルを選択することになっており，この場合，年間20mSvという基準は最も高い数値となる．予防原則から考えると，できるだけ低い数値の適用を試みるべきであり，したがってやはり，被ばく基準の出発点としては年間1mSvに置くのが理に適っている．仮に，その数値を引き上げるのであれば，なぜ引き上げなければならないのかについて，被ばく当事者の立場を踏まえつつ十分に議論しなければならないはずである．

しかし政府は，緊急時か復興期かということすら曖昧にしたまま，なし崩し的に1〜20mSvのなかの上限である20mSvを採用した[4]．政府のこのような姿勢に対し，事故後に内閣官房参与に任命され，住民の放射線防護に関する対策の提言を行ってきた小佐古敏荘氏が，参与の辞任を申し出たことは大きなニュースとなった．小佐古氏の不満は，何よりも，従来からの法や指針を蔑ろにして恣意的に被ばく基準を改定する政府の姿勢に向けられており，法治国家としてのあるべき姿からかけ離れた状況が露呈したかたちとなった．

そもそも，政府が言うように年間20mSvでもまったく問題がないのであれば，従来からの1mSv基準は無意味であったということになってしまう．年間1mSvという基準はICRPの勧告に基づいて定められたものであり，日本のみならず，アメリカやイギリス，フランス，ドイツなどでも採用されており，世界的にみても日本だけが特に厳しい基準を敷いてきたわけではない．

平常時において定められた1mSv基準は，もちろん，原発事故による広範囲な放射能汚染を想定したものでなかったのは確かである．しかしだからといって，日置（2011）が指摘しているように，1mSvという基準のもとで長いあいだ原子力事業が行われてきたという事実を踏まえれば，事故が起きたからといって十分な議論もせずに政府が好き勝手に基準を変更することは，法治国家として許されるはずがない．

また，仮に年間20mSvを5年間以上浴び続ければ，累計の被ばく線量は100mSvを超えることになるわけだが，「報告書」によれば，たとえ年間

20mSv の汚染地域に 10 年間住み続けたとしても，現実的には，累積被ばく線量は 100mSv を超えることはないだろうという理由で，年間 20mSv という数値の妥当性が強調されている．要するに政府は，「年間 20mSv という基準を設定しても，現実に年間 20mSV を浴び続けることはないのだから安全だ」と言っているわけである．これは，明らかにおかしな理屈である．たとえば，車重 10 トンを超える自動車が渡ると崩落の危険性がある橋を考えてみよう（話を簡単にするため，一度に橋を渡れる自動車は 1 台であるとする）．しかし，実際には，10 トンを超える自動車がこの橋を渡ることはないとしよう（たとえば，橋を利用する近隣の住民が所持する自動車は，すべて 10 トン以下であるなどの理由で）．だからといって，橋の標識を「車重 20 トン以下」と表示してよいはずがない．

　第 3 に，第 2 の問題とも関係するが，ダブルスタンダードという問題がある．なぜ，汚染地域だけが年間 20mSv という高い基準値を適用されなければならないのか．汚染地域以外の基準は，従来通り，年間 1mSv のままである．汚染地域に住む住民の放射線に対する耐性が，他の住民よりも高いとでもいうのだろうか．繰り返すように，政府の言い分では，年間 20mSv の被ばくによるリスクについては心配無用ということだ．ならば，なぜ日本全体の基準を年間 20mSv にしないのか（おそらく，そのような基準の引き上げに対しては，国民から大反対が起きるだろうが）．年間 1mSv 基準は，原発事故以前までは，国内に住む一般住民に対して平等に適用されてきた．法治国家において「法の下の平等」を破るというのは，あってはならないことである．従来からの 1mSv 基準を素直に解釈すれば，すべての日本国民は，年間（医療除く追加被ばく線量）1mSv 以下の環境にて生活する権利を持っている．その権利は，当然，福島市民も持っている．福島市の平常時の自然放射線量が $0.04\mu Sv/h$ だから，これに，年間 1mSv に相当する時間当たりの被ばく線量 $0.11\mu Sv$ を加えると，$0.15\mu Sv/h$ となる．先に述べたように，原発事故から 1 年が経過した福島市の放射線量は，その 5 倍である（もちろん，福島市内の放射線量は一様ではない）．しかし，政府が「勝手に」設けた被ばく基準では「安全」ということにされてしまい，福島市民は，避難するための公的な支援を満足に受ける

ことができなかった．被ばくを避けるために他の土地へ避難したくても，金銭的・社会的・心理的コストを負いつつ，自主的に避難するより他なかったのである．このようなケースは，福島市のみならず，郡山市や二本松市などにもみられた．

そして第4の問題は，次節で述べるように，政府の「似非」功利主義的な姿勢である．その姿勢は，年間20mSvの被ばくリスクを，被ばく当事者が受容できる許容範囲内にある，と決めつけているところに表れている．一見すると，この問題は，第1に挙げた問題と同じようなものに思われるかもしれない．しかし，ここで取り上げる問題の性質は，それとは異なるのである．第1の問題は，低線量被ばくがもたらし得る健康被害の不確実性を政府が認めていない，という問題であった．しかし，百歩譲って，仮に，年間20mSvの被ばくによる死亡率は，喫煙や肥満，野菜不足による死亡率よりも小さいことが確実であるとしよう．その場合，年間20mSvの被ばく線量を合理的な安全基準とみなしてよいといえるのだろうか．

8.4　「似非」功利主義

「基本計画」にもその姿勢が表れているように，政府は，原発の問題点を認めつつも，全体としては便益が大きいことを強調し，原発の利用は合理的であると結論づけている．つまり，一見すると，政府は功利主義的な基準で原発の良し悪しを判断しているようにみえる．しかし，よくよく突っ込んでみると，政府の姿勢は功利主義からはほど遠い，「似非」功利主義であることがわかる．

まず断っておくが，筆者は，功利主義を理想的な厚生基準であるとは考えていない．社会状態の良し悪しを判断するための基準としての功利主義には，確かに，いろいろと問題がある．いわゆる「最大多数の最大幸福」原理は，多数のために少数を犠牲にすることを正当化し得るものとして，しばしば批判の対象となっている．とりわけ環境学の文脈においては，「功利主義的」という言葉が好意的に用いられることは稀である．功利主義は，帰結主義（簡単にいえ

ば，結果により良し悪しを判断すること）の一種であるが，なぜ帰結主義的基準のなかから功利主義が選ばれるのか，そもそも，なぜ，政策についての善し悪しの判断基準が帰結主義的でなければならないのか，といったような議論は，これまでも多くなされてきた．しかし，本書ではその問題には触れない．ここで指摘したいのは，「基本計画」における功利主義「風」のロジックは，本来の功利主義とは似ても似つかない，ということなのである．ここでいう「本来の」功利主義とは，J.ベンサム（1748-1832）が唱えた功利主義のことを指す．功利主義といえばベンサムだが，正確には，彼は功利主義思想の開祖ではない．功利主義は，彼の時代よりも前から思想として存在はしていた．しかし，功利主義を普遍的な基礎理論と位置づけ，それを中心に社会科学を体系づけようとしたという点において，ベンサムが先駆的な功利主義者であることは疑いない．

では，ベンサムの功利主義とは何か．ベンサムは，「人間は快楽を求め，苦痛を回避する」と考えた．ここでいう快楽と苦痛は，広い意味のものを含んでいる．つまり，ある人が感じたいと思った情感のすべてが彼にとっての快楽であり，感じたくないと思う情感のすべてが彼にとっての苦痛である．したがってそこには，自愛的なものはもちろんのこと，他人に賞賛されたいとか，人々の役に立つことを成し遂げたいといったような，社会的なものも含まれる．そして，社会にとって望ましい状態とは，ベンサムによれば，社会を構成する全成員についての幸福の総計（すなわち，快楽と苦痛の差の総計）が最大となるような状況をいう．このような手続きが原理的に実行可能かどうかという問題はあるにせよ，重要なのは，この考えに込められたベンサムの理念である．それは，社会とは個々人の集合体以上のものではないという，個人主体の考え方に立脚している．ここでいう個人主体とは，基本的に，以下のことを含んでいる．すなわち，個々人が何を快楽とし苦痛とするかの判断は各自がするものであり，他者に危害を加えない限り，その内容の優劣について第三者がケチをつけるべきではないこと[5]，そして，個々人の幸福を総計する際には，特定の個人を重みづけたりしないこと，である．ベンサムのこうした思想の背景については，彼の法学者としての言動をみると容易に理解できる．彼は，当時のイン

グランドで支配的であった「慣習法（common law）」について批判的であった．慣習法は，ベンサムによれば，中身が複雑で一貫性がなく，法律の素人にはとても理解できないものであった．何よりもベンサムが激しく非難したのは，次の2点である．第1に，慣習法のわかりにくさに乗じて，判事の下す判決が恣意的であったことである．つまり，慣習法は法曹職にとって都合よくできており，法曹エリートの利益を反映するように解釈される余地が大きかったのである．第2に，第1の問題があるにもかかわらず，慣習法を擁護する法曹エリートたちは，自分たちがあたかも公共の利益を代弁しているように振る舞っていたことである．そのような欺瞞はベンサムにとって許し難いものであった（Dinwiddy, 1989）．このことからわかるように，ベンサムが嫌ったのは，少数のエリート層が自分たちにとって都合の良い方向へと社会全体を巧妙に誘導しようとしたことなのである．そのような状況下では，社会全体の選好が彼らの選好と一致するという，いわば専制の状態となり，多くの一般の人々の声が事実上無視されることになる．ベンサムの理念からすれば，一握りの階級が善しとする判断を社会全体に押しつけることは，決して許されない行為なのである．

翻って，「基本計画」をみてみよう．政府の巧妙なところは，表面的には，ベンサム的な功利主義を取り繕っていることにある．たとえば，「基本計画」の第5章では，エネルギー問題について，政府と国民とのあいだのコミュニケーションの重要性が謳われている．引用してみよう．

> エネルギーをめぐる状況の全体像について理解を深めてもらうための最大限の努力を行う一方で，エネルギー政策の立案プロセスの透明性を高め，政策に対する信頼を得ていくため，国民各層との対話を進めていくためのコミュニケーションを強化していく．
> 原子力などエネルギーに係る様々な課題について，リスクに対してどう向き合い対策を講じていくのか等について，丁寧な対話を行うことが重要である．（p.76）

この部分だけを読めば，人々の意見を踏まえて原子力行政を決める，というように受け取れる．だが，「基本計画」の全体の内容と照らしあわせてこの箇

所を読むと，どうも腑に落ちない．すでに述べたように，「基本計画」ではすでに原発の必要性が明言されており，「原発ありき」が出発点なのである．ならば，いったい政府は，国民とどのようなコミュニケーションをとるつもりなのか．「双方向」とか「対話」といった響きの良い言葉を並べ立ててはいるが，要するに政府の意図というのは，原発に不安を持っている国民を説き伏せる，ということに他ならない．

　政府が，政府の考えを国民に理解してもらおうと説得を試みること自体は，責められるべきことではない．ただ，政府の考えに同意できない国民がいたとしても，彼を必ず説得できるという「勝算」のもとに政府の考えを推し進めるのであれば，それは実質的に彼の声を聞かないのと同じであり，人を同等に扱うというベンサムの理念とはかけ離れている．

　さて，低線量被ばくの問題に話を戻そう．先ほど挙げた，「報告書」の引用部分を思い出すと，そこには，「放射線防護措置を実施するに当たっては，それを採用することによるリスク（避難によるストレス，屋外活動を避けることによる運動不足等）と比べた上で，どのような防護措置をとるべきかを政策的に検討すべきである」と記されている．つまり，被ばくのリスクと被ばくを避けることのリスクを比較勘案し，どちらが得かを判断するのは，政府だというのである．ベンサムの理念に照らし合わせると，これには違和感を禁じ得ない．

　なぜ，原発事故による放射能汚染のリスクが，被ばくの当事者ではない者によって評価されなければならないのだろうか．このことの奇妙さをよりよく理解するために，次のような例を考えてみよう．100万人規模の大都市のどこかに，爆弾が仕掛けられたとの情報が警察に入ったとしよう．仕掛けられた爆弾は1個で，爆発すれば数人が死亡する程度の威力であることもわかっているとする．しかし，仮に，警察が市民に向けて次のように呼びかけ，爆弾の探索・処理のための対応を一切取らずにいたら，どうだろうか．

　「仮に爆弾が爆発しても，みなさんが死亡する確率は100万人当たり数人程度です．みなさんの日常の身の回りにあるさまざまなリスクと比較すれば微々たる

ものなので，どうか安心してください」

　この説明を聞いて，果たしてどれだけの市民が納得するだろうか．おそらく多くの市民が，このようなリスクの比較の仕方について違和感を覚えるに違いない[6]．では，このような違和感は，どこから生じるのだろうか．今，同じ死亡率を持つ2つのリスク，a，bを考えよう．リスクの大きさ（確率）という点では，この2つのリスクは無差別であるとする．しかし，リスクに直面する当事者Aにとっては，必ずしも，2つのリスクが無差別とは限らない．Aは，それぞれのリスクが持つ意味合いを極めて重視するかもしれない．そのリスクは，Aの命や家族を守るためにはやむを得ないものなのか．そのリスクは，A自身の不注意が招いた状況から生じたものなのか．そのリスクは，Aにとっての信念や正義感，道徳観から，どうしても回避すべきではないと判断されるものなのか．これらのことを勘案して，Aは，リスクaの受容には納得しても，リスクbの受容を拒否するかもしれない．そしてまた，別の当事者Bは，Bなりの理由に基づき，Aとは異なる判断をするかもしれない．

　すでに述べたように，ベンサム的な功利主義では，「AがなぜリスクaをリスクbよりもBはなぜリスクbをリスクaよりも選好したのか」ということについては，第三者がとやかく言うべきではないという立場をとる．AにはAなりの，BにはBなりの考え方や価値観があり，AのBに比べて愚かだとか幼稚だとか，そういった「ケチ」をつけないという意味で，ベンサムが目指した功利主義とは，本来，個々人の選好を尊重し，平等に扱う，という思想に基づいているのである．しばしば「弱者切り捨て」との批判を浴び，あまり良い印象を持たれない功利主義ではあるが，そこには，個々人の快楽や苦痛を身分や地位によって格付けしたり贔屓したりするべきではないという，ベンサムの平等理念が込められている．

　したがって，ベンサムの理念に従うのであれば，リスク評価を行う第一義的な主体は被ばく当事者でなければならないはずである．政府は，個々の被ばく当事者の快楽と苦痛を社会全体にわたって丁寧に汲み取り，それを総計し，その差が正であるかどうかという基準に従って，放射線防護の内容を決定する

という手続きを踏まなければならないのである(その手続きが原理的に実行不可能であれば,当然,功利主義を見直す必要がある).しかしながら,政府の姿勢は,まず「原発ありき」であり,原発の負の側面を過小評価して辻褄を合わそうとするので,低線量被ばくのリスクはさほど大きな問題ではない,という結論が先にある.繰り返すように,先に「結論ありき」というのは,本来の功利主義的手続きとは相容れない.一見すると,功利主義的な根拠に基づいて原発の利用を正当化しようとしているようにみえる政府のロジックは,「似非」功利主義であり,決してベンサムの理念を遵守したものではない.さりとて,功利主義に代わる他の厚生基準を土台としているというわけでもない.政府にとって都合のよい目安が,一貫性なく恣意的に持ち出されているだけなのである.これは,ベンサムが最も嫌悪した姿勢ではないだろうか.ベンサムの功利主義にはいろいろと問題があるのは確かだが,政府の姿勢に見受けられる違和感は,必ずしも,功利主義そのものが持つ手続き的な欠陥から生じているわけではないのである.

注

1) 福島県のウェブサイト参照.
   http://www.pref.fukushima.lg.jp/sec/16025d/kukan-monitoring.html
2) 喫煙や肥満,野菜不足の発がんリスクについてもまだよくわかっていない部分はあるだろうが,ここではそのことについては問題視しないことにしよう.
3) もっとも,ICRP の放射線防護に関する考え方には,内部被ばくの健康影響に関する意図的な軽視など,少なからず問題がある(松井,2011).
4) 2011 年 4 月 19 日の文部科学省通知「福島県内の学校の校舎・校庭等の利用判断における暫定的考え方について」を参照のこと.
5) この部分は,J. S. ミル(1806-1873)によっていくぶん修正された.
6) ここでの議論で用いた例え話は,本質的に影浦峡氏のものと同じであり,氏のアイデアをお借りしたものである(影浦峡,2011).

第 9 章

省エネルギー

9.1 デカップリング

　化石燃料を大量に消費することによって成り立つ経済が持続不可能であることは，誰の目にも明らかだろう．にもかかわらず，さらなる経済成長を目指そうとする勢力が衰えないのは，経済成長を犠牲にせずに化石燃料の消費を削減するという，いわゆる「デカップリング」に大きな期待が寄せられているからである．

　デカップリングは，2つの問題に分解して論じることができる．1つは，化石燃料の消費とエネルギーの消費を切り離すという努力である．すなわち，化石燃料以外のエネルギー源を積極的に開発・利用することにより，化石燃料依存からの脱却を図りつつ，エネルギーの供給水準を高めていく，というものである．しかし，この可能性については，すでに本書で否定的な見解を示してきた．そうなると，残された道は，エネルギー消費と経済のデカップリング，すなわち，エネルギー消費を削減しつつ付加価値生産を増やす，ということになる．

　エネルギー消費とGDPとの比は，「エネルギー強度」と呼ばれ，持続可能な社会の構築にあたってしばしば重要視される指標である．エネルギー強度は，1単位の付加価値生産のためにどれだけのエネルギーを投入しているかを表している．この値が小さいほど，経済活動はエネルギー効率が高いということになり，エネルギー強度を低下させることができれば，エネルギー消費を増

やすことなく経済を成長させることが可能となる．実際，石油危機を契機に，日本は徹底的に省エネ対策を行い，エネルギー強度の大幅な低下を実現させた．他国と比べても，日本のエネルギー強度は低い部類に属している．「環境先進国」ドイツと日本はほぼ同水準であり，北米は日本の2倍程度あり，中国は6倍を超える（資源エネルギー庁，2015）．

しかし，経済を「いつまでも」成長させながらエネルギー消費を増やさないためには，エネルギー強度を「いつまでも」低下させ続けなければならない．エネルギー消費を増やさずにGDPを年率1%ずつ成長させるのであれば，エネルギー強度を少なくとも年率1%ずつ低下させ続けなければならないのである．

エネルギー強度を永続的に低下させることなど，現実的に可能なのだろうか．たとえば，あなたが住んでいる家を考えよう．そもそもあなたには「節電」という考えがなく，湯水の如く電力を使っていたとしよう．第1次石油危機前夜の日本は，まさにこのような状況だった．それまで，石油は安価な資源であり，節約するために費用をかけるというインセンティブはほとんど存在しなかったのである．さて，何らかの理由で，あなたは節電しなければならなくなったとしよう．最初のうちは容易にそれを遂げるだろう．誰も観ていないのにつけっ放しのテレビ，煌々と灯る玄関や廊下の照明，夏なのに寒さで震えあがるほど効かせた冷房，等々．それらのムダを省くのに要する手間は些細なものであり，したがって，1日目は，電力消費の大幅な削減を実現できるだろう．

そして2日目．今度は，昨日ほど簡単にはいかないだろう．テレビの主電源をオフにして，待機電力を節約してみようか．それとも，あまり使用しない機器の電源コンセントをプラグから抜いておこうか．あるいは，冷蔵庫の温度設定を少し高めにしようか，等々．これらのことをすべて行っても，おそらくは，1日目ほどの節電効果はないだろう．

しかし，3日目になると，困難はさらに増すだろう．思いつく節電はすでに大方やり終えてしまっているので，ほんの少しの節電でさえ容易ではなくなっているはずである．重要なことは，節電のインセンティブが大きければ大き

いほど，急速に壁に突き当たるということである．なぜなら，節電のインセンティブが大きいほど，第1日目にできる限りの節電をやり終えてしまうからである．

このように，エネルギーの節約が進むほど削減効果は薄れていくのは自然な現象であり（エネルギーに限ったことではないが），たとえ技術進歩があったところで，そうした傾向が根本的に変わるわけではない．事実，図9-1に示すように，日本のエネルギー強度は，近年，以前ほどの大幅な低下を遂げていない．たとえば，第1次石油危機直後からの10年間で，エネルギー強度が前年よりも低下した年は8回あった．その回数は，最近10年間（2004年からの2013まで）についても同じだが，エネルギー強度の低下の度合いは，先の10年間と最近の10年間とでは，大きく異なっている．前者では，エネルギー強度は25%低下した．一方，後者での減少率は15%に満たなかった．

エネルギー強度は，どこまで下げられるのだろうか．その数値を明確に示すことは難しいが，少なくとも下限が存在することは確かである．1万円の付加価値を生産するためには，何らかの活動を必要とするだろう．材料を切り出したり，モノを運んだり，組み立てたり，等々．何をするにしてもエネルギーを

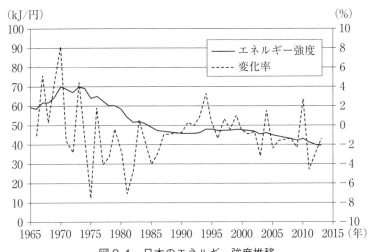

図9-1　日本のエネルギー強度推移
（備考）資源エネルギー庁（2015）に基づき筆者作成

必要とする．パソコンの前にただ座っているだけでも，エネルギー消費はゼロではないのである．

エネルギー強度という指標については，もうひとつ注意すべき点がある．それは，エネルギー強度を下げることが，必ずしもエネルギー消費の削減をもたらすとは限らない，ということである．このことは，エネルギー強度の定義をみれば明らかである．エネルギー強度は，エネルギー消費とGDPの比なのだから，GDPが一定でエネルギー消費が半分になればエネルギー強度は半分になるけれども，エネルギー消費が一定のままGDPが2倍になっても半分になる．

図9-2は，日本の1次エネルギー消費と実質GDPの推移を示している．これを眺めると，長期的には，GDPのみならずエネルギー消費も上昇しているので，デカップリングは成功していない．では，期間を区切ってみてみよう．第1次石油危機までは，エネルギー消費の上昇率はGDPの上昇率よりも大きかった．その後しばらくのあいだ，GDPは成長を続けたが，エネルギーの消費はあまり増えなかった．ところが1980年代半ばに入ると，エネルギー消費とGDPはほとんど同じ速度で増加した．そして2000年を過ぎると，GDPは成長しつつ，エネルギーの消費は再び横ばい（あるいは微減）傾向に転じた．

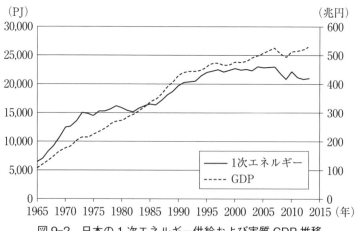

図9-2　日本の1次エネルギー供給および実質GDP推移
（備考）資源エネルギー庁（2015）に基づき筆者作成

つまり，エネルギー強度の低下によって潜在的に見込まれたエネルギー消費削減効果は，GDP の成長によって，大幅に失われてきたのである．結局のところ，第 1 次石油危機からの 40 年間を全体としてみると，エネルギー強度は半分近くまで低下した一方で，エネルギー消費は 30% 近く増えてしまった（資源エネルギー庁，2015）．

もしも，エネルギー強度の低下と GDP の増加が無関係であれば，エネルギー強度の低下をもたらす技術進歩は歓迎されるべきだろう．しかし，「リバウンド効果」（あるいは，ジェヴォンズ・パラドックス）と呼ばれる現象が無視できない場合，そうした技術進歩を必ずしも歓迎するわけにはいかなくなる．

リバウンド効果とは，要するに，エネルギー強度を下げる（同じことだが，エネルギー効率を高める）ような技術の普及そのものが，財・サービスの消費を刺激し，その結果，当初に期待されたエネルギー消費の削減効果が一部あるいはすべて失われるような現象である（この考えは，マクロ経済のみならず，部分経済についても適用できる）．経済学的視点に立てば，このようなことが起こるのは取り立てて不思議なことではない．わかりやすい例を挙げよう．たとえば，自動車の燃費（単位走行距離当たりの燃料消費量）が半分になったと仮定する．燃料価格が不変であるとすれば，1km 走行するのに必要な燃料代は半分になるはずだ．このことは，「1km 走行当たりの価格」が半分になったというふうに表現することができよう（車体価格その他はここでは考慮しない）．普通，「価格」が低下すれば，「需要」は増大する．すなわち，1km 走行の価格が低下すれば，走行距離が増すのが普通である．走行距離が変化しなければ，燃料消費は半分に減るはずだった．しかし，走行距離が増加してしまえば，燃料消費は半分にはならないだろう．もし，需要の価格弾力性が大きければ，燃料消費はむしろ増加してしまう可能性すらある．

リバウンド効果の研究は，1980 年頃から，とりわけエネルギー経済学の分野で盛んに行われるようになった（Brookes, 1979; Khazzoom, 1980）．リバウンド効果にはいくつかのメカニズムが存在する（Greening et al., 2000; Maxwell et al., 2011）．上で挙げた自動車の例は「直接的リバウンド効果」と呼ばれるメカニズムだが，それ以外のメカニズムとして，「間接的リバウンド

効果」「経済全体のリバウンド効果」，そして「心理的リバウンド効果」がある．直接的，間接的，そして経済全体のリバウンド効果は，エネルギー強度の変化が財・サービスの価格に及ぼす影響を通じて生じる．一方，心理的リバウンド効果は，たとえば「環境にやさしい」といったイメージが醸成されるなどして，消費者心理の変化を通じて生じる．

　リバウンド効果の具体的な大きさは，次のように定義されている．エネルギー強度が（たとえば）半分になって，エネルギー消費も半分になれば，リバウンド効果はゼロである．リバウンド効果の大きさは，リバウンド効果がゼロだった場合のエネルギーの消費削減量を基準として計算される．この基準に照らしあわせて，たとえば消費削減量がその半分にすぎなかったら，リバウンド効果は50%ということになる．もし，リバウンド効果が100%ならば，エネルギー強度が低下しても，エネルギー消費量は不変ということになる．リバウンド効果が0%と100%のあいだであれば，エネルギー強度の低下によるエネルギー消費の削減効果が，一部「食われる」ことになる．理論的には，リバウンド効果が100%を超えること（「バックファイア」と呼ばれる）もあり得る．この場合は，エネルギー強度の低下は，むしろエネルギー消費の増加をもたらすことになる．

　では，実際に，リバウンド効果はどれくらいの大きさなのか．最も研究が進んでいるのは直接的リバウンド効果であり，とりわけ，自動車（の燃料消費）や空調（の電力消費）などを事例とした実証研究は豊富である．それらによると，リバウンド効果の大きさは20～40%程度となっている（Gillingham et al., 2016）．

　直接的リバウンド効果「以外」のリバウンド効果の大きさについては，まだよくわかっていない．今のところ，それほど深刻ではないだろうという見方が優勢ではあるが，直接・間接のリバウンド効果を合わせると，全体として60%を超える可能性があることも示唆されている（Gillingham et al., 2016）．今後の実証研究の蓄積が待たれるところだが，いずれにせよ，リバウンド効果の問題は，少なくとも現段階では，些末な問題として片付けるには時期尚早である．

9.2 エネルギー消費と経済成長の因果性

エネルギーの消費を増やすことなく，経済成長を続けることは可能なのだろうか．このテーマは，ずいぶん前から，エネルギー経済学者の関心を惹きつけてきた．ポピュラーな研究手法のひとつとして，時系列データを用いた計量経済分析がある．

エネルギー消費と経済成長の関係は，以下の4通りのうちのどれかである（Ozturk, 2010）．

- 経済成長するためには，エネルギー消費の増加を必要とする
- 経済が成長した結果，エネルギーの消費が増える
- エネルギー消費と経済成長は，相互依存関係にある
- エネルギー消費と経済成長は無関係である

一般に，2つの時系列データのあいだには，たとえ両者のあいだに何の関係もなかったとしても，関係性があるように見えてしまう場合がある（「見せかけの回帰」という）．その問題を回避するため，時系列分析は，通常，次のような手続きを踏む．まず，「単位根検定」により時系列データの（非）定常性をテストする．次に，「共和分検定」により変数間の長期的関係性の有無をテストする．そして，「グレンジャー因果検定」により変数間における因果性の方向を明らかにする．

時系列分析の結果，エネルギー消費からGDPへの一方向のグレンジャー因果性が見いだされた場合には，経済成長にはエネルギー消費の増加が必要である，と解釈されるのが一般的である．もちろん，エネルギー消費とGDPのあいだに双方向のグレンジャー因果性が見いだされた場合にも，同様の解釈がなされる（それに加えて，経済成長の結果，エネルギー消費が増す）．一方で，GDPからエネルギー消費への一方向のグレンジャー因果性が見いだされた場合には，経済成長には必ずしもエネルギー消費の増加を要しないと解釈される

のが一般的となっている.

　エネルギー消費と GDP の因果性分析は，1970 年代後半から行われるようになり（Kraft and Kraft, 1978），以降，多くの研究者もそれに続いた．今のところ，先に挙げた 4 つの仮説のなかで「圧勝」しているものはない．エネルギー消費から GDP への一方向のグレンジャー因果性が見いだされた事例もあれば，その逆方向が見いだされた事例もある．そして，双方向の因果性が見いだされた事例もあれば，両者のあいだに因果性が見いだされなかった事例もある．分析対象とされた国もさまざまなので，さまざまな結果が出ることも驚くには当たらない．しかし，ひとつの国に限ってみても，必ずしも結果は一致していない．たとえば，最も研究事例の多いアメリカをみてみよう．近年までの研究例 15 件のうち，GDP からエネルギー消費への一方向の因果性を示したのが 2 件，エネルギー消費から GDP への一方向の因果性を示したのが 3 件，双方向の因果性を示したのが 1 件，そして残りの 8 件においては両者のあいだに関係を見いだしていなかった（Ozturk, 2010）．ただ，時系列分析の手法は年々改良が重ねられてきたので，近年の研究結果の方が信憑性は高いのかもしれない．そこで，2000 年以降の研究に限ってみると，アメリカを事例としたものは 7 つあり，そのうち 3 つの事例において，エネルギー消費から GDP への一方向の因果性が見いだされている．また，1 つの事例においては双方向の因果性が見いだされ，残りの 3 つの事例においては両者のあいだに因果性が見いだされなかった．

　日本についてはどうか．研究事例は，これまでのところ 5 件ほどしか存在しておらず，そのうち 2 件において，GDP からエネルギー消費への因果性が見いだされ，1 件がエネルギー消費から GDP へ，そして 1 件が双方向の因果性が見いだされている（Ishida, 2013）．

　ひとつの国でもまちまちの結果が得られてしまう理由のひとつには，分析において使用されるモデルの違いにあると思われる．たとえば，以前の研究においては，「2 変数モデル」（すなわち，エネルギー消費と GDP のみ）の使用が多くみられた．しかし，2000 年代に入ると，これら 2 つの変数に他の変数を加えた「多変数モデル」の使用が増えてきており，2 変数モデルによる分

析結果の信憑性に疑問が投げかけられるようになった（Stern, 2000）．とはいえ，分析に耐える程度の期間長さを持つ時系列データセットを揃えることは，途上国はもちろん，先進国においても必ずしも容易ではないため，データ利用の制約下においては，2変数モデルの使用には強みがある（もちろん，エネルギー消費とGDPの2変数でさえ，分析に耐えるほどの期間の長さを持つ時系列データが整備されていない国もある）．

仮に，利用可能なデータに制約がないとしても，多変数モデルの使用には特有の難しさがある．というのは，エネルギー消費とGDP以外の変数を「選ばなければならない」からである．この世に存在する無数の「変数」のうち，ある変数を選び出すのであれば，それなりの根拠が要る．しかし，正解は必ずしもひとつではない．第3の変数として，たとえば，ある研究者はエネルギー価格を加え，ある研究者は貿易水準を加え，ある研究者は労働および資本ストックを変数に加えている．変数選択においては，需要関数や生産関数などの経済モデルを参照するケースが多いが，どのモデルが適切なのか，そしてどの変数をどれだけ加えるべきなのか，必ずしも研究者のあいだで見解が一致しているわけではない．かといって，いたずらに変数を増やせば，自由度を失ってしまう（Narayan and Smyth, 2014）．

いずれにせよ，時系列分析の手続きには，いくらかの恣意性が入り込む余地があるため，その結果に絶対的な信頼を寄せるべきではない．とはいえ，エネルギー消費からGDPへの因果性は少なからず見いだされてきたわけだから，控えめにいっても，経済成長にエネルギー消費の増加は必要ないと断言できる段階には至っていない．

9.3 グローバル化と情報技術

グローバル化——この言葉を今や聞かない日はない．人やモノの国境を越えた移動は今後ますます活発化していくと多くの人が信じているし，その波に乗ることが経済成長に欠かせないと多くの人が信じている．しかし，経済のグ

ローバル化は，本当に今後も順調に進むのだろうか．人やモノが大量に地球の隅々まで行き届くような経済の存続は，安価な石油時代がずっと続くことを前提としている．石油が次第に高価になり，人が遠くに出かけたりモノを遠くから取り寄せたりすることが昔のように「贅沢」になれば，そうしたことを気兼ねなくできるのは，ひと握りの富裕層に限られるだろう．

　こうした懸念に対しては次のような反論があるかもしれない．我々は，高度な情報通信技術（information and communication technology, ICT）を発達させている．人やモノの輸送が資源の制約を受けるとしても，それらを情報のやりとりで代替することによって，物質の移動量を大幅に削減できるはずである，と．確かに，CD を買うにしても，消費者の主たる関心は「中身」の音楽であり，CD という物質そのものではない．データだけを消費者に送れば，物資の輸送はずいぶんと省かれるだろう．

　あるいはまた，ICT 化は，環境問題の学習に役立つかもしれない．その結果，人々の環境意識が高まり，省資源・省エネルギー化が進むかもしれない（Barratt, 2006）．

　しかし逆に，ICT 化が進めば，むしろ人やモノの流れを活発化させるかもしれない．インターネットを通じて世界各国の風景や街並みを鑑賞する機会が増えれば，実際に現地に行ってみたいと思う人が増えるだろう．写真や動画で遠くの名産品に関する手の込んだ情報に接する機会が増えれば，それを取り寄せて食べてみたいと思う人が増えるだろう．

　ICT 関連機器そのものが消費するエネルギーも，議論の的となっている．アメリカを例にとると，コンピュータや周辺機器，そしてインターネットにおいて消費されている電力は，アメリカ全体で消費されている電力の 1 割程度を占めているという報告もあるし（Huber and Mills, 1999），3%にも満たないという報告もある（Roth et al., 2002）．いずれにせよ，ICT 化がエネルギー消費に与える直接・間接的影響は，正負が入り混じっているため，ICT 化が果たしてデカップリングをもたらす「救世主」となり得るか，現時点では必ずしも明らかではない（Hilty, 2008; Ishida, 2015）．

　仮に，エネルギーの消費を増やすことなく，情報量の増産が可能であるとし

よう．商品の「情報化」により経済成長を追求する社会は，我々が目指すべき理想郷なのだろうか．情報には，公益性の高いものから，瑣末なものまである．前者には，本来，値札をつけるべきではないし，後者には，本来，値札がつかない．だが，情報の商品化が進めば進むほど，それらにまで値札が貼られることになるだろう（このことは，マーケティングの現場では付加価値創出として歓迎される）．公益性の高い情報をわざわざ買わされ，何の役も立たない情報をさも価値があるものとして買わされ，そうやってただ GDP を増やすだけの社会が，本当に成熟した姿といえるのか．筆者には，はなはだ疑問である．

第 10 章

縮小社会へ向かって

　我々は，化石燃料の消費をどのようにして減らせばよいのか．化石燃料の消費量 F は，GDP を Y，エネルギー消費量を E とすると，次のような恒等的関係として表すことができる．

$$F = \frac{F}{E} \times \frac{E}{Y} \times Y \quad (10.1)$$

　経済水準を下げることなく化石燃料消費量を削減するのであれば，式 10.1 から明らかなように，エネルギーの化石燃料比（F/E）を低下させるか，GDP のエネルギー強度（E/Y）を低下させるか，少なくともどちらかは実現させなければならない．しかし，本書でこれまで論じてきたように，現在の経済的繁栄は化石燃料（特に石油）の特異な性質に拠るところが大きいため，エネルギーの化石燃料比を大幅に減らすことは困難であると思われる．また，エネルギー強度の大幅な低下が今後継続的に見込まれるという保証もなく，仮にそれが実現したとしても，リバウンド効果により，思ったほどのエネルギー削減効果が得られるとは限らない．

　我々は，もはや，最後の手段を講じる時期に来ているのかもしれない．つまりそれは，「経済成長信仰」を潔く捨て去り，経済の縮小に積極的に取り組む，ということである．もちろん，このような方針を受け入れることには，多くの人が拒絶感を抱くかもしれない．しかしながら，経済規模の縮小をむしろ積極的に受け入れようという動きは，地味ながらも着実に，社会に根付きはじめている．

　2008 年，京都大学教授（当時）の松久寛氏を中心に「縮小社会研究会」が

結成された．この研究会の基本的な姿勢は，経済の縮小はもはや不可避であることを認めるだけでなく，それを悲観的に捉えずに，むしろ積極的に迎え入れよう，というものである．そのためには，社会はどのような準備が必要なのか．縮小社会研究会では，多方面の専門家や市民を交え，活発な議論が続いている．

設立当初の縮小社会研究会は，ひと握りの有志たちによる小規模なものだった．しかし，年々参加者は増えていき，2013 年には法人化を遂げ，現在の会員数は 140 名を超えるに至っている．

縮小社会研究会の趣旨に賛同する者は，成長型経済と持続型社会とが相容れないことを悟っている．それでもなお，研究会が設立して間もない頃の会議では，「縮小」という言葉を積極的に用いることに対して否定的な意見もあった．「縮小」という言葉の響きが，どこか「後ろ向き」な印象を世間に与えるのではないか，というのである．このエピソードは，いかに「経済成長信仰」が根強く社会に浸透しているかを物語っている．

縮小社会研究会の挑戦はまだ始まったばかりであり，目の前には，乗り越えなければならない幾つもの山が大きく立ちはだかっている．成功の鍵は，我々が，「縮小」というキーワードを楽しむような知性や感性をいかに育むことができるかにかかっている．当然，化石燃料の大量消費によって手にした便利さの多くを我々は諦めなければならないだろう．そのかわり，むやみに明るく灯された電灯のもとでは気づかなかった星空や，薄暗い裸電球のもとでギター片手に仲間と時間を過ごすことの楽しさを再確認するだろう．失うものと得られるものを，我々はどのように評価するのか．我々がいま持っている価値観は，先天的に備わっているものではなく，その多くは先人が作り上げた社会環境の直接・間接的成果である．であるならば，経済成長によって犠牲にされてきたものや，縮小することによって取り戻せるものに対して，次の世代の人たちが大きな価値を置くような社会環境を構築することも，不可能ではあるまい．その挑戦は茨の道には違いないが，その第一歩は，人類の叡智をそこに結集させるという勇気ある決断を下すことなのである．

補論 A

日本経済における石油のエネルギー収支比 [1]

　日本のように石油をほぼ100%輸入している国にとって，石油のエネルギー収支比はどのように定式化されるのだろうか．わずかな例外を除いて，日本は，石油を採掘して手に入れているわけではなく，市場を通じた交換によって獲得している．それでもなお，「エネルギーを獲得するためにエネルギーを投入する」という原則は変わらないのである．

　では，具体的に「日本経済にとって」の石油のエネルギー収支比を計算してみよう[2]．ホールらが指摘しているように，エネルギー資源の輸入国は，エネルギーを投じて商品を生産し，それを売ったお金で最初に投じたエネルギーよりも多くのエネルギー資源を買っている (Hall et al., 2009)．今，石油の輸入価格をP，石油の輸入量をQとしよう．このとき，石油を買うために支払う金額はPQである．ということは，日本はそれと引き換えにPQに相当する商品を売らなければならないはずである．当然，それらの商品を生産する際には，いくらかの石油を消費する．その消費量をIとしよう．「商品の石油効率」，すなわち，1単位の石油から生産される付加価値額をkとすれば，

$$PQ = kI \quad (\text{A.1})$$

という関係が成り立つ．石油のエネルギー収支比は定義よりQ/Iなので，(A.1)式より，k/Pに等しいということになる．すなわち，エネルギー収支比は，商品の石油効率と石油価格の比に等しく，もしもこれが1であれば，利用可能な石油はすべて石油獲得のために投じなければならず，日本経済の実質的繁栄はない．

実際には，日本の貿易相手国は産油国だけではなく，石油と引き換えに生産されている商品がどれであるかを判別することは困難であるため，商品の石油効率を正確に見積もることは難しい．そこで，ホールらに従って，GDPと石油消費量の比（以下，これを単に石油効率と呼ぶ）を k として代用することにしよう（Hall et al., 2009）．

石油のエネルギー収支比（k/P）は，石油効率が一定ならば石油の輸入価格に反比例する．したがって，石油価格の上昇によるエネルギー収支比の低下を抑えるためには，石油効率を高める必要がある．石油価格の上昇は，付加価値生産の石油集約度を低下させるようなインセンティブを，社会に与えるだろう．すなわち，石油以外のエネルギー資源の利活用，省エネルギー型生産システムの構築などへの関心が高まるはずである．事実，1973年の第1次石油危機を皮切りに，日本は官民を挙げて石油依存を低下させるための努力を積み重ねてきた．

そうした努力の甲斐あって，世界有数の「高」石油効率社会となった日本だが，果たして，石油のエネルギー収支比の低下を抑えることができたのだろうか．図 A-1 は，石油のエネルギー収支比を上記の方法により計算した結果を示している．グラフから読み取れるように，第1次石油危機後，石油価格は上昇し，それにともなって石油のエネルギー収支比は急落し，約6程度にまで下がった．主要なエネルギー資源のエネルギー収支比が低下したら，具体的に経済にどのような問題が顕在化するのか，必ずしもわかっていない．ホールらの考えでは，最低でも3〜5程度の水準にあることが望ましいとされているが，もしもその基準に従うのであれば，第1次石油危機後の日本は「危険水域」に近づいていたことになる．

注目すべきは，1980年代前半である．この期間，石油価格は大きく上昇したにもかかわらず，石油のエネルギー収支比はむしろやや上昇傾向を示した．おそらくこれは，それまでの「石油浪費型」の経済構造を一変させ，国を挙げての節約政策を推し進めたことが奏功したものと思われる．

1980年代の後半には，一転して石油価格は下落傾向を示し，それにともなって，石油のエネルギー収支比も上昇していった．しかし2000年代に入ると，

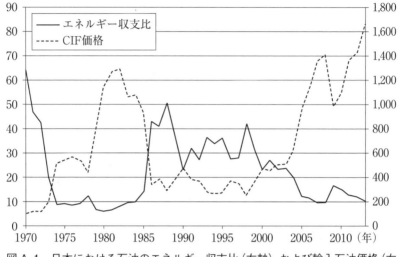

図 A-1　日本における石油のエネルギー収支比（左軸）および輸入石油価格（右軸，1970＝100）
（備考）資源エネルギー庁（2015）に基づき筆者作成

　石油価格は再び上昇傾向を示し，石油のエネルギー収支比は低下し，2008年には10を下回った．その直前には，石油のエネルギー収支比は20程度の水準にあったことを踏まえると，あまりに急激な変動である．

　2000年代に入ってからの石油価格の上昇が日本にもたらした影響は，1980年代前半のそれとは対照的である．というのも，今度はもはや，石油のエネルギー収支比の低下を食い止めることができなかったからである．この理由は，おそらく，すでにギリギリまで「雑巾を絞った」状態だったからに違いない．石油危機を経験した日本は，すでにギリギリまでエネルギーの節減を追求しており，エネルギー効率は世界有数の高さとなっていた．しかし皮肉なことに，そのことは同時に，さらなる省エネルギーを難しくした．石油文明を謳歌する日本経済は，今や，石油価格のわずかな変動でも石油のエネルギー収支比が大きく変動するという脆弱性を持ってしまっているのである．

注

1) 本補論は，石田（2013）を要約したものである．
2) もちろん，石油だけがエネルギー資源ではないが，ここでは，1単位の石油から何単位の石油を得ているか，ということに焦点を絞り，議論を単純化した．

補論 B

EV 社会はどれだけのリチウムを必要とするか [1]

B.1 はじめに

　現在，運輸部門における石油の重要性は際立っており，世界全体で輸送のために使われているエネルギーの 95%以上は石油に依存している（日本だけでみても同様）(IEA, 2009). 運輸部門のなかでも石油消費において圧倒的なシェアを占めているのは自動車輸送であり，現代はまさに，内燃機関自動車 (internal combustion engine vehicle, ICEV) が世界の輸送システムを牛耳っている. その ICEV に代わる自動車として期待されているのが，電気自動車 (electric vehicle, EV) である. 現在のところ, 電池として主に用いられているのはリチウムイオン二次電池（以下，単にリチウムイオン電池）であり，少なくとも 2030 年くらいまでは EV において支配的な電池であり続けると予想されている (Element Energy, 2012).

　リチウムイオン電池は，他の電池と比べるとエネルギー密度が大きいが，それでも，石油系の燃料と比較すると 2 桁ほど小さい. そのせいもあり，一回の充電で走行できる距離（航続距離）は，ICEV に遠く及んでいないのが現状である.

　航続距離を伸ばすためには，搭載する電池の容量を増やさなければならないが，電池のエネルギー密度が小さいため，電池の重みが及ぼす影響を無視できなくなる. 電池容量を増やすと，その分だけ増した重量分を輸送するためにいくらかのエネルギーが食われるため，電費 (1km 走行当たりの消費電力) が

増すことになるのである．つまり，電池容量を2倍にしたからといって，航続距離が2倍になるわけではない．逆の言い方をすれば，航続距離を2倍にするためには，電池容量を2倍以上にしなければならないのである．

　電池のエネルギー密度が小さいことを考慮すると，ICEV社会からEV社会への移行には，莫大な電池材料が必要になると懸念される．ここでは，リチウムに注目しよう．リチウム資源は，果たして，EV社会を実現するだけの十分な量があるのであろうか．この問題は，まだ十分に議論されていない．現在のEVのシェアがごくわずかであることもその一因であろう．EVに対する世間の一般的なイメージは，「脱石油依存の切り札」というものであり，その普及を妨げているのは主に，制度・政策の未整備であると考えられている（IEA, 2011）．EVの普及には，経済的，制度的，そして技術的な要因が複雑に絡み合って影響を及ぼすのは確かであろう．EV社会の構築を阻害する要因のいくつかは，したがって，政策的誘導によりとり除くことができるだろう．しかし，そもそも，EV社会の構築に必要なリチウム資源は，十分に存在するのだろうか．EV社会の構築を急ぐ前に物理的な制約条件について論じておくことは，決して無意味な作業ではないだろう．

　リチウムは，電池以外の用途にも使われており，需要全体の29%がガラス・セラミック工業に，12%程度が潤滑剤として使われている（USGS, 2012）．今のところは，電池向け需要が占める割合は全体の27%程度であるが，ICEV社会からEV社会への移行を実現させるのであれば，リチウムの需要は格段に高まるだろう（Vikstrom et al., 2013）．

　リチウムの埋蔵量については，不確実な部分が多い．埋蔵量は経済的・技術的条件で決まるので，埋蔵量を正確に見積もることは容易な作業ではない．それでも，これまで多くの専門家によって，世界全体のリチウム埋蔵量の見積もりが試みられてきた．古くは1970年代に試算例があるが（Evans, 1978），多くは2000年代に入ってからのものである．これまでの見積もりを眺めると，4〜30Mtと幅がある（Gruber et al., 2012; Kushinirand Sanden, 2012; Mohr et al., 2012; Tahil, 2007, 2008; Faseland Tran, 2005; Yaksikand Tilton, 2009）．継続的な埋蔵量評価を行っているのはUSGSで，最新版（2015年）では13.5Mt

と見積もっている（USGS, 2015）．ヴィクストロムらは，既存研究を踏まえ，15Mt 程度とみておくのが妥当であろうとしている（Vikstrom et al., 2013）．なお，これまでに採掘されたリチウム資源の累積産出量は 0.5Mt 程度とみられている（Vikstrom et al., 2013）．

B.2 シナリオ

EV 社会がどれだけのリチウムを必要とするかは，以下の 3 項目に依存する．

- 自動車の保有台数
- EV1 台が搭載する電池容量
- 電池容量 1kWh 当たりのリチウム量

B.2.1 自動車の保有台数

自動車の保有台数は，現在，世界全体で 10 億台ほどである．2030 年には現在の 2 倍，すなわち 20 億台を突破するものと予測されている（Dargey et al., 2007）．現在のところ，10 億台の内訳は，大雑把にいえば，7 割が乗用車で，残り 3 割がトラック・バスとなっている[2]．車重ごとの詳しい内訳については不明だが，国際自動車工業連合会（OICA）によれば，1997 年から 2012 年までに世界全体で生産された自動車のうち，台数ベースで，乗用車（乗員 7 人以下）と小型商用車が 95%を占めている[3]．

ここでは，できるだけ単純なシナリオを立てることにしよう．乗用車については，すべて，車両重量 1t のコンパクトカーであるとしよう．この想定は現実からすると極端なものだが，少なくとも，リチウムの将来的な必要量を過大評価する危険性はないだろう．

小型商用車とは，OICA の定義によれば，車両総重量の上限が 3.5 〜 7t（国によって基準が異なる）であり，日本では 5t 未満とされている．世界全体で使用されている小型商用車の重量分布は不明なので，日本の状況を参考にする

ことにしよう[4]．日本における小型商用車保有台数の内訳は，およそ7割がいわゆる「軽自動車」であり，それ以外は車両重量が4～5tとなっている．機能としては，前者が主に都市内輸送，後者は近郊都市間輸送を担っているものと考えられる．これらを踏まえ，シナリオでは，小型商用車のうち7割を1tの自動車（以下，超小型商用車と呼ぶ），3割を4tの自動車（以下，小型商用車と呼ぶ）とする．このように，ここでは全体としてずいぶん「エコ」なシナリオを想定していることを再度強調したい．

残り5%の自動車，すなわち大型自動車については，OICAの定義では，車両重量が3.5～7t以上となっている．再び，日本の基準を参照すると，このカテゴリに相当する区分（5t以上）では，車両総重量8t車が過半数を占めており，残りの半数のうち7割を20t車が占めている．前者は主に中距離輸送用，後者は長距離輸送用に対応すると思われる．シナリオでは，議論を単純化するため，大型自動車は8t車（以下，中型商用車）と20t車（以下，大型商用車）のみから構成されるとし，台数は3：2の比率であると仮定する．すなわち，自動車保有台数全体の3%が中型商用車，2%が大型商用車であるとする．

B.2.2 EVが搭載するリチウムイオン電池容量

EVには，BEV（battery electric vehicle）とPHEV（plug-in hybrid electric vehicle）があるが，本シナリオでは，すべての自動車がBEVである状況を想定しよう（それは紛れも無くEV社会と呼べるだろう）．1台のEVが搭載する電池容量は，航続距離に関係する．

航続距離は，輸送システムにおける重要な機能の1つであると考えられる．少し走ってはエネルギーを補給，また少し走ってはエネルギーを補給，といった自動車では，現在のような輸送サービスのコストと質を維持することは難しいだろう．事実，EVの利用者のうち9割が，航続距離の短さに不満を持っているという調査結果が示されている（次世代自動車振興センター／三井情報株式会社，2012）．

現行のICEVの航続距離は，乗用車が500～600km，小型トラックが500km程度，大型トラックが800～2,500km程度である．一方，EVの航続距離は，

ICEV の水準に遠く及んでいない．最もポピュラーな EV のひとつである日産自動車の「リーフ」の後続距離は，カタログによれば 228km（JC08 モード）で，搭載しているリチウムイオン電池の容量は 24kWh である（2014 年現在）[5]．実際の航続距離は運転条件によって変わり，急発進の繰り返しや空調の使用により減少する．

現段階の EV の普及率はごくわずかであるため，実際の使用についての電費に関するデータは限られている[6]．数少ない利用可能なデータとして，大阪府堺市による利用実績記録が，当市のウェブサイトにて公開されている．堺市は「リーフ」を 3 台所有しており，1 年間の利用記録（2012 年 4 月～2013 年 3 月）によれば，平均航続距離は 132km であり，電費は 0.182kWh/km であったという[7]．

ここで注意すべきは，仮に「リーフ」の電池容量を 2 倍，すなわち 48kWh にしたからといって，航続距離が 2 倍になるわけではない，ということである．自動車の電費（燃費も同様）は，車体が重いほど増える．リチウムイオン電池の重量は，容量 1kWh 当たり 12.5kg 程度であり，24kWh の電池の重さは 240kg，48kWh の電池の重さは 480kg ということになる．「リーフ」の車両重量は 1,400kg を少し超える程度なので，車重からしても，電池の重量は無視できない．

電費・燃費を決定する主な要因は，転がり係数と空気抵抗である．前者は車重に比例するが，後者は自動車の形状や速度によって影響を受けるので，電費・燃費は，車重との単純な比例関係にならない．ここでは，電費・燃費 f と車重 M との関係を次のように仮定する．

$$f = aM + b \quad \text{(B.1)}$$

ここで，a, b は定数である．残念ながら，EV に関しては，(B.1) 式を回帰できるほど十分なデータが得られない．そこで，データが豊富な ICEV のケースを元に，以下の手順に従って，電費と車重の関係式を求めることにする．

鈴木（2005）が ICEV の実燃費に基づいて行った回帰分析によれば，車両重量 600～2,400kg の範囲のガソリン車について，車両重量 M kg と燃費

y^sL/100km の関係式が次のように示されている．

$$y^s = 8.20 \times 10^{-3} M + 0.758 \quad (B.2)$$

ガソリン自動車の TTW（tank-to-wheel）効率は 14 〜 18％程度であり，EV の動力変換効率は 73 〜 90％であることが知られている（Sadek, 2012; Rousseau et al., 2003; Helmers and Marx, 2012）．ここではあえて，EV に「有利」な立場に立ち（できるだけリチウム資源を節約する，という想定のため），ガソリン自動車の TTW 効率（θ^g）を低めに（14％），EV の動力変換効率（θ^{ev}）を高め（90％）に設定する．

さて，式（B.2）とガソリン自動車の TTW 効率を掛け合わせることによって，単位距離走行当たりの動力エネルギーが導かれる．さらにそれを EV の動力変換効率で除することによって，単位距離走行当たりに EV が消費する電力を逆算することができる．なお，同じ重量のガソリン自動車と EV は，単位距離走行当たりの動力エネルギーが等しいとの仮定をおいている．ガソリンの発熱量を h^g（= 35.2）MJ/L，車両重量 600 〜 2,400kg の EV の電費を f^skWh/km とすると，

$$f^s = \frac{y^s h^g \theta^g}{\theta^{ev}} \quad (B.3)$$

となるので，この式と式（B.2）から，次式が得られる．

$$f^s = 0.140 \times 10^{-3} M + 0.0129 \quad (B.4)$$

鈴木（2005）は，車両総重量 4,000 〜 20,000kg のディーゼル車についても，重量と実燃費の関係式を導き出している．それによると，100km 走行当たりの軽油消費量 y^lL は次式によって決まる．

$$y^l = 0.830 \times 10^{-3} M + 13.2 \quad (B.5)$$

ディーゼル自動車の TTW 効率は 23 〜 28％なので（Helmers and Marx, 2012），ここでは低めの値として 23％を採用しよう．軽油の発熱量が 38.2MJ/L であることを踏まえ，大型 EV の動力変換効率を先と同様に 90％であるとす

れば，先と同様の手順により，4,000～20,000kg の EV の電費 f^l kWh/km と車両総重量 M kg との関係式が次のように得られる．

$$f^l = 0.225 \times 10^{-4} M + 0.357 \quad (\text{B}.6)$$

本シナリオにおいては，車両総重量（電池を含む）4t 以上の EV にこの式を適用するものとする．さて，EV の電池を除いた車両重量を A，航続距離を C としよう．このとき，この EV が搭載すべき電池の容量 W は，以下の連立方程式を解くことによって導かれる．

$$M = A + mW \quad (\text{B}.7)$$

$$fC = uW \quad (\text{B}.8)$$

ここで，M は A に電池を加えた重量，m は単位容量当たりの電池重量，u は電池の充電率を表す．要するに，この連立方程式は，それぞれ，質量のバランス式とエネルギーのバランス式を意味している．この連立方程式に式（B.1）を代入し，それを解くことによって，電池抜き重量 A，航続距離 C であるような EV が搭載しなければならない電池の容量が次のように決まる．

$$W = \frac{aA + b}{u - amC} C \quad (\text{B}.9)$$

$$M = \frac{uA + bmC}{u - amC} \quad (\text{B}.10)$$

式（B.9）から，電池容量と航続距離は単純な比例関係にはならないことが確認できる．

B.2.3 電池が必要とするリチウム量

理論上は，リチウムのすべてがイオン化するとすれば，1kWh の蓄電に必要なリチウム量は 73g である（Tahil, 2010）．しかし実際には，電池に含まれるリチウムのすべてが放電に寄与するわけではないので，必要なリチウム量は理論値よりも多くなる．フォースターは，既存の研究事例を踏まえ，妥当な数

値を 151g/kWh としている（Forster, 2011）.

B.2.4　3つのシナリオ

分析に際し，表 B-1 に示すように，3つのシナリオを考える．各シナリオとも，自動車保有台数の内訳は同じである．

ベースライン（BL）シナリオでは，EV の保有台数を現状の 10 億台とする．このシナリオは，現行の技術水準を想定したものであり，単位容量当たりの電池重量を 12.5kg/kWh，充電率を 0.8 に設定した．後者は，EV の利用者が基本的に急速充電（80％充電）を行うという想定に基づいている．また，現状に即し，BL シナリオでの EV の後続距離を ICEV の半分程度としている．

次に，IMP シナリオでは，2030 年時点で予想される技術水準を想定している．2030 年の自動車保有台数は現在の 2 倍になると予測されているので，IMP シナリオでは EV の数を 20 億台とした．コンサルタント会社「エレメ

表 B-1　各シナリオの内容

シナリオ	BL	IMP	IMP-LR
EV 保有台数（百万）	1,000	2,000	2,000
乗用車	700	1,400	1,400
超小型商用車	175	350	350
小型商用車	75	150	150
中型商用車	30	60	60
大型商用車	20	40	40
航続距離（km）			
乗用車	250	250	500
超小型商用車	250	250	500
小型商用車	300	300	600
中型商用車	400	400	800
大型商用車	500	500	1,000
電池重量（kg/kWh）	12.5	5.5	5.5
充電率（％）	80	100	100
リチウム量（g/kWh）	151	110	110

ントエナジー」が示したロードマップ（以下，EE12 と呼ぶ）によれば，今後，リチウムイオン電池の軽量化が進み，2030 年には kWh 当たりの重量が現在の 45%程度になると予想されている（Element Energy, 2012）．そこで，IMP シナリオでは，1kWh 当たりのリチウムイオン電池重量を 5.5kg とした．また，技術進歩により，電池容量当たりのリチウム量も減少するとみられていることを踏まえ（Miedema and Moll, 2013），IMP シナリオでは，1kWh 当たりの 110g とした．また，電池の充電率を 100%とした．これは，将来，充電時間の短縮化が進むか，あるいは，フル充電済の電池と交換するシステムの構築が進むとの仮定に基づいている．なお，EV の後続距離は BL シナリオと同じとした．

最後に，IMP-LR シナリオでは，技術水準を IMP シナリオと同じ水準とし，航続距離を現行の ICEV 並みと想定した．

B.3　試算結果

表 B-2 に，各シナリオについて必要とされるリチウム量の試算結果を示す．BL シナリオでは，リチウムの使用量は 16.4Mt となった．これは，リチウムの埋蔵量（15Mt）を超えている．リチウム使用量の内訳をみると，乗用車向けが全体の半分以上を占めている．注目すべきは，台数シェアからするとわずかにすぎない中型および大型自動車のリチウム使用が，全体の 20%を占めているということである．この理由は，もちろん，重たい自動車が長距離走行するという要請から，1 台当たりが搭載する電池の容量が大きいという理由による．

電池の「省リチウム化」は，どれだけリチウム使用量を減らすのか．IMP シナリオでのリチウムの使用量は 13.6Mt であり，何とか埋蔵量の範囲内で収まってはいる．とはいえ，埋蔵量（15Mt）の 90%を超える水準である．ピークオイル仮説同様，「ピークリチウム」仮説に従うなら，大まかにいって，究極埋蔵量（0.5＋15＝15.5Mt）の 50%を過ぎたあたりからリチウムの稀少性が

表B-2 シナリオ分析結果

シナリオ	BL	IMP	IMP-LR
搭載電池容量（kWh）			
乗用車	83	41	104
超小型商用車	83	41	104
小型商用車	188	139	290
中型商用車	313	226	477
大型商用車	612	430	921
リチウム使用量（Mt）			
乗用車	8.8	6.4	16.0
超小型商用車	2.2	1.6	4.0
小型商用車	2.1	2.2	4.8
中型商用車	1.4	1.4	3.2
大型商用車	1.9	1.8	4.0
計	16.4	13.6	32.0

顕在化すると予想される．そのような状況下で，EVが安価な輸送サービスを供給できるのか，ははなはだ疑問である．仮に，自動車の保有台数が現状水準のまま維持されたとしよう．その場合，リチウムの使用量は13.6Mtの半分，すなわち6.8Mtであり，埋蔵量の45％程度で済む計算となるが，それでも，50％まで目前なのである．

　IMP-LRシナリオでは，EVの航続距離を現行のICEV並みであるとし，いまの自動車の利便性に近づけている．しかし，それと引き換えに，リチウムの使用量は32Mtと，埋蔵量を大幅に超えている．航続距離とリチウム量との非線型的な関係についてもみておこう．もしも，航続距離とリチウム量が単純な比例関係にあるなら，IMP-LRシナリオにおけるリチウム量は，IMPシナリオの2倍になるはずである．IMPシナリオのリチウム量は13.6Mtだから，その2倍は27.2Mtなので，IMP-LRシナリオはそれよりも18％多いことになる．

　以上のように，シナリオによって程度の差はあるものの，概して，リチウムの埋蔵量は，本格的なEV社会を構築するのに十分であるとは言い難いこと

がわかった．加えて，ここでの試算は EV 用の電池に限っているが，リチウムは電池以外の用途にも使われており，用途を電池に限ったしても，自動車以外（モバイル PC や携帯電話，スマートフォンなど）の電子機器に使用されるリチウム電池向けとして，今後 90 年間で 1.8 〜 3.6Mt のリチウムが採掘されると見込まれている（USGS, 2010）．仮に，IMP シナリオで，保有台数を 10 億台に留めたとしても，EV 用のリチウム 6.8Mt と合わせると，電池用のリチウムは 8.6 〜 10.4Mt となり，究極埋蔵量の 50％を超えてしまうことになる．

ピークオイル仮説を，石油以外の天然資源に適用してはならないという理由はない．枯渇性資源の採掘経路にロジスティック曲線（左右対称の釣鐘型）を用いることには一定の妥当性があることが示されているし（Mohr et al., 2011），それに基づいて世界全体のリチウム産出量の将来予測がなされた例もある（Vikstrom et al., 2013; Kushinir and Sanden, 2012）．とはいえ，リチウムの累積生産量は究極埋蔵量の 3％程度にすぎないので，リチウム生産のピークがいつ訪れるのかを正確に予測することは，現段階では難しい．

注
1) 本補論は，石田（2015）を簡略化したものである．
2) 日本自動車工業会のウェブサイト参照．http://jamaserv.jama.or.jp/newdb/index.html
3) OICA のウェブサイト参照．http://www.oica.net/category/vehicles-in-use/
4) 軽自動車の規格は日本独自のものであり，国によっては安全基準を満たしていないので，世界全体でみた軽自動車のシェアは日本と比較すると小さいだろう．したがって，日本のシェアを世界全体に当てはめるシナリオは現実離れした想定ではあるが，少なくとも，リチウムの需要量を過大評価することにはならないだろう．
5) 日産自動車のウェブサイト参照．http://ev.nissan.co.jp/LEAF/
6) 日本を例にすれば，EV の普及率は乗用車で 0.06％程度，貨物自動車はほぼゼロである．自動車情報センターのウェブサイト参照．http://autoinfoc.com/category/database/
7) 堺市環境局のウェブサイト参照．http://www.pref.osaka.lg.jp/attach/5004/00133898/siryo4.ppt

参考文献

AER (2015) *ST98-2015: Alberta's Energy Reserves 2014 and Supply/Demand Outlook 2015-2024*, Alberta Energy Regulator.
Allen, R. C. (2003) "Progress and poverty in early modern Europe," *Economic History Review*, Vol.56, pp.403-443.
Allix, P., A. Burnham, T. Fowler, M. Herron, R. Kleinberg and B. Symington (2011) "Coaxing oil from shale," *Oilfield Review*, Vol.22, No.4, pp.4-15.
Ashby, M. A. and J Polybank (2012) *Materials for Energy Storage Systems: A White Paper*, Granta Design.
Bandy, M. (2004) "Fissioning, scalar stress, and social evolution in early village societies," *American Anthropologist*, Vol.106, pp.322-333.
Bardi, U. (2005) "The mineral economy: A model for the shape of oil production curves," *Energy Policy*, Vol.33, pp.53-61.
Barratt, R. S. (2006) "Meeting lifelong learning needs by distance teaching: Clean technology," *Journal of Cleaner Production*, Vol.14, pp.906-915.
Bentley, R. W., S. A. Mannan and S. J. Wheeler (2007) "Assessing the date of the global oil peak: the need to use 2P reserves," *Energy Policy*, Vol.35, pp.6364-6382.
Bilkadi, Z. (1984) "Bitumen: A history," *Saudi Aramco World*, Vol.35, No.6, pp.2-9.
Bogart, D. (2013) "The transport revolution in industrializing Britain: A survey," *Working Paper, Department of Economics UC Irvine*.
Boserup, E. (1990) *Economic and Demographic Relationships in Development*, John Hopkins University Press.
BP (2012) *Statistical Review of World Energy 2012*, BP.
BP (2015) *Statistical Review of World Energy 2015*, BP.
Brookes, L. (1979) "A low energy strategy of the UK by G Leach et al: A review and reply," *Atom*, Vol.269, pp.3-8.
Campbell, C. J. and J. H. Laherrere (2015) "The end of cheap oil: Global production of conventional oil will begin to decline sooner than most people think, probably within 10 years," *Scientific American*, pp.78-83, March.
Cardwell, D. S. L. (1971) *From Watt to Clausius: The Rise of Thermodynamics in the Early Industrial Age*, Cornell University Press.
Chapman, I. (2014) "The end of peak oil? Why this topic is still relevant despite recent denials," *Energy Policy*, Vol.64, pp.93-101.
Clark, G. (2004) "The price history of English agriculture, 1209-1914," *Research in*

Economic History, Vol.22, pp.41-120.

Clark, G. (2007) *Farewell to Alms: A Brief Economic History of the World*, Princeton University Press.

Clark, G. and D. Jacks (2007) "Coal and the Industrial Revolution, 1700-1869," *European Review of Economic History*, Vol.11, No.1, pp.39-72.

Cleveland, C. J., R. Costanza, C. A. S. Hall, and R. Kaufmann (1984) "Energy and the U.S. economy: A biophysical perspective," *Science*, Vol.225, pp.890-897.

Cleveland, C. J. and P. A. O'Conner (2011) "Energy return on investment (EROI) of oil shale," *Sustainability*, Vol.3, pp.2307-2322.

Cohen, D. (2006) "Does the peak oil theory just fall down?" *World Energy Monthly Review*, Vol.12, No.2, pp.1-3.

Cook, E. (1971) "The flow of energy in an industrial society," *Scientific American*, Vol.225, No.3, pp.135-144.

Crompton, G. (2005) "The tortoise and the economy: inland waterway navigation in international economic history," *Journal of Transport History*, Vol.25, No.2, pp.53-74.

Cruz, J. M. and M. S. Taylor (2012) "Back to the future of green powered economies," *NBER working paper*, No.18236.

Dargey, J., D. Gately and M. Sommer (2007) "Vehicle ownership and income growth, worldwide: 1960-2030," *Energy Journal*, Vol.28, pp.143-170.

Deffeyes, K. S. (2005) *Beyond Oil: The View from Hubbert's Peak*, Hill and Wang.

Diamond, J. (1999) *Guns, Germs, and Steel*, W.W. Norton and Company.

Dincer, I. and M. A. Rosen (2013) *Exergy: Energy, Environment and Sustainable Development*, Elsevier.

Dinwiddy, J. R. (1989) *Bentham*, Oxford University Press.

Dyni, J. R. (2006) *Geology and Resources of Some World Oil-Shale Deposits: USGS Scientific Investigations Report 2005-5294*, USGS.

EIA (2013) *Annual Energy Outlook 2013*, EIA.

EIA (2014) *Annual Energy Outlook 2014*, EIA.

EIA (2015a) *Annual Energy Outlook 2015*, EIA.

EIA (2015b) *Drilling Productivity Report: For Key Tight Oil and Shale Gas Regions*, EIA.

Element Energy (2012) *Cost and Performance of EV Batteries*, Element Energy.

E. On Netz (2005) *Wind Report 2005*, E. On Netz.

Erlichson, H. (1999) "Sadi Carnot, 'founder of the Second Law of Thermodynamics'," *European Journal of Physics*, Vol.20, pp.183-192.

Evans, R. K. (1978) "Lithium reserves and resources," *Energy*, Vol.3, pp.379-385.

EWG (2013) *Fossil and Nuclear Fuels: The Supply*, Energy Watch Group.

Fasel, D. and M. Q. Tran (2005) "Availability of lithium in the context of future D-T fusion reactors," *Fusion Engineering and Design*, Vol.75-79, pp.1163-1168.

Forster, J. (2011) *A Lithium Shortage: Are Electric Vehicles Under Threat?* Swiss Federal Institute of Technology Zurich.

Fouquet, R. (2008) *Heat, Power and Light: Revolutions in Energy Services*, Edward Elgar.

Gagnon, N. and C. A. S. Hall (2009) "A preliminary investigation of the energy return on energy investment for global oil and gas production," *Energies*, Vol.2, pp.490-503.

Georgescu-Roegen, N. (1971) *The Entropy Law and the Economic Process*, Harvard University Press, Cambridge, MA.

Gilligan, J. (2005) *The Age of Fossil Fuels Part I: The Middle Ages through 1973*, manuscript.

Gillingham, K., D. Rapson, and G. Wagner (2016) "The rebound effects and energy efficiency policy," *Review of Environmental Economics and Policy*, Vol.10, pp.68-88.

Greening, L. A., D. L. Greene, and C. Difiglio (2000) "Energy efficiency and consumption-the rebound effect-a survey," *Energy Policy*, Vol.28, pp.389-401.

Gross, R., P. Heptonstall, D. Anderson, T. Green, M. Leach and J. Skea (2006) *The Cost and Impacts of Intermittency: An Assessment of The Evidence on the Costs and Impacts of Intermittent Generation on the British Electricity Network*, Imperial College London.

Gross, R., W. Blyth and P. Heptonstall (2010) "Risks, revenues and investment in electricity generation: why policy needs to look beyond costs," *Energy Economics*, Vol.32, pp.796-804.

Gruber, P. W., P. A. Medina, G. A. Keoleian, S. E. Kesler, M. P. Everson and T. J. Wallington (2012) "Global lithium availability: A constraint for electric vehicles," *Journal of Industrial Ecology*, Vol.15, pp.760-775.

Guilford, M. C., C. A. S. Hall, P. O'Connor and C. Cleveland (2011) "A new long term assessment of energy return on investment (EROI) for U.S. oil and gas discovery and production," *Sustainability*, Vol.3, pp.1866-1887.

Gupta, A. K. and C. A. S. Hall (2011) "A review of the past of current state of EROI data," *Sustainability*, Vol.3, pp.1796-1809.

Hall, C. A. S., J. G. Lambert and S. B. Balogh (2014) "EROI of different fuels and the implications for society," *Energy Policy*, Vol.64, pp.141-152.

Hall, C. A. S., C. J. Cleveland and R. K. Kaufmann (1986) *Energy and Resource Quality: The Ecology of the Economic Process*, John Wiley and Sons.

Hall, C. A. S., S. Balogh and D. J. R. Murphy (2009) "What is the minimum EROI that a sustainable society must have?" *Energies*, Vol.2, pp.25-47.

Harris, G., P. Heptonstall, R. Gross and D. Handley (2013) "Cost estimates for nuclear power in the UK," *European Journal of Physics*, Vol.62, pp.431-442.

Helmers, E. and P. Marx (2012) "Electric cars: Technical characteristics and environmental impacts," *Environmental Sciences Europe*, Vol.24, pp.1-15.

Henrich, J. (2004) "Demography ad cultural evolution: How adaptive cultural processes can produce maladaptive losses-the Tasmanian case," *American Antiquity*, Vol.69, pp.197-214.

Hilty, L. M. (2008) *Information Technology and Sustainability*, Books on Demand.

Hodgson, G. (1988) *Economics and Institutions: A Manifesto for a Modern Institutional Economics*, Polity Press.

Hook, M., R. Hirsch and K. Aleklett (2009) "Giant oil field decline rates and their influence on world oil production," *Energy Policy*, Vol.37, No.6, pp.2262-2272.

Hubbert, M. K. (1956) *Nuclear Energy and Fossil Fuels*: Shell Development Company, Houston American Petroleum Institute Publication No.95.

Hubbert, M. K. (1982) "Techniques of prediction as applied to the production of oil and gas," in Gass, S.I. ed. *Oil and Gas Supply Modeling, Special Publication 631*, pp.16-141.

Huber, P. and M. P. Mills (1999) "Dig more coal-the PCs are coming," *Forbes*, Vol.31, pp.70-72.

Hughes, D. (2014) *Drilling Deeper: A Reality Check on U.S. Government Forecasts for a Lasting Tight Oil and Shale Gas Boom*, Post Carbon Institute.

Hughes, J. D. (2013) *Drill, Baby, Drill: Can Unconventional Fuels Usher in a New Era of Energy Abundance?* Post Carbon Institute.

Hulbert, A. J. (2014) "A sceptics view: " Kleiber's Law" or the" 3/4 Rule" is neither a law nor a rule but rather an empirical approximation," *Systems*, Vol.2, pp.186-202.

IEA (2009) *Energy and CO2: Moving toward Sustainability*, OECD.

IEA (2011) *Technology Roadmap: Electric and Plug-In Hybrid Electric Vehicles*, OECD.

IEA (2012a) *Technology Roadmap: Fuel Economy of Road Vehicles*, OECD.

IEA (2012b) *World Energy Outlook 2012*, OECD.

IEA (2013) *World Energy Outlook 2013*, OECD.

IEA (2014a) *Key World Energy Statistics*, OECD.

IEA (2014b) *World Energy Outlook 2014*, OECD.

IEA/NEA (2015) *Projected Costs of Generating Electricity: 2015 Edition*, OECD.

Ishida, H. (2013) "Causal relationship between fossil fuel consumption and economic growth in Japan: a multivariate approach," *International Journal of Energy Economics and Policy*, Vol.3, pp.127-136.

Ishida, H. (2015) "The effect of ICT development on economic growth and energy consumption in Japan," *Telematics and Informatics*, Vol.32, pp.79-88.

Jacobson, M. Z. and M. A. Delucchi (2011) "Providing all global energy with wind, water, and solar power, Part I: Technologies, energy resources, quantities and areas of infrastructure," *Energy Policy*, Vol.39, pp.1154-1169.

Jenner, M. (1995) "The politics of London air: John Evelyn's Fumifugium and the

restoration," *The Historic Journal*, Vol.38, No.3, pp.535–551.
Kander, A., P. Malanima and P. Warde (2013) *Power to the People: Energy in Europe over the Last Five Centuries*, Princeton University Press.
Khazzoom, J.D. (1980) "Economic implications of mandated efficiency standard for household appliances," *Energy Journal*, Vol.1, pp.21–39.
Kohn, M. (2001) *The Origins of Western Economic Success: Commerce, Finance, and Government in Pre-Industrial Europe*, manuscript.
Kohn, M. (2008) *How and Why Economies Develop and Grow: Lessons from Preindustrial Europe and China*, manuscript.
Korchinski, W. (2013) *The Limits of Wind Power*, Reason Foundation.
Kraft, J. and A. Kraft (1978) "On the relationship between energy and GNP," *Journal of Energy Development*, Vol.3, pp.401–403.
Kremer, M. (1993) "Population growth and technological change: one million B.C. to 1990," *The Quarterly Journal of Economics*, Vol.108, pp.681–716.
Kushinir, D. and B. A. Sanden (2012) "The time dimension and lithium resource constraints for electric vehicles," *Journal of Resources Policy*, Vol.37, pp.93–103.
Lambert, J., C. A. S. Hall, S. Balogh, A. Poisson and A. Gupta (2012) *EROI of Global Energy Resources: Preliminary Status and Trends*, DFID.
Lambert, J. G., C. A. S. Hall, S. Balogh, A. Gupta and M. Arnold (2014) "Energy, EROI and quality of life," *Energy Policy*, Vol.64, pp.153–167.
Lee, R. B. (1968) *Environment and Cultural Behavior: Ecological Studies in Cultural Anthropology*, Natural History Press.
Lee, R. B. and I. DeVore (1968) *Man the Hunter*, Aldine.
Lenzen, M. (2008) "Life cycle energy and greenhouse gas emissions of nuclear energy: A review," *Energy Conversion and Management*, Vol.49, pp.2178–2199.
Lovland, J. (2007) *A History of Steam Power*, manuscript.
Lowson, M. V. (1998) "Surface transport history in the UK: analysis and projections," *Proceedings of the Institution of Civil Engineers: Transport*, Vol.129, pp.14–19.
Maddison, A. (2007) *Contours of the World Economy, 1–2030AD: Essays in Macro-Economic History*, Oxford University Press.
Maggio, G. and G. Cacciola (2009) "A variant of the Hubbert curve for world oil production forecasts," *Energy Policy*, Vol.37, No.11, pp.4761–4770.
Malanima, P. (2010) "Energy in history," *Encycropedia of Life Support systems* (UNESCO).
Malanima, P. (2015) "Energy consumption in England and Italy, 1950–1913. Two pathways toward energy transition," *Economic History Review*, forthcoming.
Maugeri, L. (2012) "Oil: The next revolution," *Discussion Paper 2012–10, Belfer Center for*

Science and International Affairs, Harvard Kennedy School.
Maxwell, D., P. Owen and L McAndrew (2011) *Addressing the Rebound Effect*, Global View.
McKay, D. J. C. (2013) "Solar energy in the context of energy use, energy transportation and energy storage," *Philosophical Transactions of the Royal Society A*, Vol.371:20110431, pp.1-23.
Meheus, J. (1999) "Clausius' discovery of the first two laws of thermodynamics: A paradigm of reasoning from inconsistencies," *Philosophica*, Vol.63, pp.89-117.
Miedema, J. H. and H. C. Moll (2013) "Lithium availability in the EU27 for battery-driven vehicles: Impact of recycling and substitution on the confrontation between supply and demand until 2050," *Journal of Resources Policy*, Vol.38, pp.204-1211.
Miller, R. G. and S. R. Sorrell (2013) "The future of oil supply," *Philosophical Transactions of the Royal Society A*, Vol.372, pp.1-27.
Mohr, S. H., M. Hook, G. M. Mudd and G. Evans (2011) "Projection of long-term paths for Australian coal production-comparisons of four models," *International Journal of Coal Geology*, Vol.86, pp.329-341.
Mohr, S. H., G. M. Mudd and D. Giurco (2012) "Lithium resources and projection: Critical assessment and global projections," *Minerals*, Vol.2, pp.65-84.
Mokyr, J. (1990) *The Lever of Riches: Technological Creativity and Economic Progress*, Oxford University Press.
Morris, I. (2013) *The Measure of Civilization: How Social Development Decides the Fate of Nations*, Princeton University Press.
Morris, I. (2015) *Foragers, Farmers, and Fossil Fuels: How Human Values Evolve*, Princeton University Press.
Murphy, D. J. R., C. A. S. Hall, M. Dale and C. Cleveland (2011) "Order from chaos: As preliminary protocol for determining the EROI of fuels," *Sustainability*, Vol.3, pp.1888-1907.
Murphy, D. J. and C. A. S. Hall (2011) "Energy return on investment, peak oil, and the end of economic growth," *Annals of the New York Academy of Sciences*, Vol.1219, pp.526-72.
Narayan, P. and R. Smyth (2014) "Applied econometrics and a decade of energy economics research," *Discussion Paper, Department of Economics, Monash University*, Vol.21/14, pp.1-29.
Naroll, R. (1956) "A preliminary index of social development," *Anthropologist*, Vol.58, pp.687-715.
NEB (2013) *Canada's Energy Future 2013: Energy Supply and Demand Projections to 2035*, National Energy Board.

NEDO（2013）『再生可能エネルギー技術白書第2版：再生可能エネルギー普及拡大にむけて克服すべき課題と処方箋』，NEDO．

Nouvolari, A., B. Verspagen and N. von Tunzelmann (2011) "The early diffusion of the steam engine in Britain, 1700-1800: A reappraisal," *Climetrica*, Vol.5, pp.291-321.

Owen, G. (1994) *The Description of Pembrokeshire*, Gomer Press.

Ozturk, I. (2010) "A literature survey on energy-growth nexus," *Energy Policy*, Vol. 38, pp.340-349.

Pimentel, D. and M. H. Pimentel (2008) *Food, Energy, and Society*, CRC Press.

Pomeranz, K. (2000) *The Great Divergence: China, Europe, and the Making of Modern World Economy*, Princeton University Press.

PRMS (2007) *Petroleum Resources Management System*, Society of Petroleum Engineers.

Pyke, M. (1970) *Man and Food*, McGraw-Hill.

Reynolds, D. B. (1999) "The mineral economy: How prices and costs can falsely signal decreasing scarcity," *Ecological Economics*, Vol.31, No.1, pp.155-166.

Robinson, P. R. (2006) "Petroleum processing overview," Hsu, C. S. and P. R. Robinson eds. *Practical Advances in Petroleum Processing*, Springer, chapter 1, pp.1-77.

Romm, J. J. (2005) *The Hype about Hydrogen*, Island Press.

Roth, K. W., F. Goldstein and J. Kleinman (2002) "Energy consumption by office and telecommunications equipment in commercial buildings," *Energy Consumption Baseline*, Vol.1, Arthur D. Little.

Rousseau, A., R. Ahluwahlia, B. Deville and Q. Zhang (2003) *Well to Wheel Analysis of Advanced SUV Fuel Cell Vehicles*, SAE World Congress.

Sadek, N. (2012) "Urban electric vehicles: A contemporary business case," *Transport Problems*, Vol.7, pp.117-129.

Sieferle, R. P. (2001) *The Subterranean Forest: Energy Systems and the Industrial Revolution*, The White Horse Press.

Smil, V. (1991) *General Energetics*, Wiley.

Smil, V. (2003) *Energy at the Crossroads: Global Perspectives and Uncertainties*, The MIT Press.

Smil, V. (2008a) *Energy in Nature and Society: General Energetics of Complex Systems*, The MIT Press.

Smil, V. (2008b) *Oil: A beginner's Guide*, ONEWORLD.

Smil, V. (2010a) *Energy Transitions: History, Requirements, Prospects*, Praeger.

Smil, V. (2010b) *Prime Movers of Globalization: The History and Impact of Diesel Engines and Gas Turbines*, MIT Press.

Smil, V. (2015) *Power Density: A key to Understanding Energy Sources and Uses*, The MIT Press.

Soddy, F. (1926) *Wealth, Virtual Wealth, and Debt*, George Allen and Unwin.

Spruyt, H. (1994) "Institutional selection in international relations: state anarchy as order," *International Organization*, Vol.48, No.4, pp.527-557.

Stern, D. I. (2000) "A multivariate cointegration analysis of the role of energy in the US macroeconomy," *Energy Economics*, Vol.22, pp.267-283.

Stoll, B.L., T.A. Smith and M.R. Deinert (2013) "Potential for rooftop photovoltaics in Tokyo to replace nuclear capacity," *Environmental Research Letters*, Vol.8, pp.1-9.

Storm van Leeuwen, J.W. (2012) *Nuclear Power Insights*, Ceedata Consultancy.

Szklo, A. and R. Schaeffer (2007) "Fuel specification, energy consumption and CO2 emission in oil refineries," *Energy*, Vol.32, No.7, pp.1075-1092.

Tahil, W. (2007) *The Trouble with Lithium: Implications of Future PHEV Production for Lithium Demand*, Meridian International Research.

Tahil, W. (2008) *The Trouble with Lithium 2: Under the Microscope*, Meridian International Research.

Tahil, W. (2010) *How Much Lithium Does a LiIon EV Battery Really Needs*? Meridian International Research.

Testart, A. (1982) "The significance of food storage among hunter-getherers: residence patterns, population densities, and social inequalities," *Current Anthropology*, Vol.23, pp.523-537.

Trainer, T. (2007) *Renewable Energy Cannot Sustain a Consumer Society*, Springer, The Netherlands.

Turns, S. R. (2006) *Thermodynamics*, Cambridge University Press.

Tyner, S. G., R. Constanza and R. G. Fowler (1988) "Net energy yield of nuclear power," *Energy*, Vol.13, pp.73-81.

USGS (2010) *Mineral commodity summaries 2010*, USGS.

USGS (2012) *Lithium Use in Batteries*, USGS.

USGS (2015) *Mineral Commodity Summaries 2015*, USGS.

Vikstrom, H., S. Davidsson and M. Hook (2013) "Lithium availability and future production outlooks," *Applied Energy*, Vol.110, pp.252-266.

Wallner, A., A. Wenisch, M. Baumann and S. Renner (2011) *Energy Balance of Nuclear Power Generation*, Austrian Energy Agency.

Wang, M. (2005) "Updated energy and greenhouse gas emission results of fuel ethanol," in *The 15th International Symposium on Alcohol Fuels*.

Warde, P. (2007) *Energy Consumption in England and Wales 1560-2000*, Consiglio Nazionale delle Ricerche.

WEC (2013) *World Energy Scenarios: Composing Energy Futures to 2050*, World Energy Counsil.

Weissbach, D., G. Ruprecht, A. Huke, K. Czerski, S. Gottlieb and A. Hussein (2013) "Energy intensities, EROIs (energy returned on invested), and energy payback times of electricity generating power plants," *Energy*, Vol.52, pp.210-221.

Williamson, J. G. (1985) *Did British Capitalism Breed Inequality?* Allen and Unwin.

Wrigley, E. A. (1987) *People, Cities and Wealth: The Transformation of Traditional Society*, Blackwell.

Wrigley, E. A. (2010) *Energy and the English Industrial Revolution*, Cambridge University Press.

Yaksik, A. and J. E. Tilton (2009) "Using the cumulative availability curve to assess the threat of mineral depletion: case of lithium," *Journal of Resources Policy*, Vol.34, pp.185-194.

Yang, C. and R. B. Jackson (2011) "Opportunities and barriers to pumped-hydro energy storage in the United States," *Renewable and Sustainable Energy Reviews*, Vol.15, pp.839-844.

Young, A. A. (1928) "Increasing returns and economic progress," *Economic Journal*, Vol.38, pp.527-542.

Zanden, J. L. V. (1995) "Tracing the beginning of the Kuznets curve: Western Europe during the early modern period," *Economic History Review*, Vol.48, pp.643-664.

石田葉月（2013）「化石燃料価格の変動が日本のERoEIに及ぼす影響」,『商学論集』, 第81巻, 81-92頁.

石田葉月（2015）「EV社会はどれだけのリチウムを必要とするか」,『環境共生』, 第26巻, 48-57頁.

石田葉月（2016）「原子力発電は安価な電力をもたらすか―日本を事例とした実証分析―」,『経済学論叢』, 第68巻, 第3号, 1-15頁.

石田靖彦（2012）「再生可能エネルギーの可能性」, 松久寛（編）『縮小社会への道』, 日刊工業新聞社, 第4章, 97-118頁.

石橋克彦（1997）「原発震災：破滅を避けるために」,『科学』, 第67巻, 第10号, 720-724頁.

大島堅一（2011）『原発のコスト―エネルギー転換への視点』, 岩波書店.

岡本正志（2002）「ジュールによる熱の仕事当量の測定実験」, Netsu Sokutei, 第29巻, 199-207頁.

小野周他（1985）『エントロピー』, 朝倉出版.

影浦峡（2011）『3.11後の放射能「安全」報道を読み解く』, 現代企画室.

小出裕章・西尾正道（2014）『被ばく列島放射線医療と原子炉』, KADOKAWA.

甲元眞之（2008）「気候変動と考古学」,『文学部論叢』, 第97巻, 1-52頁.

斉藤修（1998）『賃金と労働と生活水準―日本経済史における18-20世紀―』, 岩波書店.

斉藤修（2008）『比較経済発展論―歴史的アプローチ』, 岩波書店.

斉藤修（2015）『新版 比較史の遠近法』, 書籍工房早山.

ジェトロ（2012）『平成23年度米国及びバイオ燃料生産の現状と課題』，日本貿易振興機構（ジェトロ）．
資源エネルギー庁（2010）『エネルギー白書2010』，経済産業省．
資源エネルギー庁（2011）『エネルギー白書2011』，経済産業省．
資源エネルギー庁（2014）『エネルギー白書2014』，経済産業省．
資源エネルギー庁（2015）『エネルギー白書2015』，経済産業省．
次世代自動車振興センター／三井情報株式会社（2012）『平成23年度電気自動車等の普及に関する調査』，次世代自動車振興センター／三井情報株式会社．
鈴木徹也（2005）『運輸部門のエネルギー消費構造分析に基づく材料関連省エネルギー技術の効果に関する研究』，東京大学博士論文．
津田敏秀（2014）「100mSVをめぐって繰り返される誤解を招く表現」，『科学』，第84巻，第5号，534-540頁．
槌田敦（1992）『熱学概論 ― 生命・環境を含む開放系の熱理論 ― 』，朝倉書店．
東京都環境局（2014）『都における最終エネルギー消費及び温室効果ガス排出量総合調査』，東京都．
日本学術会議（2004）『東京電力福島第一原子力発電所事故によって環境中に放出された 放射性物質の輸送沈着過程に関するモデル計算結果の比較』，日本学術会議総合工学委員会原子力事故対応委員分科会．
日置雅晴（2011）『拡大する放射能汚染と法規制 ― 穴だらけの制度の現状』，早稲田大学ブックレット．
牧野淳一郎（2014）「3.11以後の科学リテラシー No.17」，『科学』，第84巻，第3号，263-267頁．
松井英介（2011）『見えない恐怖 放射線内部被曝』，旬報社．
松尾雄司・永富悠・村上朋子（2012）「有価証券報告書を用いた火力・原子力発電コスト構造の分析」，『エネルギー・資源学会論文誌』，第33巻，21-30頁．
室田武（1993）『電力自由化の経済学』，宝島社．
室田武（2013）「石炭火力と原子力の経済・不経済を考える ― 電発と原電の卸電力単価の比較から ― 」，『茨城大学政経学会雑誌』，第82巻，155-161頁．
八木江里監訳（2013）『クラウジウス熱理論論文集：エントロピーの起源としての力学的 熱理論』，東海大学出版会．

事項索引

A～Z

ADP　35
ATP　35
BMR　36
CTL　122, 123
ECRR　170
EOR　124
GTL　122, 123
ICRP　170, 171, 178
ICT　188
NAS　137, 139-141
NGL　123

ア行

圧縮空気　134, 137, 138, 140
エクセルギー　26-31, 126, 157
エネルギー
　——強度　63, 160, 179-184, 190
　——収支比　37-40, 43, 96-101, 113, 118, 119, 121, 122, 149, 150, 158-161, 192-194
　——保存則　1, 4, 12, 17, 20
　運動——　1, 2
　再生可能——　125-128, 130, 134, 136, 142-150, 153
　内部——　2-4, 6, 25
　力学的——　2, 25
エンタルピー　25
エントロピー　6-17, 25-27, 29, 75, 121, 132, 157
オイルシェール　114, 120, 121

カ行

外燃機関　22, 85, 86
外部被ばく　170
開放系　4, 5, 11, 12
　定常——　11, 12, 25, 26
価格弾力性　183
可逆過程　6, 7, 10, 14, 15, 26, 27
核燃料サイクル　156
可採年数　93-95, 99-101, 122
化石燃料　33, 34, 43, 57, 62, 66-70, 73, 77, 81, 87-90, 125-128, 130, 134, 137, 138, 142, 157, 161, 179, 190, 191
家畜　21, 33, 44, 53, 58, 72
火力発電　67, 81, 123, 130-132, 143, 154, 155, 158
慣習法　175
共和分　185
均等化発電コスト　154
グレンジャー因果　185, 186
グローバル化　187
原子力発電（原発）　135, 152-161, 164, 166-168, 173, 176, 178
功利主義　173-175, 177, 178
孤立系　4, 5, 7-11

サ行

サイクル　9-14
最大多数の最大幸福　173
産業革命　45, 48, 64, 70, 157
自己拡大性　71, 157, 158
狩猟採集　32, 33, 37-40, 45, 62, 64, 88, 89, 91

蒸気機関　　　17, 19-24, 34, 73-80, 83, 86
水素　　　68, 69, 134, 137-139
水力発電　　　126, 127, 135, 143, 149, 150
ストレージ　　　124, 134-141, 149-150
制度派　　　88
石炭　　　21-23, 54-58, 63, 64, 66-75, 77, 80-84, 86, 122, 154-158
石油危機　　　67, 97, 180-183, 193, 194

タ行

タービン　　　17, 20, 29, 79, 80, 85, 131, 132
タールサンド　　　114, 118-120, 122
タイトオイル　　　101, 102, 114-118
太陽光発電　　　67, 126, 128, 134, 136, 141, 143-147, 150, 158
ダム　　　127, 134, 135-137
単位根　　　185
単離不可能則　　　11, 13
地熱　　　68, 126, 127, 143
超重質油　　　114, 121, 122
デカップリング　　　179, 182, 188
電池　　　134, 135, 137, 139-141, 151, 196-200, 202-206
天然ウラン　　　152
天然ガス　　　66-70, 81, 82, 96-98, 122, 123, 126, 127, 143, 153
トウモロコシ（エタノール）　　　129, 130, 149, 150
動力機関　　　33, 35, 73, 75, 79, 80, 83, 85

ナ行

内部被ばく　　　170, 178
熱機関　　　17, 20, 21, 35, 43, 75, 83, 132, 133

熱効率　　　17, 21-23, 74-76, 79, 84, 85, 132, 133
熱素説　　　18, 24
熱の仕事当量　　　2, 17
熱力学　　　3, 6, 16, 17, 20, 22, 24, 25, 35, 75
　——第1法則　　　5, 16, 17, 20
　——第2法則　　　7, 9, 16, 17
農耕　　　33, 39, 45, 53, 62, 88, 89
濃縮　　　128, 142, 152

ハ行

バイオ燃料　　　66, 81, 126, 128-130, 143-147, 149
バイオマス　　　22, 23, 33, 34, 47, 48, 50, 51, 54-64, 66, 72, 73, 77, 87, 89, 90, 125, 126, 129, 142, 146
バックエンド　　　156, 159, 166
パワー密度　　　22, 23, 127, 128, 130, 142-149, 151
ピークオイル　　　101, 109
非従来型石油　　　109, 110, 113, 114, 121
風力発電　　　67, 126, 128, 130-132, 134, 136, 141, 143, 145, 150, 158
不可逆過程　　　7, 16
不可逆性　　　6
負荷率　　　132, 133
フライホイール　　　134, 137, 138
閉鎖系　　　4, 5, 11

マ行

埋蔵量　　　92-95, 99-101, 109, 110, 117, 119-122, 140, 141, 152, 197, 204, 205
　確認——　　　92, 93
　可採——　　　92

究極——　　　104, 105, 204, 206
　原始——　　　92
　推定——　　　92
　予想——　　　92
マルサスの罠　　43, 44, 48, 50-52, 54, 55,
　60, 64, 113

ヤ行

有価証券報告書　　154, 155
揚水発電　　134-138, 150, 151, 154

ラ行

リチウムイオン　　137, 139-141, 151, 196,
　200, 204

リバウンド効果　　21, 183, 184, 190
　間接的——　　　183, 184
　経済全体の——　　184
　心理的——　　　184
　直接的——　　　183, 184
レドックスフロー　　139, 141
ロトカ＝ヴォルテラモデル（V-L モデル）
　　　　　　　　106, 107
ロビンソン・クルーソーモデル（R モデル）
　　　　　　　　107

人名索引

ア行
今中哲二　165
オットー，N．　17, 84

カ行
影浦峡　178
カルノー，S．　17-20, 22, 24
キュニョー，R．　76
久米三四郎　165
クラーク，G．　48, 51, 55, 64
クライバー，M．　36
クラウジウス，R．　5, 9, 16-20
小出裕章　165
後藤政志　165

サ行
ジェヴォンズ，W.S．　21, 64, 86, 128
ジュール，J.P．　2, 17, 18,
ジョージェスク＝レーゲン，N．　87, 128
ストーム・ファン・ルーエン，J.W．　159-161
スミス，A．　50, 57-59
スミル，V．　83, 142, 144
セイヴァリ，T　17, 74
ソディ，F．　87, 128

タ行
ダイムラー，G．　84
武谷三男　165
高木仁三郎　165
田中三彦　165
槌田敦　165

ナ行
ニューコメン，T．　17, 21, 74
ニュートン，I．　1

ハ行
パーソンズ，C．　17, 79, 80
ハバート，M.K．　101-105
パパン，D．　17, 74
バルディ，U．　106-108, 110
ヒューズ，J.D．　115-118
ブランカ，G．　17, 20
フルトン，R．　78
ヘルムホルツ，H．　2, 17
ヘロン　17, 20, 79
ベンサム，J．　174-178
ベンツ，K．　84
ホジソン，G．　88

マ行
マーシャル，A．　29
マイヤー，J.R．　2, 17
マディソン，A．　46, 47
松久寛　190
マルサス，T.R．　41, 57
室田武　165
モーランド，S．　84
モリス，I．　45-47, 49, 51, 53, 88

ヤ行
ヤング，T.　1, 17

ラ行
ルノアール，J.　17, 84
ルブナー，M.　36

レ
レオナルド・ダ・ヴィンチ　84
ロシャ，A.　17, 84

ワ行
ワット，J.　17, 21, 75, 76, 79

■ 著者紹介

石田　葉月　（いしだ　はづき）

1968 年生まれ．同志社大学経済学部教授
大阪大学大学院工学研究科博士課程修了
博士（工学）
福島大学経済学部助教授，福島大学共生システム理工学類准教授を経て，2014 年より現職
主要論文：
"Causal relationship between fossil fuel consumption and economic growth in the world" Hazuki ISHIDA International Journal of Global Energy Issues Vol.35 No.6: pp.427-440, 2012.
"The effect of ICT development on economic growth and energy consumption in Japan" Hazuki ISHIDA Telematics and Informatics Vol.32 No.1: pp.79-88, 2015.
主要著書：
『持続型社会は近づいたか』日本経済評論社，186pp., 2008.
『原発災害とアカデミズム』合同出版（福島大学原発災害支援フォーラム（FGF）・東京大学原発災害支援フォーラム（TGF））（第 1 章執筆），pp.11-34，2013.

エネルギーと経済，そして人間

2017 年 2 月 28 日　初版第 1 刷発行

■ 著　　者 ── 石田葉月
■ 発 行 者 ── 佐藤　守
■ 発 行 所 ── 株式会社 大学教育出版
　　　　　　　〒700-0953　岡山市南区西市 855-4
　　　　　　　電話（086）244-1268　FAX（086）246-0294
■ 印刷製本 ── モリモト印刷㈱

ⒸHazuki Ishida 2017, Printed in Japan
検印省略　　落丁・乱丁本はお取り替えいたします。
本書のコピー・スキャン・デジタル化等の無断複製は著作権法上での例外を除き禁じられています。本書を代行業者等の第三者に依頼してスキャンやデジタル化することは，たとえ個人や家庭内での利用でも著作権法違反です。

ISBN978-4-86429-433-1